Eugen Bise

Theologie als Therapie

Zur Wiedergewinnung einer verlorenen Dimension

Gemeinsame Publikation des Thomas-Morus-Bildungswerkes Schwerin
und der Katholischen Akademie Hamburg

Herstellung: Books on Demand GmbH
ISBN 3-8311-2917-7

Mit freundlicher Genehmigung des Autors inhaltlich unveränderter Nachdruck des im „Verlag für Medizin Dr. Ewald Fischer GmbH, Heidelberg“ 1985 erschienenen gleichnamigen Buches

Einbandgestaltung: Screen- & Grafik-Design Judith Handy, Waren (Müritz)

Professor Dr. Josef Eisenburg in Freundschaft und herzlicher Dankbarkeit

Inhalt

Einführung

Nach neuesten Erhebungen ist das durchschnittliche Höchstalter der westeuropäischen Bevölkerung, das die moderne Medizin auf etwa siebzig Jahre zu steigern vermochte, trotz erheblicher Fortschritte auf dem Gebiet der Krebsbekämpfung, der Transplantationstechnik und der Entwicklung hochwirksamer Medikamente, seit einigen Jahren auf deutlich niedrigere Werte abgesunken. Das hat nicht nur die seit längerem schon in Gang gekommene Wissenschaftskritik voll auf die Medizin durchschlagen lassen, sondern den Blick einer wachsenden Gruppe der um ihre Gesundheit besorgten Menschen entschiedener als je zuvor auf Formen außermedizinischer Heilung gerichtet und außerdem einen theologischen Besinnungsprozeß ausgelöst. Exotische Heilverfahren, echte wie illusionäre, stehen seit Jahren unverändert hoch im Kurs. Therapeuten legitimer, zweifelhafter und schwindelhafter Provenienz erfreuen sich eines ständig wachsenden Zuspruchs. Damit verglichen hat sich die Konjunktur, der sich therapeutisch betätigende christliche Sekten und Randgruppen erfreuen, nur unmerklich erhöht. Statt dessen erheben sich öfter als früher die Stimmen, die für eine Reaktivierung therapeutischer Verfahren im Bereich der traditionellen Kirchen plädieren. Was sie dann aber tatsächlich an Vorschlägen einbringen, erweist sich bei näherem Zusehen so sehr als ein Konglomerat von Leichtgläubigkeit und Wunschvorstellungen, daß es allenfalls als Ausdruck einer tiefsitzenden Sehnsucht, womöglich auch als Anzeige eines noch zuwenig beachteten Defizits, aber nicht als gültiger oder auch ernstzunehmender Beitrag gelten kann.

An dieser Stelle setzen die folgenden Überlegungen, die der Wiedergewinnung der therapeutischen Dimension für die christliche Theologie gewidmet sind, mit aller von der Sache her gebotenen Behutsamkeit ein. Wie die Versuche einer verstärkten wissenschaftstheoretischen Unterbauung der Theologie während der letzten Jahre zeigten, ist diese eher auf dem Weg, ihren szientifischen Charakter zu unterstreichen, als sich auf das Wagnis einer Öffnung gegenüber den ihr seit Jahrhunderten entfremdeten Bereichen, zu denen außer dem therapeutischen auch der soziale und ästhetische gehört, mit der Hoffnung auf ihre Wiedergewinnung einzulassen. Zu tief ist der Bruch, der zur Abspaltung führte, auch wenn er sich nicht immer in jener dramatischen Form vollzog, die er in dem bis heute traumatisch nachwirkenden "Fall Galilei" annahm.

Indessen gibt es nicht nur ein wissenschaftstheoretisches Interesse, das in diesem Zusammenhang berücksichtigt werden muß, so viel angesichts der insbesondere vom Kritischen Rationalismus vorgetragenen Angriffe und eigener Rückzugstendenzen am Nachweis der Wissenschaftlichkeit der theologischen Vernunft gelegen ist. Denn es gibt auch das damit bisweilen hart konkurrierende humanitäre Interesse, dem im Ganzen der religiösen Prioritäten zweifellos der Vorzug gebührt. Auch von der Theologie gilt unverkürzt das, was das Sabbatwort *Jesu* (Mk 2,27) von jeder religiösen Institution, selbst der heiligsten sagt: sie ist für den Menschen da und nicht umgekehrt der Mensch für sie. Sollte sich daher herausstellen, daß die Theologie dem Menschen auch in gesundheitlicher Hinsicht beizustehen vermag, so müßte diese Möglichkeit aktiviert werden, selbst auf die Gefahr hin, daß damit, zumindest der Optik nach, ein szientifischer Profilverlust verbunden wäre.

Um in dieser Frage Klarheit zu schaffen, bräuchte noch nicht einmal der Sabbatspruch Jesu bemüht zu werden. Es würde genügen, wenn man sich an die sarkastische Systemkritik *Kierkegaards* erinnern wollte, die den Erbauern gewaltiger, hochgewölbter Systemgebäude vorwirft, für sich selbst keine Unterkunft in dem von ihnen errichteten Bauwerk zu besorgen, weil sie es vorzögen, nebenan in einer Scheune, wenn nicht gar in einer Hundehütte zu hausen. Mit dieser Kritik traf *Kierkegaard* noch weit unmittelbarer die theologischen Systemdenker als die von ihm unmittelbar anvisierten Konstrukteure philosophischer Systeme. Denn die philosophische Vernunft hat es allenfalls mit der "Wahrheit der Welt" *(Balthasar)* zu tun, die als "wahre Welt", wie *Nietzsche* die antike Rede von einem "kosmos noetos" wiedergab, zunächst einmal in sich selber ruht, bevor sie zum Gegenstand menschlichen Erkenntnisinteresses wird. Der göttlichen Selbstmitteilung entstammend ist die Glaubenswahrheit dagegen von vornherein dem Menschen zugewandt und zugesprochen. Bei ihr handelt es sich somit um eine Wahrheit, die von ihrem Prinzip her so sehr auf den Rezeptionsakt hin ausgerichtet ist, daß sie sich, abgelöst von ihrem Adressaten, in das Gegenteil ihrer selbst verwandelt; sie wird dann zur Ideologie und, in der Sprache des Evangeliums ausgedrückt, dem sich ihr Verweigernden zum "Gericht". Das aber heißt, auf die Ausgangsfrage zurückbezogen, daß das therapeutische Interesse der Theologie im größeren Kontext ihrer Menschlichkeit gesehen werden muß. Geriete es, aus welchen Gründen auch immer, in den Hintergrund, oder würde es von ihr im Sinn des kulturgeschichtlichen Differenzierungsprozesses völlig an die Medizin abgetreten, so müßte man nicht nur um ihr inneres Gleichgewicht, sondern um ihre Substanz fürchten, weil diese nur solange gegeben ist, wie sie sich selbst als eine Dienstleistung am Menschen versteht.

Dennoch kann das angeschnittene Problem noch um eine weitere Stufe vertieft werden. Denn es hat nicht nur mit der Menschlichkeit der Theologie, sondern genauer besehen sogar mit ihrem Grundcharakter zu tun. Der aber ist prinzipiell durch ihre Hinordnung auf das Heil *(soteria)* gegeben. Darauf reflektiert sie auch ausdrücklich in einem eigenen Traktat, der Soteriologie, während sie sich im übrigen als Theorie der Gottesoffenbarung versteht. Nun kann aber der Grundcharakter unmöglich im Rahmen eines Teilaspektes voll zur Geltung gebracht werden. Das ist schon deshalb ausgeschlossen, weil "Heil" und "Offenbarung" theologisch als völlig gleichwertige Größen zu gelten haben. Sie bilden die beiden komplementären Aspekte, unter denen sich das den Christenglauben konstituierende Ereignis der göttlichen Selbstmitteilung darstellt. Offenbarung bezeichnet dabei die kognitive, den Menschen als Erkenntniswesen ansprechende und somit "verstehbare" Sicht des Heils und *dieses* die den Menschen als religiöses "Mängelwesen" betreffende Sicht der rettenden Selbstoffenbarung Gottes. Demgemäß muß eine auf ihre innere Unverkürztheit bedachte Theologie beides gleicherweise zur Geltung bringen: den kognitiven wie den soteriologischen Aspekt der göttlichen Selbstmitteilung. Sie müßte also unverkürzt beides sein: Theorie und Therapie. Und so entspräche es auch allein ihrem innersten Modell, dem Einsatz Jesu für Gott, der von Anfang an in zwei gleichwertigen Formen erfolgte: in Verkündigung und therapeutischer Handlung, so daß Jesus in richtiger Einschätzung der Gleichwertigkeit dieser beiden Verhaltensweisen auch schon von Anfang an in der Doppelrolle des Lehrers und Arztes gesehen wurde.

Doch gerade zu dieser Balance ist die Theologie der Gegenwart nicht mehr fähig. Schuld daran ist aber nicht nur der szientifische Druck, der praktisch schon seit *Kants* "Streit der Fakultäten" (von 1794) auf ihr lastet und sie in Zweifel darüber geraten ließ, ob ihre Begleiterin, die Philosophie, ihr als Magd die Schleppe nachtrage oder ihr nicht vielmehr als Fackelträgerin vorangestellt sei; die Hauptschuld daran trägt vielmehr der spontan, also aus innerchristlicher Veranlassung einsetzende Differenzierungsprozeß, der zu dem schon eingangs erwähnten Zerfall der christlichen Einheitskultur, optimistischer gesehen, zur Ausgliederung und Verselbständigung ganzer Kulturbereiche führte, die ursprünglich zum integralen Grundbestand der verfallenden Ganzheit gehörten.

Daß davon in erster Linie die medizinische Bekämpfung der Krankheit betroffen ist, bedarf keines Beweises, zumal das Christentum zu einem Zeitpunkt in die Kulturgeschichte eintrat, als der Emanzipationsprozeß, der die Medizin aus ihrer religiösen Verankerung losriß - von ihrem eigenen Standpunkt aus könnte man auch sagen: aus ihrer religiösen "Verwaltung" befreite -, schon längst in vollem Gang war. Im griechischen Mythos war *Asklepios* (dessen Name von den Römern zu "Aesculapius" verunstaltet wurde) noch der, wenngleich aus zweifelhafter Verbindung hervorgegangene Sohn Apolls, der von seinem Erzieher Cheiron in der Heilkunst unterwiesen wurde und in dieser Befähigung nicht zuletzt durch die Namen seiner Töchter Hygieia (Gesundheit), Iaso (Heilung) und Panakeia (Allheilerin) ersichtlich wird. Wie sein mythisches Attribut, der an den Lebensbaum erinnernde "göttliche Stab" in seiner Hand erkennen läßt, reicht seine Heilkraft sogar so weit, daß er Hippolyt, den getöteten Freund der Artemis, aus dem Totenreich heraufzuführen vermag, eine Tat, für die er dann allerdings selbst vom Donnerkeil des Zeus getroffen und in den Hades gestürzt wird. Demgegenüber wirkt bei *Hippokrates von Kos,* dem größten Arzt der vorchristlichen Geschichte, von dem bereits die erste Abhandlung "Über die Umwelt" stammt, der Mythos allenfalls noch in der Form nach, daß er den Menschen in kosmischer Verflochtenheit sieht und demgemäß als "Mikrokosmos" begreift. Doch zeigt die Tatsache, daß dieses Lehrstück gleichzeitig bei *Demokrit* auftaucht, wie weit der Säkularisierungsprozeß und mit ihm die Verselbständigung der Medizin zu einer eigenen Disziplin bereits vorangeschritten ist.

Von dieser kulturgeschichtlichen Vorentscheidung her konnte es sich für das Christentum bei seinem Eintritt in die antike Welt keinesfalls darum handeln, die Sache der Medizin wiederum der religiösen Verwaltung zu unterwerfen, sondern allenfalls darum, den unaufhebbaren Zusammenhang von Heil und Heilung und damit die therapeutische Zielsetzung des Religiösen erneut ins Bewußtsein zu rufen. In welchem Umfang das geschah, zeigt nicht nur der Nachdruck, mit dem *Ignatius von Antiochien* auf den "einen Arzt" Jesus Christus hinweist, sondern fast mehr noch die Praxis der frühen Kirche, die für die Betreuung der "Besessenen", also der geistig Gestörten, einen eigenen priesterlichen Dienst in Gestalt des Exorzisten-Amtes einrichtete, nicht zuletzt aber auch die Tatsache, daß sich die beiden - wegen der kostenlosen Ausübung ihres Dienstes "anargyroi" genannten - Märtyrerärzte *Cosmas und Damian,* bezeichnend für die Hochschätzung des ärztlichen Dienstes, besonderer Beliebtheit erfreuten. Das konnte freilich weder verhindern, daß sich im altchristlichen Heilwesen primitive Formen eines magischen Wunderglaubens breitmachten, noch daß sich die Kirche unter dem Einfluß eines dualistischen Spiritualismus mehr und mehr auf die Sorge um das "Seelenheil" des Menschen zurückzog und damit der Abspaltung einer von ihr emanzipierten Medizin von sich aus Vorschub leistete.

Obwohl damit nur ein Segment im großen Verfallsprozeß angesprochen ist, der ebenso Philosophie und Wissenschaft, nicht zuletzt aber auch die großen Bereiche der Literatur, der Kunst und der Musik betraf, geht man doch mit der Annahme kaum fehl, daß sich keiner dieser "Ausfälle" so schwer auf die weitere Ausgestaltung der Theologie auswirkte wie der des auch den Menschen in seiner Leiblichkeit umfassenden Heils. Nicht nur, daß jetzt ihre Konstituierung zu einer rein szientifischen Disziplin weit radikaler erfolgte, als dies unter Berücksichtigung ihrer therapeutischen Aufgabe jemals zustande gekommen wäre; vielmehr zog diese Entwicklung auch einen nachhaltigen Kompetenzverlust der theologischen Aussage nach sich.

Daß dieser eine andere Dignität als nur die ihrer argumentativen Beweiskraft zu Gebote stehe, kam ihren Vertretern kaum noch in den Sinn. Und selbst die den Menschen in der Totalität seiner Existenz betreffende Wirkmacht des Gebets schien auf einige Sonderformen wie Segnungen, Beschwörungen und Exorzismen zurückgenommen. Schon gar nicht mehr war aber davon die Rede, daß ein theologischer Gedanke auch heilen, ein Gebetswort auch trösten und, wie es im Jakobusbrief heißt, den Empfänger dieses Zuspruchs "aufrichten" könne (Jak 5,15).

Worte wie der Zuspruch Jesu an die von ihm geheilte Frau "dein Glaube hat dich gerettet" (Mk 5,34) oder an den um Heilung seines Burschen bittenden Hauptmann "dir geschehe, wie du geglaubt hast!" (Mt 8,13) sind in ihrer wahren Bedeutung dem christlichen Bewußtsein so sehr entsunken, daß sie ihm erst wieder von einem der engagiertesten Vertreter der medizinischen Theorie und Forschung, *Hans Schaefer,* in Erinnerung gerufen werden mußten[*)]. Zusammengenommen sind das Anzeichen einer

---

*) *Hans Schaefer: Dein Glaube hat dich gesund gemacht*, Freiburg/Br. 1984; *ders.: Der natürliche Zusammenhang von Gesundheit und Gläubigkeit*, in : *Wolfgang Beinert* (Hrsg): *Hilft Glaube heilen?* Düsseldorf 1985, 86-117; *ders.*: *Gott im Kosmos und im Menschen. Gedanken eines Naturwissenschaftlers*, Graz 2000.

Einseitigkeit, die, wenn ihr nicht Einhalt geboten wird, nicht nur die Theologie, sondern mit ihr das ganze Glaubensbewußtsein aus dem Gleichgewicht zu bringen droht. Denn wenn sich mit dem christlichen Glauben nicht mehr das Vertrauen auf seine Heilkraft in gesundheitlichen Nöten verbindet, wird er auf die Dauer auch nicht mehr als die gottgeschenkte Therapie der existentiellen Heillosigkeit gelten können. Die damit angesprochene Gefahr fällt schwerer ins Gewicht als alle noch so ernsten Bedenken, die sich auf schlechte Erfahrungen mit Formen abergläubischer Heilpraktiken und hemmungsloser Wundersucht beziehen, da diesen ohnehin nicht durch taktische Zurückhaltung, sondern, wenn überhaupt, nur durch eine überlegenere Praxis der Wind aus den Segeln genommen werden kann.

Indessen blieb das Defizit keineswegs auf Glaube und Theologie beschränkt. Ohne daß es ihr in der Phase ihres glanzvollen Aufstiegs zu Bewußtsein kam, war davon vielmehr auch die Medizin, und sie gerade auf dem Höhepunkt ihrer wissenschaftlichen Perfektion, betroffen. Zwar verdankte sie ihrer wissenschaftlichen Strukturierung Erfolge, die, wie insbesondere im Bereich der Transplantationstechnik, bisweilen den Rang realisierter Utopien erreichten. Je mehr sie sich dabei jedoch am Modell der klassischen Naturwissenschaften orientierte, verfiel sie jener Tendenz der Vergegenständlichung, die den Patienten zum "Fall" und den behandelnden Arzt zum "Techniker" werden ließ. Damit zerriß aber nicht nur das Band, ohne das die Schicksalsgemeinschaft von Arzt und Patient zu einem bloßen Funktionalismus zerfällt, vielmehr verlor auch der ärztliche Dienst seinen aus dem Geheiß der Mitmenschlichkeit geborenen Sinn. Das böse Wort von den "Klinik-Fabriken" signalisiert besser als jede Beschreibung diese Gefahr. Und diese Gefahr potenziert sich noch durch die Tatsache, daß keineswegs "Aktionsfelder" bereitstehen, in denen die angesprochenen Mängel "aufgefangen" und kompensiert werden könnten, vielmehr steht das öffentliche Leben so sehr im Zeichen einer signifikant geschwächten Mitmenschlichkeit, daß sich die Hoffnung auf helfende Zuwendung und tröstenden Zuspruch noch am ehesten auf Kliniken und Sanatorien konzentriert, während die Familie kaum noch als der natürliche Ort helfender und heilender Fürsorge empfunden wird.

Indessen reichen diese Hinweise schon hin, um in der Entwicklung von Theologie und Medizin ein auffälliges Entsprechungsverhältnis sichtbar zu machen. Denn es war, entgegen der spontan in diese Entwicklung gesetzten Erwartung, keineswegs so, daß der erkrankte Mensch im Bereich der von der Theologie emanzipierten Medizin das erhielt, was ihm die um die Dimension des Therapeutischen verkürzte Theologie schuldig blieb. Vielmehr trat das Defizit auf fast gleichsinnige Weise in beiden Disziplinen auf. Der im szientifischen Sinn kopflastig gewordenen Theologie trat eine am Modell der Naturwissenschaften orientierte Medizin gegenüber, die zwar mit einer glänzenden Erfolgsbilanz aufwarten konnte, dem Menschen aber den therapeutischen Dienst im dialogisch-personalen Sinn des Wortes genauso wie jene schuldig blieb.

Es konnte nicht ausbleiben, daß dieses Defizit auf beiden Seiten bemerkt und durch fragwürdige "Ersatzleistungen" abgedeckt wurde. In die "therapeutische Bresche" der Theologie sprangen Wunderheiler, die, nicht selten unter Berufung auf exotische, insbesondere fernöstliche Praktiken, Abhilfe in hoffnungslosen Krankheitsfällen, sogar auf dem Feld der Krebstherapie, versprachen und mit diesem Anspruch unverkennbar einen religiösen Nimbus anstrebten. Mehr oder minder deutlich bewegen sie sich allesamt in der Spur des Neupythagoreers *Apollonius von Tyana*, der zur Regierungszeit Neros als Wundertäter das Römische Reich durchzog und nach der Jahrhundertwende dadurch zu einem heidnischen Gegenbild Jesu stilisiert wurde, daß ihm christologische Qualitäten wie die Jungfrauengeburt, Allwissenheit, Allmacht und Auferstehung nachgesagt wurden. Ungleich seriöser gestaltete sich diese Ersatzleistung auf seiten der Medizin. Hier sprangen insbesondere die Vertreter der Psychoanalyse in die Bresche, die schon deshalb in diesem Zusammenhang hervorzuheben sind, weil sie das Verhältnis von Arzt und Patient aus seiner wissenschaftlichen Vergegenständlichung, wenngleich nicht selten in verzerrter und übersteigerter Form, auf seine genuine Dialogik zurückführten. Bei aller Polemik, mit der einzelne Sprecher der klassischen Medizin auf dieses Verfahren reagierten, kann seine Signalwirkung doch keinesfalls übersehen werden. Sie erstreckt sich über ihre innermedizinische Relevanz hinaus sogar auf die Bruchstelle zwischen der Theologie und der von ihr abgetrennten Medizin. Denn in der Zone der Entfremdung, die diese Bruchstelle bezeichnet, blieb der leidende Mensch mit seiner Krankheit insofern allein, als sich ihrer niemand in ihrem Charakter als lebensgeschichtliches Widerfahrnis, also als "Leidensform", annahm und ihm, dem "Patienten", dadurch half, sie als solche in sein Lebenskonzept zu integrieren. Indem die Psychoanalyse ihren therapeutischen Zugriff im Sinn einer säkularisierten Seelsorge stilisierte, wies sie zwar ebenso sichtbar wie nachdrücklich auf diesen Notstand hin; doch machte diese "Ersatzleistung" inzwischen auch einem jeden, der sehen kann, klar, daß einem derartigen Defizit unmöglich durch kompensatorische Übergriffe abgeholfen werden kann.

Deshalb muß das davon auf die Theologie ausgehende Signal als eine ebenso aktuelle wie sachgerechte "Provokation" verstanden werden. Dabei wird zunächst zu bedenken sein, wie die Medizin von ihrer einseitigen Orientierung am Modell der klassischen Naturwissenschaften abzubringen ist. Vor allem aber gilt es das zu entschlüsseln, was das Signal der Theologie zu sagen hat. Und das betrifft zweifellos nicht nur die Frage einer regionalen Ausweitung ihres praktischen Engagements, durch das der zum "Fall" vergegenständlichte Patient zum Ziel ihrer intensiveren Betreuung würde; vielmehr betrifft es - weit darüber hinaus - die Frage ihres Selbstverständnisses und ihrer Konstitution. Was bisher nur im Rahmen ihrer heilsgeschichtlichen Grundlegung und unter dem Gesichtspunkt eines speziellen Traktats verhandelt wurde, das Heil, verstanden als die "soteriologische" Erscheinungsform der göttlichen Selbstmitteilung, müßte so in ihr Zentrum gerückt werden, daß sie bis in ihre Denkstrukturen hinein davon geprägt würde. Das ist mit dem Titel "Theologie als Therapie" gemeint. In dieser sprachlichen Radikalform plädiert er nicht nur dafür, daß das therapeutische Interesse stärker als bisher zum theologischen Interessenkosmos hinzugenommen werden muß, sondern dafür, daß dieses Interesse ebenso zentral in ihren Denkansatz hineingenommen werden muß wie das doktrinale, auf das sie sich in allen ihren bisherigen Selbstdarstellungen vornehmlich bezieht.

Davon machen, um dies abschließend wenigstens anzumerken, auch so neuartige Entwürfe wie die von *Metz* und *Moltmann* entwickelte "Politische Theologie" und die von *Balthasar* vorgelegte "Theologische Ästhetik" keine Ausnahme. Denn die "Politische Theologie" legt es zwar darauf an, den gläubigen Menschen in seiner gesellschaftlichen Verflechtung - und Verantwortung - herauszustellen, um damit die Engführung durch das augustinische Ausschließlichkeitsprinzip "Gott und die Seele" und durch das kartesianische Immanenzprinzip des "Cogito - sum" zu überwinden. Insofern ist sie auch durchaus dazu angetan, gesellschaftsbedingte Zustände der Heillosigkeit und Krankheit deutlicher als es bisher geschehen konnte zum Vorschein zu bringen. Doch verschüttet sie den von ihr eröffneten Zugang alsbald wieder, wenn sie, wie dies in ihrer Radikalform als Befreiungstheologie geschieht, das mit "Freiheit" gleichgesetzte Heil vom gesellschaftskritischen Engagement erwartet, da sie damit insgeheim das

Prinzip des Unheils - die Gesellschaft - mit dem der Rettung gleichsetzt und es ideologisiert, anstatt es, wie es doch ihre erklärte Absicht ist, in ihren Denkansatz hineinzunehmen.

Bei aller Gegensätzlichkeit steht es mit Balthasars "Theodramatik" nicht viel anders. Zwar plädiert sie entschiedener als jedes andere theologische Modell für den "Kategorienwechsel", für den es angesichts der bisher nur "episch" verfahrenden Theologie endgültig Zeit geworden sei. Sie findet das Material dazu, wie schon der Titel andeutet, anders als die vom Modell des künstlerischen Schaffens ausgehende Metaphysik im Rollenspiel des Theaters. Wie insbesondere der Topos "Welttheater" erkennen läßt, gewinnt sie damit auch wirklich ein kategoriales Referenzsystem, das ungleich besser als das metaphysische geeignet ist, das geschichtliche Beziehungsnetz auszuleuchten und insbesondere der Geschichte Gottes mit den Menschen auf die Spur zu kommen. Doch greift auch sie hinsichtlich des Problemfelds "Leiden" eindeutig zu kurz. Denn so sehr die als Rollenspiel begriffene Geschichte von der Schwäche der Erliegenden und Überwundenen lebt, gehört ihr ausschließliches Interesse, wie insbesondere die Sprecher der Kritischen Theorie nachwiesen, doch eindeutig den Erfolgreichen und Siegern. Deshalb erlebt dann auch das Theater eine seiner "Sternstunden", wenn einem seiner Helden, wie es Goethes Tasso für sich in Anspruch nimmt, gegeben wird, zu sagen wie er leidet. Das aber heißt, auf das Ausgangsproblem zurückbezogen, daß Balthasars "Theodramatik" dem Problemfeld des Leidens gegenüber kaum weniger abgeblendet ist als die am Modell der Metaphysik orientierte Theologie, die sie zu überwinden sucht. Nicht umsonst mündet ihr soteriologischer Teil in einen Ausblick auf die "Schlacht des Logos" aus: ein faszinierender Blick, der den Kampf Gottes um seine Welt im Hintergrund des Weltgeschehens sichtbar macht, aber zuletzt doch der Blick eines von diesem Geschehen eher hingerissenen und überwältigten als wirklich mitbetroffenen - und mitleidenden - Zuschauers.

Wenn es sich aber so verhält, ist das mit dem Titel "Theologie als Therapie" umrissene Problem durch keins der im Panorama der Gegenwartstheologie versammelten Modelle abgedeckt. Doch kann man sich gleichzeitig der Einsicht nicht verschließen, daß sich die Glaubensbereitschaft des heutigen Menschen an kaum einer Frage so sehr entscheidet wie an der nach dem Zusammenhang von Glaube und Heilung. Wurde er in früheren Zeiten durch das Bewußtsein seiner Sündhaftigkeit in die Arme der Kirche getrieben, so heute allenfalls durch die Erfahrung seiner Existenzschwäche, seiner vielfältigen Beeinträchtigungen, mit einem Wort, seiner existentiellen Erkrankung. Deutlicher als je zuvor müßte ihm deshalb der Anruf der christlichen Heilsbotschaft so ausgelegt werden, daß er in ihm den Zuspruch Jesu an die durch seine Hand Geheilten vernimmt, Auf hinreichende Weise geschieht das aber nicht schon dort, wo sich eine Theologie des therapeutischen Interesses beiläufig annimmt, sondern nur dort, wo sie sich prinzipiell "als Therapie" versteht. Was das besagt, welche Voraussetzungen dafür gegeben sein müssen, und was sich daraus an Konsequenzen ergibt, wollen die folgenden Überlegungen verdeutlichen.

I. Kapitel

Der Kategorienwechsel

1. Kann Denken heilen?

Balthasars theodramatischer Ansatz ist nicht zuletzt auch dadurch gerechtfertigt, daß man das theologische Denken in ganz unterschiedlichen "Rollen" sehen kann. So gut es Theologen gibt, die sich primär in der Rolle des "Forschers" sehen, gibt es andere, die sich, wie es die thomasische Bezeichnung der Theologie als "doctrina sacra" nahelegt, schon von ihrem Denkansatz her eher als "Lehrer" verstehen. Und selbstverständlich behält auch *Kierkegaards* Systemkritik darin recht, daß wieder andere am zutreffendsten mit den Titeln "Architekt" und "Künstler" gekennzeichnet sind. Auf die denkerische Tätigkeit, die einer "Theologie als Therapie" zugrunde liegt, will aber keine dieser Rollenzuweisungen passen. Wenn das, was dieser Titel verspricht, die verhandelte Sache treffen - und nicht nur schöne Etikettierung bleiben - soll, muß sich der um eine solche Theologie bemühte Denker vielmehr in die Rolle eines "Therapeuten" einweisen lassen. Doch ist dies überhaupt möglich und nicht vielmehr eine Konjektur, die sich aus einer im Grunde unmöglichen oder doch wenigstens unzulässigen Übertragung ergibt?

Mit welchen Schwierigkeiten die vorgeschlagene Rollenzuweisung verbunden ist, zeigt die mit ihr unvermeidlich gestellte Frage: Kann Denken heilen? Denn diese Frage läuft zu allem quer, was sich, zumindest im Rahmen der abendländischen Geistesgeschichte, assoziativ mit dem Denkakt verbindet. Dem Zug dieser Tradition entspricht es vollauf, wenn sich mit dem Denkakt die Vorstellung der Argumentation und Schlußfolgerung und mit seinem Ergebnis die der begrifflichen Klärung verbindet. Und es erscheint schon recht weit hergeholt, wenn man vom Denkakt einen Durchbruch zur Freiheit oder gar einen Lustgewinn erwartet. Ungleich näher läge es der aktionistisch gestimmten Gegenwart vermutlich, den Denkakt mit dem Begriff "Arbeit" zu verknüpfen, zumal schon *Kant* das Denken als die "Handlung" bestimmte, die darauf abzielt, "gegebene Anschauungen auf einen Gegenstand zu beziehen" [1]. Doch wäre dann die fatale Erinnerung an den nationalsozialistischen Slogan von den "Arbeitern

---

[1] *Kant, Kritik der reinen Vernunft*, Tr. Analytik 2 B, 3 H.

der Stirn und der Faust" Anlaß genug, diese Assoziation, kaum daß sie sich einstellte, auch schon wieder fallen zu lassen.

Wenn man dagegen zu den griechischen Anfängen zurückgeht, liegt die Verknüpfung des Denkakts mit der Vorstellung von Freude und Freiheit durchaus nicht mehr so fern, daß sie von vornherein beiseite geschoben werden dürfte. So schlägt für *Philon von Alexandrien* der philosophische Denkakt dort, wo er sich dem Geheimnis des Göttlichen annähert, in die Erfahrung eines ekstatischen Hingerissenseins um. In diesem Zustand der Inspiration fühlt sich der Denker von einer wahren Gedankenfülle überschüttet, während er gleichzeitig in göttlicher Besessenheit außer sich gerät, so daß er wie ein Trunkener lacht und tanzt und in seiner Begeisterung Gott gegenüber von einem solchen Freimut erfüllt wird, wie er ihn noch nicht einmal Königen gegenüber aufbringen würde [2]. So überraschend dies klingt, macht er sich damit doch nur die Beschreibung des geistigen Aufstiegs zu eigen, die *Platon* schon im"Phaidros" gegeben hatte, wenn er von den "Flügeln" schreibt, mit denen sich die zur Schau des Ur-Schönen hingerissene Seele bis zum Zenit der Himmelswölbung emporschwingt, um dort, in der Betrachtung der Himmelslandschaft, ihr höchstes Genügen zu finden [3]. Die nicht nur ausführlichste, sondern gerade auch für den vorliegenden Zusammenhang aufschlußreichste Deutung des Denkakts gibt Platon aber erst im Höhlengleichnis seiner "Politeia", wenn er den philosophischen Denkweg mit den Begriffen Befreiung, Aufstieg und Schau umschreibt und schließlich von dem zu dieser Schau Gelangten sagt, daß er sich, wenn auch vergeblich, darum bemühe, seine einstigen Leidensgefährten zu seinem Weg zu überreden. Der thematischen Erwartung am nächsten kommt demgemäß der Schluß des Gleichnisses, der von der tragischen Rückkehr des Befreiten an den Ort seiner anfänglichen Täuschungen berichtet:

Wenn er nun wieder mit den ständig dort Gefesselten sich abgeben müßte im Aufstellen und Behaupten von Ansichten über die Schatten, während ihm noch die Augen geblendet sind und bevor er sich wieder anzupassen vermochte, weil es eine nicht geringe Zeit der Eingewöhnung verlangte, würde er dann dort unten nicht der Lächerlichkeit preisgegeben sein, und würde man ihm nicht zu verstehen geben, daß

---

2 Nach *Hans Eibl, Der Ausklang der antiken Philosophie und das Erwachen einer neuen Zeit*, München 1928, 191f.

3 *Platon, Phaidros* 246b-247e; dazu *Charles Werner, Die Philosophie der Griechen*, Freiburg/Br. 1966, 74.

er ja nur hinaufgestiegen sei, um sich verdorbene Augen zu holen, daß es sich also ganz und gar nicht lohne, den Weg dorthin zu beschreiten? Und würden sie denjenigen, der Hand anlegte, um sie von den Fesseln zu lösen und hinaufzuführen, wenn sie seiner habhaft werden und töten könnten, nicht wirklich töten? [4]

Bekanntlich widmete *Heidegger* in seinem Essay über "Platons Lehre von der Wahrheit" (von 1947) das Hauptaugenmerk dem in diesem Text dokumentierten "Wandel des Wesens der Wahrheit", den er darin erblickt, daß die Wahrheit hier von ihrer ursprünglichen Bedeutung als "Unverborgenheit" zur "Richtigkeit des Vernehmens und Aussagens" werde [5]. Darüber läßt er sich die beiden für Plato nicht minder wichtigen Momente entgehen, die mit der "Befreiung" zur Ideenschau und nicht zuletzt auch mit der engagierten Rückkehr des Befreiten zu seinen einstigen Leidensgenossen gegeben sind. Indessen berührt er das mitmenschliche Engagement des Befreiten wenigstens in der Form, daß er mit der "Metaphysik im Denken Platons" zugleich den "Humanismus", das Wort in seiner weitesten Bedeutung genommen, beginnen sieht [6]. Und wenn er das Wesen dieses "Humanismus" dahin versteht, daß von nun an "der Mensch nach je verschiedenen Hinsichten, jedesmal aber wissentlich in eine Mitte des Seienden rückt", berührt er sich sogar schon mit einem zeitkritischen Gedanken *Guardinis*, für den dieser Ansatz geradewegs auf das pathologische Unwesen der Neuzeit hinführt [7]. Eine positive Auskunft auf die Ausgangsfrage, ob Denken heilen könne, ist damit freilich noch nicht gegeben.

Sie gab erst *Wittgenstein* in wiederholten Hinweisen seiner "Philosophischen Untersuchungen" (von 1958). Geradezu programmatisch klingt dabei der Satz:

Der Philosoph behandelt eine Frage; wie eine Krankheit (§ 255).

---

4 *Platon, Politeia VII*, 516e - 517 a; dazu *Martin Heidegger*, *Platons Lehre von der Wahrheit*, Bern 1954, 5 - 52.

5 Heidegger, a. a. 0., 41f.

6 Heidegger, a. a. 0., 49f.

7 Näheres dazu im nächsten Abschnitt.

Dem entspricht die von *Wittgenstein* gebotene Sinnbestimmung von Philosophie überhaupt:

Die Philosophie ist ein Kampf gegen die Verhexung unsres Verstandes durch die Mittel unserer Sprache (§ 109).

Das veranschaulicht eine dritte Stelle durch ein seinerzeit ganz alltägliches, heute dagegen wohl schon erläuterungsbedürftiges Bild, das eine „verfängliche“ Glaskonstruktion zur Beseitigung von Fliegen zum Vergleich heranzieht:

Was ist dein Ziel in der Philosophie? - Der Fliege den Ausweg aus dem Fliegenglas zeigen (§ 309).

Auf den Gedanken der "Verhexung" des Denkens durch seine Eingrenzung in den Raum einer für seine Bewegungen offensichtlich zu engen Sprache kommt sodann die berühmte Stelle zurück:

Die Ergebnisse der Philosophie sind die Entdeckung irgendeines schlichten Unsinns und Beulen, die sich der Verstand beim Anrennen an die Grenze der Sprache geholt hat. Sie, die Beulen, lassen uns den Wert jener Entdeckung erkennen (§ 119).

Während diese Stelle den "heilsamen" Sinn philosophischer Problemlösungen in der Beseitigung der intellektuellen Schmerzen erblickt, die das Denken im konfliktreichen Umgang mit der durch Bilder geprägten Sprache erleidet, mißt die folgende Aussage vor allem den philosophischen Methoden therapeutische Bedeutung zu:

Es gibt nicht *eine* Methode der Philosophie, wohl aber gibt es Methoden, gleichsam verschiedene Therapien (§ 133).

Auch auf die Frage, durch welches Sprachmoment die" Verhexung" des Denkens zustande komme, bleibt *Wittgenstein* die Antwort nicht schuldig:

Ein Bild hielt uns gefangen. Und heraus konnten wir nicht, denn es lag in unsrer Sprache, und sie schien es uns nur unerbittlich zu wiederholen (§ 115).

Das ergibt, zusammengenommen, die Vorstellung von einem pathologischen Zustand, dem das Denken vornehmlich durch die verführerische - und irreführende - Suggestivität der Sprachbilder verfällt. Als "Verhexung" kann dieser Zustand beschrieben werden, weil das Denken dadurch einer panikartigen "Besessenheit" verfällt, die es wie wild an die ihm durch das jeweilige Sprachbild gezogenen Grenzen anrennen und sich dabei jene "Beulen" holen läßt, die als solche durch die philosophischen Analysen erkannt und damit geheilt werden. Wenn irgendwo, liegt hier der Ausgangspunkt für *Wittgensteins* Vorstellung vom therapeutischen Wert philosophischer Analysen, auch wenn der Gedanke selbst, wie zu vermuten ist, auf assoziativem Weg durch den Vergleich von Philosophie und Psychoanalyse gefunden wurde.

Bevor diesem Konzept einer "Pathologie und Therapie des Denkens" weiter nachgegangen werden kann, sei im thematischen Interesse zunächst die Frage seiner möglichen Übertragung auf das theologische Problemfeld überprüft. Ist der Gedanke an eine Erkrankung des Denkens auch aus theologischer Sicht zu halten, und sei es auch nur deswegen, weil er längst schon zum kritischen Bestand der theologisch orientierten Denkgeschichte gehört? Und ist der Vernunft aus theologischer Sicht dann auch die Fähigkeit zuzutrauen, sich entweder aus eigener Kraft oder doch mit höherer Hilfe aus dem Labyrinth, in das sie "verhext" wurde, zu befreien? Für eine Bejahung dieser Fragen spräche es schon, wenn im Sinne *Wittgensteins* der Nachweis erbracht werden könnte, daß auch die theologische Vernunft Erfahrungen mit jenen "Beulen" machte, die sich bei näherem Zusehen als Scheinprobleme herausstellen und damit erledigen. Um diesen Nachweis in wenigstens skizzenhafter Form zu führen, seien zwei Problemkreise angesprochen, in denen vor allen Dingen mit derartigen Scheinproblemen zu rechnen ist, weil sich in ihnen unterschiedliche Denkformen überschneiden: der exegetische und der apologetische.

Was zunächst das Feld der Apologetik anlangt, so läßt sich nicht bestreiten, daß es seine Problemzuweisung weitgehend durch Anfragen des kritischen Denkens an die gläubige Vernunft empfängt. Was sich bei dieser Beschreibung als bloßes Fragespiel darstellt, hat aber bei genauerer Prüfung weit eher den Charakter einer gegenseitigen und deshalb konfliktstiftenden Grenzüberschreitung. Denn die kritische Vernunft stellt ihre Fragen keineswegs in der Form abwartender Offenheit für die theologischen Auskünfte, sondern in dem Bewußtsein, selbst schon über die fundierteren Lösungen zu verfügen. Und sie reagiert mit ihren kritischen Anfragen vielfach auf theologische Positionen, die, streng genommen, nicht in die Zuständigkeit des Glaubens, sondern der wissenschaftlichen Forschung gehören. Es genügt, die Namen *Galilei* und *Darwin* zu nennen, um besonders krasse Fälle dieser "Grenzstreitigkeiten" in Erinnerung zu rufen. Hier wie dort glaubte eine im geschichtlichen Vorfeld der Wissenschaft entstandene Theologie aufgrund biblischer Daten über ein Wissen um die Entstehung der Welt und des Menschen zu verfügen, dessen Geltung die wissenschaftliche Forschung indessen mit wachsendem Nachdruck bestritt, so daß langwierige Positionskämpfe die fast unvermeidliche Folge waren. Doch mußte sich auch umgekehrt die Naturwissenschaft im Lauf dieser konfliktreichen Auseinandersetzung der Einsicht beugen, daß sie keineswegs, wie noch der monistisch gestimmte *Ernst Haeckel* angenommen hatte, über die Mittel zur Lösung sämtlicher "Welträtsel" verfügte. Denn die Frage nach dem Sinn des Ganzen übersteigt ebenso ihre Kompetenz, wie die Theologie die ihre überzogen hatte, als sie verbindliche Auskünfte über das Werden des Kosmos, des Lebens und schließlich des Menschen zu geben suchte. So kam es unvermeidlich zu Scheinproblemen und Scheinlösungen, die strukturell weitgehend dem entsprechen, was *Wittgenstein* zur pathologischen Entstehung und therapeutischen Lösung philosophischer Probleme bemerkt [8].

Zu ähnlichen Überschneidungen kam es beim Einbruch der historischen Kritik in die theologische Erforschung der biblischen Schriften, der mit aller Vehemenz in Gestalt von *Lessings* Veröffentlichung der "Wolfenbüttler Fragmente" erfolgte. Nur hatte in diesem Fall die gegenseitige Grenzüberschreitung einen wesentlich komplexeren Charakter. Denn der Theologie ging es durchaus um eine echte Verständigung mit den Ansprüchen der Vernunft, als sie sich im Konfliktfall auf allegorische Deutungen zurückzog. Ebenso war es *Lessing* - im Unterschied zu seinem Gewährsmann *Reimarus* - allenfalls um eine hilfreiche Provokation, nicht aber um einen Generalangriff auf die christliche Theologie zu tun, als er mit seinen Publikationen den "Fragmentenstreit" eröffnete. Weil aber keine der beiden streitenden Parteien Klarheit über den Geschichts- und

---

8 Im Sinn der Sprachtheorie des späten *Wittgenstein* könnte man sagen, daß die den Konflikt heraufbeschwörenden Scheinprobleme aus der Vermischung inkompatibler Sprachspiele hervorgingen und demgemäß auch nur durch Akte der Entflechtung aus der Welt geschafft werden können. Näheres dazu in meinem fundamentaltheologischen Grundriß "Glaubensverständnis", Freiburg/Br. 1975, 122 - 132.

Realitätsbegriff der Gegenseite gewann, kam es auch hier zu gefährlichen Konsequenzen, nur daß diese nicht den Charakter von Scheinlösungen, sondern von ausgesprochenen Ausfallserscheinungen hatten. Gemeint ist damit der von der historisch-kritischen Methode ausgehende "Subtraktionseffekt", der es dahin brachte, daß ganze Komplexe der biblischen Verkündigung wie insbesondere die "Naturwunder" Jesu oder die johanneischen Redestücke in den Bereich der Legendenbildung oder der theologischen Rekonstruktion verwiesen und damit als relevante Bestandteile des Evangeliums aufgegeben wurden. Das führte schließlich in jene Aporie, von der ein ironischer Beobachter der Szene meinte, daß nunmehr die noch verbürgten Jesusworte auf den Umfang einer Postkarte zusammengeschrumpft seien.

Hinter dieser "Leerstelle" zwischen kritischer und gläubiger Vernunft verbirgt sich eine ähnliche Komplikation, wie sie *Wittgenstein* hinter den Kollisionen von Denken und Sprache und damit hinter den philosophischen Scheinproblemen vermutet. Vor allem kommt es deshalb zu der "Diastase" zwischen kritischem und gläubigem Schriftverständnis, weil die historische Kritik von einem Geschichtsbegriff ausgeht, der, sobald er an die biblischen Berichte herangetragen wird, von ausgesprochen reduktiver Wirkung ist. Das aber genügt schon vollauf, um den gesuchten Nachweis der Übertragbarkeit zu erbringen. Deutlicher noch als auf dem exegetischen Problemfeld zeigt sich auf dem apologetischen, daß eine ganze Reihe klassischer Komplikationen unter der Voraussetzung ausgeräumt werden kann, daß ihnen unzulängliche Vermengungen unterschiedlicher Denk- und Sprachformen zugrunde liegen. Wenn das zutrifft, muß nicht nur im Grenzbereich von Glaube und Vernunft mit pathologischen Zuständen des Denkens gerechnet werden; vielmehr ist dann auch im Blick auf die Problemlösungen dieses Bereichs die durch *Wittgenstein* aufgeworfene Frage, ob Denken heilen könne, im positiven Sinn zu beantworten.

2. Pathologische Perspektiven

Wie sich angesichts seiner Kühnheit fast von selbst versteht, blieb das *Wittgensteinsche* Theorem nicht unwidersprochen [9]. Insbesondere machte *Herbert Marcuse* - in kritischem Rückblick auf *Kants* Lehre vom "transzendentalen Schein" - *Wittgenstein* den Vorwurf, mit seiner Therapie in Wirklichkeit die Gleichschaltung des Denkens mit den gesellschaftlichen Verhältnissen zu betreiben:

> So behauptet die Sprachanalyse, Denken und Sprache von verwirrenden metaphysischen Begriffen zu heilen - von "Geistern" einer weniger entwickelten und weniger wissenschaftlichen Vergangenheit, die noch immer den Verstand heimsuchen, obgleich sie weder etwas bezeichnen noch erklären. Betont wird die *therapeutische* Funktion der philosophischen Analyse - die Korrektur abnormen Verhaltens im Denken und Sprechen, die Beseitigung von Dunkelheiten, Illusionen und Schrullen und zumindest ihre Bloßstellung [10].

Schon aus diesem Grund ist es unerläßlich, die These durch den Hinweis auf ähnliche Konzepte aus Geschichte und Gegenwart zu stützen. Dabei sollen zunächst zwei entferntere Modellvorstellungen zur Sprache kommen, die mit religiöser Zeitkritik zu tun haben, bevor die beiden Paradigmen angeführt werden, die als die mittelbaren und unmittelbaren Anbahnungen des Theorems gelten können. Urheber der beiden zeitkritischen Ansätze sind *Romano Guardini* und *Max Picard,* wobei der eine mit seinem Essay über "Das Ende der Neuzeit" (von 1950), der andere mit seinem Durchblick "Die Flucht vor Gott" (von 1935) zu Wort kommen soll [11]. Für *Picard,* um bei ihm einzusetzen, befindet sich jede Zeit und damit die gesamte Menschheitsgeschichte auf der "Flucht vor Gott", die alles in ihren unwiderstehlichen Sog, den Sog des "vollen Nichts", hineinreißt:

---

9 Dazu *L. Mackensen, Verführung durch Sprache*, München 1973, 20; ferner *J. Simon, Verführt die Sprache das Denken? Zur Metakritik gängiger sprachkritischer Ansätze*, in: Philosophisches Jahrbuch 83 (1976) 98-119.

10 *Marcuse, Der eindimensionale Mensch* (Originaltitel: The One-Dimensional Man), Neuwied und Berlin 1970, 184.

11 Von hohem diagnostischem Wert ist auch *Hans Sedlmayrs* einst vieldiskutiertes (nach *Hans Grassl* auf die religiöse Philosophie *Franz von Baaders* gestütztes) Werk *"Der Verlust der Mitte"* (von 1951), das sich jedoch vorwiegend mit dem Verfall des ästhetischen Bewußtseins befaßt.

Noch ist nicht alles mitgerissen in die Flucht. Aber eben dies ist ihr größter Triumph: Sie ist wie ein Herr, der nicht alles in seinen Dienst zwingt, weil er alles jeden Augenblick hineinzwingen *kann.* Es ist eine Sicherheit in der Flucht, daß alles ihr, sobald sie will, untertan wird. Wie ein großer Sieger noch ein paar übrigläßt, die er nicht unterwirft, damit er immer noch einmal anfangen kann zu unterwerfen oder damit er sich wie zum Spiel an ihnen üben kann, so sind noch ein paar Dinge da außerhalb der Flucht, ängstlich horchend, ob ein Pfiff sie im nächsten Augenblick hineinbefehle in sie [12].

Unaufgehellter Hintergrund dessen ist das biblische Bild vom Erwachen der Menschheit, das man sich in der Tat - eben diesem Bild zufolge - als ein großes Erschrecken vor der Unheimlichkeit des Daseins und seinem letzten, göttlichen Sinn- und Seinsgrund vorstellen kann. In der Gottesfrage "wo bist du?" (Gen 3,8) käme, so gesehen, der Grund dieses Erschreckens zum Ausdruck, in der Vertreibung aus dem Paradies, die sich im Weggehen Kains "vom Angesicht Gottes" wiederholt (Gen 4,16), seine Folge. So wird die Flucht zum innersten Formgesetz des Daseins, und ist ihm doch zugleich so fremd, daß sie wie eine Art Besessenheit von ihm Besitz ergreift. Sie wird zu einem Prinzip der Identifikation, das gleichzeitig extreme Selbstentfremdung besagt, so daß der von ihr ergriffene Mensch zu einem Schatten seiner selbst wird und doch nur noch in der Beherrschung durch sie zu existieren vermag:

> Außerhalb der Flucht scheint es keine Menschen zu geben, der Mensch existiert nur in dem Maße, als er an der Flucht teilhat. Ein Mensch lebt, und indem er lebt, flieht er. Leben und Fliehen sind eines. Der einzelne ist zuerst als Fliehender da; dann, erst durch Reflexion, entdeckt er, daß es auch so etwas wie ein Nicht-Fliehendes geben könnte. Die Flucht ist so zu ihm gehörig, daß es scheint, sie sei das Normale und nicht das Außergewöhnliche. Wenn die Flucht eine Angelegenheit für sich ist, unabhängig vom Menschen, dann fragt man nicht mehr, warum man flieht, man vergißt, daß man vor Gott flieht [13].

Wichtig ist für *Picard* vor allem diese Verselbständigung der Flucht zu einer den Menschen beherrschenden und ihm doch zugleich in unheimlicher Fremdheit gegenüberstehenden Größe, die sie nachgerade zu einem Synonym der Angst werden läßt:

---

[12] *Picard, Die Flucht vor Gott,* Freiburg/Br. 1958, 15.

[13] *Picard,* a. a. O., 10.

Die Flucht hat sich selbständig gemacht, es ist, als sei sie nie mit dem Innern des Menschen in Berührung gewesen, sie ist ein dinghaftes Gebilde geworden und hat jetzt ihre eigenen Gesetze. So autonom ist sie, daß geflohen wird, auch wenn der Mensch vergäße zu fliehen. Es ist kein besonderer Akt mehr notwendig, daß der Mensch vor Gott flieht, es gibt überhaupt keine Pause mehr nach einer Situation der Flucht, keinen Wechsel mehr zwischen Fliehen und Nichtfliehen, die Flucht ist dauernd da und so selbstverständlich wie die Luft, so selbstverständlich, daß es ist, als hätte es niemals etwas anderes gegeben als sie: Flucht von allem Anfang an, am Anfang war die Flucht [14].

Seitdem ist alles menschliche Denken, Verhalten und Tun vom Stigma der Flucht gezeichnet. Sie bestimmt den "Stil" oder, wie *Picard* lieber sagt, die "Struktur" des gesamten Kulturbetriebs: das Verhältnis zur Zeit, das weder Vergangenheit noch Zukunft kennt (21), ebenso wie das zur Wahrheit, die sich in komplette Vieldeutigkeit auflöst (24), ja sogar das Verhältnis zur Wirklichkeit, die sich in eine "Welt der Möglichkeit verwandelt" (27); nicht weniger bestimmt sie aber auch die Verwendung der Sprache, in der, weil sie ungegliedert und undeutlich wird, die Distanz zwischen Wort und Schweigen verschwindet (98f.) und nicht zuletzt, dem Umbau der sprachlichen Behausung entsprechend, die Formen der äußeren Unterbringung, die sich in der Großform der Stadt in regelrechte "Fluchtburgen" verwandeln (139ff.). Je mehr sich diese "Struktur der Flucht" (11) durchsetzt, tritt dann aber auch, gleichsam im Gegenzug dazu, ihr letztes Wovor in Erscheinung:

Je mehr das Gebilde der Flucht zunimmt und je heftiger es davonstürzt, desto deutlicher steht der eine allein da: Gott [15].

Auch wenn *Picard* auf die Folgen für das Denken nicht ausdrücklich reflektiert, lassen seine wahrheits- und sprachtheoretischen Überlegungen doch keinen Zweifel daran, daß die Flucht vor Gott im Sinn seiner Zeitanalyse auch eine "Pathologie des Denkens" nach sich zieht. Wie der Sprachbau diffus und ruinös und, schlimmer noch, die Distanz von Wort und Schweigen hinfällig wird, löst sich auch der Wirklichkeitsbezug des Denkens auf. Im Prozeß der Flucht begriffen, hat das Denken nur noch eine

---

14 Ebd.

15 *Picard,* a. a.O., 151. Damit entwickelt *Picard,* fast nebenbei, eine Art "negativen" Gottesbeweis.

amorphe Welt vieldeutiger Möglichkeiten vor sich (24). Da es das Denken aber in diesem Feld der sich auflösenden Wirklichkeitskonturen nicht aushält, schafft es sich unablässig Surrogate des Verlorenen. Zunächst schon dadurch, daß es die ihm verbliebenen Restbestände von Realität ungebührlich aufbläht, so daß die Geschehnisse größer, die literarischen Aussagen gewichtiger erscheinen, als sie es in Wirklichkeit sind (52). Wie die "Biographienindustrie" der Gegenwart zeigt, baut sich das von der Flucht beherrschte Denken des weiteren menschliche Attrappen in Gestalt von ungeheuer vergrößerten Mode- und Leitfiguren auf, um so dem richtenden Blick Gottes zu entgehen:

> Als ob Gottes Blick an die Stelle gelenkt werden könnte, wo er Gericht halten solle und wo nicht [16].

Vor allem aber schafft sich das Denken auf seiner Flucht eine "Imitation" dessen, von dem es sich, ohne dessen reflex bewußt zu sein, wegbewegt, eine "Imitation Gottes". Mehr noch: als Gesamtgestalt begriffen ist die Flucht selbst eine "ungeheure Attrappe", mit der es das flüchtende Denken Gott gleichtut, um sich des vermeintlichen Verfolgers erwehren zu können (71). Vorzugsziele dieser Ersatzbildung sind die von der Flucht in ihrer "Pseudoirrationalität" imitierte Unbegreiflichkeit Gottes (ebd.), die von ihrer grenzenlosen Expansion intendierte "Allgegenwärtigkeit Gottes" (73), die durch ihre Zwanghaftigkeit vorgetäuschte göttliche Autorität (74) und nicht zuletzt seine Allwissenheit und seine alles überschauende Weisheit, weil in der Perspektive der Flucht, wie bereits die Tendenzen zur Aufblähung erkennen lassen, alles in irritierender Vergrößerung erscheint, da sich eins ins andere hinein auflöst (75f.). Die Nähe dieser Ableitung zu *Freuds* kritischer Kulturanalyse, wie er sie in seinem Essay "Das Unbehagen in der Kultur" (von 1930) vortrug, springt in die Augen, zumal auch sie in dem Gedanken gipfelt, daß der Mensch der Gegenwart im Begriff stehe, mit Hilfe technischer Apparaturen ein göttliches Attribut nach dem andern in seine Verfügungsgewalt zu bringen, um sich so, wenn auch nicht zu wirklicher Göttlichkeit, so doch zu einer Art "Prothesengott"

---

[16] *Picard,* a. a. O., 52.

zu steigern [17]. Im Unterschied zu *Freud* läßt *Picard* seine Analyse freilich in eine, wenngleich nur religiös motivierte Hoffnungsperspektive ausmünden:

Das ganze Wesen Gottes ist in der Flucht imitiert. Vielleicht aber hat Gott in seiner Barmherzigkeit den Fliehenden dies als Ausweg gelassen: daß sie von der Imitation den Weg zum wahren Wesen wiederfinden [18].

Subtiler als das etwas grobmaschig wirkende Werk *Picards,* verzichtet das unter dem Titel "Das Ende der Neuzeit" veröffentlichte Gegenstück *Guardinis* auf einen derart einfachen Raster, um dann aber zu einem nicht weniger radikalen Verdikt über die geistig-politische Entwicklung der Neuzeit zu kommen, über die es, mit einem Wort *Franz Overbecks* gesprochen, "eine Art jüngsten Gerichts" hält [19]. Man fühlt sich in der Tat an die Geste des endzeitlichen Richters im Gleichnis vom "Weltgericht" (Mt 25,31 - 46) erinnert, wenn man *Guardini* in der Fortsetzungsschrift mit dem Titel "Die Macht" (von 1951), die er ausdrücklich den "Versuch einer Wegweisung" nennt, das innerste Geschichtsinteresse der Neuzeit von dem der Antike und des Mittelalters abgrenzen sieht:

Man kann sagen, in der Antike sei es letztlich darum gegangen, das Bild des wohlgeschaffenen Menschen und des edlen Werkes zu finden, und das Ergebnis dieses Bemühens sei es, was wir mit dem Begriff des Klassischen meinen ... Das Mittelalter erfährt in besonderer Weise die Beziehung zum überweltlichen Gott. Darin erwacht die Aufschwungskraft der jungen abendländischen Völker. Von der so gewonnenen Höhe über der Welt her sucht dann der Wille die Welt durchzuformen, und es entsteht jene eigentümliche Verbindung von Inbrunst des Herzens und architektonischer Präzision, welche für das mittelalterliche Daseinsbild charakteristisch ist ... Die Neuzeit endlich greift aus einer bis dahin unbekannten Wirklichkeitsnähe des Verstandes und der Technik nach der Welt. Was das von ihr geschaffene Bild vom Dasein bestimmt, ist die Macht über die Natur. In immer rascherem Vordringen nimmt der Mensch forschend, planend und technisch gestaltend die Dinge in Besitz [20].

---

17 *S. Freud, Abriß der Psychoanalyse - Das Unbehagen in der Kultur*, Frankfurt und Hamburg 1953, 124f.; dazu die wiederholten Hinweise auf diese ungemein erhellende Metapher in meinen Schriften "Glaubensvollzug", Einsiedeln 1967 (18-22), "Glaubensprobleme", Augsburg 1970 (48f.) und "Menschsein in Anfechtung und Widerspruch", Düsseldorf 1980 (87f.); ferner die Ausführung meiner "Einweisung ins Christentum", Düsseldorf 1997, 283.

18 *Picard,* a. a. O., 79.

19 *Overbeck, Selbstbekenntnisse*, Frankfurt/M. 1966, 104.

20 *Guardini, Die Macht. Versuch einer Wegweisung*, Würzburg 1951, 9; in meiner Würdigung

Vermutlich zeigt dieser Text noch klarer als vergleichbare, worin die erstaunliche Faszination bestand, die *Guardini* bis ans Ende seiner Lehrtätigkeit auf die Leser seiner Schriften und mehr noch auf die Hörer seiner Vorlesungen ausübte. Was er ihnen vermittelte, war der Durchblick auf letzte, einfache Strukturen, von denen her sich die Geheimschrift der Geschichte fast mühelos entziffern ließ. Was ihnen verborgen blieb, war die um den Preis der Ausklammerung ganzer Bereiche erkaufte Vereinfachung - und Stilisierung - die diesen Durchblick ermöglichte. Denn in seinem Bild des Mittelalters fehlte ebenso jede Anspielung auf das soziale Elend der Bauern, die Barbarei des Fehdewesens, den Fanatismus der Kreuzfahrer und den aufkommenden Teufels- und Hexenwahn, wie sein Idealbild von der Antike darüber hinwegging, daß die Schaffung des "edlen Werks", das er ihr nachrühmt, nur auf der Basis des Instituts der Sklaverei zustande gekommen war und, so faszinierend es in seinen klassischen Konturen dasteht, von diesen institutionalisierten Unrechtverhältnissen her in Frage gestellt ist. Nur auf dem Hintergrund dieses gleicherweise vereinfachten wie idealisierten Geschichtsbildes heben sich dann die Konturen der Neuzeit in einer Weise ab, daß ihr die ihr von *Hans Blumenberg* zugesprochene "Legitimität" nicht nur von vornherein abgeht, sondern sie insgesamt als eine "Unrechtepoche" erscheint, die sich dem Recht Gottes auf seine Schöpfung widersetzt, indem sie alles in die wissenschaftliche und technische Verfügungsgewalt des Menschen zu bringen sucht und, schlimmer noch, die autonome Vernunft und ihre Ansprüche zu ihrem letzten Prinzip erhebt. Deshalb spitzt sich für *Guardini* die Suche nach Bewertungskriterien letztlich in die Frage zu:

Wie steht es mit Gott und seiner Souveränität, wenn das Freiheitserlebnis des neuzeitlichen Menschen Recht hat? Wie mit der geforderten Autonomie des Menschen, wenn Gott wesenhafter Gott ist? Wirkt Gott wirklich, wenn der Mensch die Initiative und Schaffenskraft hat, welche die Neuzeit behauptet? Und kann der Mensch handeln und schaffen, wenn Gott am Werk ist? [21]

"Interpretation und Veränderung. Werk und Wirkung Romano Guardinis", Paderborn 1979, hatte ich dazu angemerkt: "Bei aller Klarheit der Strukturerfassung fällt bei diesem Durchblick doch auch der von realgeschichtlichen Kenntnissen unangefochtene Aristokratismus auf, der die vorzeitlichen Epochen nur von ihrer Aristie, nicht aber von ihrer ökonomischen Basis her würdigt und sich fatal mit einer Neigung zu romantischer Verklärung der Vergangenheit verbindet" (88).

[21] *Guardini,* a. a. O., 57.

Im Grund ist mit dieser alternativischen Problemstellung die Frage bereits zu Ungunsten des neuzeitlichen Konzepts verneint. Von ihrem kartesianischen Ansatz her, der darauf ausging, den Menschen mit Hilfe einer immer umfänglicheren Kenntnis - und Beherrschung - der Naturgesetze zum "Herrn und Besitzer" *(maître et possesseur)* der Natur werden zu lassen, bewegt sich die Neuzeit in beständiger Auflehnung gegen Gott und, rückbezüglich gesehen, auch gegen den Menschen. Gegen Gott, weil sie ihm sein Recht ebenso in ihren theoretischen Entwürfen wie in ihren praktischen Unternehmungen in Frage stellte, und dies so konsequent, daß dieses Recht sogar in der Gegenwartstheologie, wie ihr *Guardini* in einem seiner nachgelassenen "Theologischen Briefe" vorhielt, in Vergessenheit geriet Denn dieses Recht käme erst dann wieder voll zur Geltung, wenn in der theologischen Fragestellung anstelle der Sorge um das menschliche Heil eine ganz andere Sorge formbestimmend würde:

Müßte der Theologe nicht vor allem um Gott Sorge tragen? Sich dafür verantwortlich fühlen, daß Er mit der ganzen Majestät seines Herrentums im gläubigen Bewußtsein steht? Und wäre damit das Anliegen des Menschen nicht schon ganz von selbst gewahrt? [22]

Tritt die Verletzung des göttlichen Rechts hier aber nur indirekt - und für die meisten unsichtbar - in Gestalt einer tiefgreifenden Verstörung des theologischen Grundinteresses zutage, so hat die damit verbundene Auflehnung gegen den Menschen nur allzu spürbare, ja sogar seine Integrität berührende Folgen. Davon sprach *Guardini* in dem nachgeschobenen Essay "Der unvollständige Mensch und die Macht" (von 1955) ganz unverblümt:

Als der Mensch der Neuzeit jenes Ungeheure leistete, das in den letzten fünf Jahrhunderten geleistet worden ist, hat er eine Veränderung erfahren. Bestimmte Begabungen in ihm sind immer stärker, feiner, genauer - andere aber schwächer, stumpfer und unsicherer geworden. Kräfte und Haltungen, die gegeben sein mussten, wenn von einem vollen Menschen die Rede sein sollte, sind verlorengegangen. Er ist unvollständig geworden [23].

---

[22] *Guardini*, *Theologische Briefe an einen Freund. Einsichten an der Grenze des Lebens*, Paderborn 1976, 7f.; es ist das bleibende Verdienst von *Johannes Spörl*, den Wortlaut dieser Briefe, zusammen mit dem Manuskript über die "Existenz des Christen" der Nachwelt erhalten und in der erwähnten Veröffentlichung zugänglich gemacht zu haben.

[23] *Guardini, Der unvollständige Mensch und die Macht*, Würzburg 1956, 13f. Näheres dazu in meinem

Und er wiederholt zum Beweis der Wichtigkeit dieser These den Gedanken kurz danach nochmals, indem er ihn jetzt zu einer Art "Kurzformel" verknappt:

> Während die wissenschaftliche und technische Leistung des neuzeitlichen Menschen ins Riesenhafte wuchs, verkümmerte ein Teil seines Wesens. Er wurde zum unvollständigen Menschen [24].

Von einem pathologischen Befund ist in alledem nicht die Rede, obwohl das Bild vom unvollständigen Menschen diese Konsequenz unmittelbar nahelegt. Dazu bedurfte es jener letzten Schärfung des diagnostischen Blicks, den die "Theologischen Briefe an einen Freund" vielfältig dokumentieren. Im zweitletzten dieser Briefe, der unter dem Titel "Gottes Streit um sein Recht" den Grundgedanken des ersten von der Verpflichtung einer sachgerecht verfahrenden Theologie, für das Recht Gottes einzustehen, nochmals aufnimmt, gesteht *Guardini,* daß ihm angesichts der durchgängigen Tendenz des neuzeitlichen Geistes, Gott dieses Recht auf seine Schöpfung streitig zu machen, schlagartig klargeworden sei, "wie bis in die Wurzeln hinein falsch die neuzeitliche Vorstellung vom Dasein", von der Welt und insbesondere vom Menschen sei:

> Wie mit Augen glaubte ich zu sehen, warum der Schaden des Daseins unheilbar, warum das schlechte Gewissen unaufhebbar ist, solange dieser Grundzustand nicht erkannt und ihm nicht standgehalten wird [25].

Hier also steht die Diagnose, und sie lautet nicht nur "krank", sondern, ungleich schärfer und pessimistischer "unheilbar". Zwar verbindet sich damit die Hoffnung, daß diesem Zustand durch Erkenntnis und "Standhalten" gewehrt werden könne; doch ist diese Hoffnung für *Guardini* ihrerseits an die Vorstellung gebunden, daß es mit der Neuzeit als Epoche zu Ende geht und daß erst in diesem Ende neue Möglichkeiten des Glaubens freigesetzt würden. Es ist die Möglichkeit eines innerlich

---

Beitrag "Erkundung des Menschlichen", in: *J. Kardinal Ratzinger (Hrsg). Wege zur Wahrheit. Die bleibende Bedeutung Romano Guardinis,* Düsseldorf 1985.

24 *Guardini,* a. a. O., 18.

25 *Guardini, Theologische Briefe an einen Freund*, 61.

verarmten, gleichsam skelettierten Glaubens, aus dem die Elemente der Erfahrung weitgehend herausgefallen sind, so daß er nur noch durch die strenge Ausrichtung auf das Göttlich-Unbedingte aufrechterhalten werden kann. Dementsprechend ernst klingt die Prognose, mit der *Guardini* seinen Ausblick auf das "Ende der Neuzeit" beschließt:

> Die Einsamkeit im Glauben wird furchtbar sein. Die Liebe wird aus der allgemeinen Welthaltung verschwinden (Mt 24,12). Sie wird nicht mehr verstanden noch gekonnt sein. Um so kostbarer wird sie werden, wenn sie vom Einsamen zum Einsamen geht; Tapferkeit des Herzens aus der Unmittelbarkeit zur Liebe Gottes, wie sie in Christus kundgeworden ist ... Etwas von dem, was in den Schlüsselworten für das Verständnis der Vorsehungsbotschaft Jesu liegt: daß um den Menschen, der Gottes Willen über Sein Reich zu seiner ersten Sorge macht, die Dinge sich wandeln (Mt 6,33) [26].

Auf die Frage nach den Konsequenzen aus dieser extrem pessimistischen Perspektive läßt sich *Guardini* nicht näher ein. Wohl aber antwortet er darauf indirekt mit einem Hinweis auf die "Exzentrizität" des neuzeitlichen Menschen, der sich mit *Freuds* Theorem von den "drei Kränkungen" des modernen Denkens durch Kopernikus, Darwin und insbesondere durch seine eigene Psychoanalyse berührt, ursächlich jedoch von einem Gedanken *Nietzsches* herrühren dürfte, für den sich die Sache des Menschen seit Kopernikus auf einer schiefen Ebene bewegt:

> Seit Kopernikus scheint der Mensch auf eine schiefe Ebene geraten, - er rollt immer schneller nunmehr aus dem Mittelpunkte weg - wohin? ins Nichts? ins *"durchbohrende Gefühl* seines Nichts"? [27]

In eben diesem Sinn weist auch *Guardini* darauf hin, daß der Ort des Menschen mit der Verdrängung der Erde aus ihrer Zentralstellung und dem Eintauchen des Sonnensystems in die Unermeßlichkeit des Weltalls zunehmend unbestimmbar geworden sei; und er fügt hinzu:

---

26 *Guardini, Das Ende der Neuzeit*, 115f.; zur Reaktion von *Guardinis* Freundeskreis mit *Walter Dirks* und *Gerhard Krüger* an der Spitze siehe die Ausführungen meiner Schrift "Interpretation und Veränderung", 92ff. Doch selbst sie übersehen die Inkonsequenz, der Guardini dadurch verfiel, daß er die großen Orientierungsgestalten seines Denkens - Pascal, Hölderlin, Kierkegaard und Dostojewskij - mehrheitlich jener Epoche entnahm, die er nun, nach Abschluß seines interpretatorischen Werks, so vehement verurteilte. Ebensowenig bemerken sie die Diskrepanz zwischen Guardinis Glaubensprognose und seiner insistenten Bemühung um eine Rehabilitierung des Erfahrungsmoments.

27 *Nietzsche, Zur Genealogie der Moral III*, § 25.

Das Mittelalter hatte den Menschen unter zwei Gesichtspunkten gesehen. Einerseits war er Geschöpf Gottes, Ihm untergeben und ganz in seiner Hand - andererseits aber Träger von Gottes Ebenbild, zu Ihm unmittelbar, und für ein ewiges Schicksal bestimmt. Absolut geringer als Gott, aber entscheidend mehr als die anderen Geschöpfe. Diese Stellung im Sein fand ihren Ausdruck in dem Ort, den der Mensch im Weltsystem hatte. Er stand von allen Seiten her unter Gottes Blick; richtete aber auch nach allen Seiten den Akt des geistigen Herrschens auf die Welt. Die Änderung des Weltbildes stellte diesen Ort in Frage. Der Mensch geriet immer mehr ins Zufällige, ins "Irgendwo" [28].

Man könnte diese "Ortlosigkeit" des neuzeitlichen Menschen auch mit dem entsprechenden Fremdwort belegen und müßte dann mit *Ortega y Gasset* "Vom Menschen als utopischem Wesen" sprechen [29]. *Und Guardini* müßte *Ortega* sogar zustimmen, wenn dieser versichert, daß alles, woran sich der utopisch gewordene Mensch noch zu halten vermag, einschließlich seiner Gewißheiten, nur Projektionen seiner Einbildungskraft seien, ja daß sogar "das vom wissenschaftlichen Standpunkt aus Wahre" nur als ein "Sonderfall des Eingebildeten" zu gelten habe [30].

Durch diese These, für die sogar die Ideen des Geistes aus einem Akt des Entwerfens hervorgehen, also Setzungen des menschlichen Herrschaftswillens sind, würde sich *Guardini* nur in seiner Annahme bestätigt sehen, daß es mit dem neuzeitlichen Denken etwas Grundverkehrtes auf sich hat, so daß man entweder aus ihrer Denkwelt aussteigen oder aber deren Ende abwarten müsse, um wieder auf den Boden klarer und eindeutiger Verhältnisse zu kommen. Daß an der Konstituierung der Neuzeit auch binnenchristliche Tendenzen wie die der Säkularisierung und der Wende zum Subjekt mitwirkten und daß ihr von daher die Möglichkeit einer "christlichen Rettung" ungleich näherliegen, als dies sein "Ausstiegsmodell" wahrhaben möchte, bleibt bei ihm weithin außer Betracht. Deshalb hat seine Analyse auch nur den Charakter einer Diagnose, nicht aber, wie es *Wittgenstein* gerade den philosophischen Analysen zugute hält, der Therapie. Darauf heben jene Modelle dann aber um so mehr ab, die als die mittelbaren und unmittelbaren Anbahnungen des *Wittgensteinschen* Postulats zu gelten haben; von ihnen muß nunmehr die Rede sein.

---

28 *Guardini, Das Ende der Neuzeit*, 55

29 So die titelgleiche Abhandlung *Ortegas,* Stuttgart 1951.

30 *Ortega,* a. a. O., 29.

3. Therapeutische Modelle

Während *Picard* die moderne Welt im Zustand einer buchstäblich "kopflosen" Flucht begriffen sieht und ihr *Guardini* den Status einer "unheilbaren" Erkrankung attestiert, verband sich für den Initiator des Gedankens *Boethius* mit diesem auch schon die Vorstellung von einer durchgreifenden Therapie. Von dem zur Rede stehenden Werk schreibt *Dante* an einer auf den Tod Beatrices anspielenden Stelle seines "Convivio":

> Nachdem die Wonne meiner Seele für mich verloren war, überkam mich Einsamen die Trauer, so daß kein Trost mir half. Jedoch nach einiger Zeit suchte mein Geist, der auf Genesung sann - denn weder eigener noch fremder Trost konnte helfen -, nach einem Weg, den andre Trostlose, um mich zu trösten, gegangen waren. Und ich begann jenes vielen unbekannte Buch des Boethius zu lesen, mit dem er sich in Gefangenschaft und Verbannung getröstet hatte [31].

Angesprochen ist damit das in Gestalt einer "menippeischen Satire", also in einer Mischform von Poesie und Prosa gehaltene Werk "Vom Trost der Philosophie" (De Consolatione Philosophiae), das der von dem Gotenkönig *Theoderich* aufgrund haltloser Anklagen zum Tod verurteilte Boethius im Gefängnis von Pavia verfaßte, bevor er (wohl gegen Ende des Jahres 524) gefoltert und hingerichtet wurde. Nachdem sich der Gefangene im Eingangsgedicht in "tränenreicher Klage" über sein ungerechtes Schicksal erging, erblickt er die ehrfurchtgebietende Erscheinung einer Frau von unbestimmtem Aussehen, die bald jugendlich, bald greisenhaft erscheint, anfänglich in menschlicher Größe, dann aber zum Himmel aufragend, mit Buchrollen in ihrer Rechten, einem Szepter in ihrer Linken, während sich ihr funkelndes Auge auf den leidenden Philosophen richtet, dessen Lager die zu seinem Trost herbeigeeilten Musen umstellen [32]. Ihnen gilt dann auch

---

[31] *Dante, Convivio II*, c. 13.

[32] So zeigt ihn die Illustration des Codex Latinus Monacensis 2599 aus dem 13. Jahrhundert, der aus dem Besitz des Zisterzienserklosters Aldersbach in den der Münchner Staatsbibliothek gelangte. Neben dem hinter einem Gitter sitzenden und sein Schicksal beklagenden Philosophen erscheint die königlich gestaltete Philosophie, die nach Ausweis des Spruchbands in ihrer Hand den Gefangenen mit folgenden Worten tröstet: "Habe Hoffnung, tapferer Mann, du wirst im Kerker zum Märtyrer werden; du kannst getröstet sein, denn ich bringe euch Trost". Hinter dem Gefängnis erheben sich die Türme und Kirchen der "civitas Papia". Das Bild erinnert an alte Darstellungen des Themas "Dichter und Muse"; es weist

die erste erbitterte Reaktion der Besucherin:

Als sie nun die Musen der Dichtkunst an meinem Lager stehen und meinen Tränen Worte eingeben sah, sagte sie erregt und mit grimmig-düsteren Blicken: Wer hat diese Theaterdirnen zu dem Kranken hereingelassen, die nicht nur keine Mittel gegen seinen Schmerz besitzen, sondern ihn noch mit ihrem süßen Gift vermehren? Ja, die sind es, welche die fruchtreife Saat der Vernunft unter dem unfruchtbaren Dickicht der Leidenschaften ersticken, die des Menschen Seele an die Krankheit gewöhnen, anstatt ihn davon zu befreien. Wenn ihr nach eurer Gewohnheit einen Unwissenden verführen würdet, so wäre es nicht weiter schlimm; denn an ihm wäre meine Mühe ohnehin verloren. Der aber ist doch mit den Lehren der Eleaten und der Akademie großgezogen worden; darum fort mit euch, ihr Sirenen, ihr Verführerinnen zum Tod; denn er gehört in meine Pflege und Behandlung!

So rasch, wie sie die Musen abfertigt, ist die königliche Erscheinung auch mit ihrer Diagnose zur Hand. Nachdem sie ihren einstigen Adepten wegen seiner schwächlichen Zuflucht zu den poetischen Tröstungen rügte, genügt ihr eine kurze Fühlung seines Herzschlags um festzustellen:

Nein, es besteht keine Gefahr: er leidet nur an Lethargie, der gewöhnlichen Krankheit eines irregegangenen Geistes. Nur für wenige Augenblicke hat er sich selbst vergessen; nun wird er aber rasch zu sich zurückfinden, wenn er mich nur erst einmal erkannt hat.

Nach diesem Zuspruch trocknet sie ihm mit einer Falte ihres Kleides die tränennassen Augen; da zerfließt der Nebel seiner Traurigkeit, und während sich der Himmel zu ihm herabzusenken scheint, erkennt er im Antlitz seiner Helferin die Philosophie wieder, die ihm auf seine Frage, was sie veranlaßt habe, aus ihrer himmlischen Wohnung zum trostlosen Ort seiner Verbannung herabzusteigen, antwortet:

Wie könnte ich dich, meinen Schüler, verlassen; muß ich nicht vielmehr die Last, die doch wegen meines verhaßten Namens auf dir liegt, gemeinsam mit dir tragen? Nein, die Philosophie konnte nicht anders, als dem Leidensweg des Schuldlosen folgen! Sollte ich gar den Anklagen gegen mich aus dem Weg gehen und in Angst

---

aber auch auf Darstellungen der Verkündigung voraus und hat ein fernes Nachspiel in *Marc Chagalls* "Engeltraum" (von 1910); dazu *Boethius, Trost der Philosophie* (Ausgabe *Büchner),* Stuttgart 1971, 183f.

darüber geraten, als wäre ich daran nicht schon längst gewöhnt? Glaubst du denn wirklich, daß bei dem gegenwärtigen Verfall der Sitten die Weisheit heute zum ersten Mal in Not geraten ist? Hat uns nicht schon in alter Zeit noch vor den Tagen unsres Platons der Unfug der Dummheit in schwere Bedrängnis gebracht? Zwar kam Platon mit dem Leben davon, aber war es nicht sein Lehrer Sokrates, der sich mit meinem Beistand die Siegespalme eines ungerecht erlittenen Todes errang ... ? Weshalb also diese Tränen? Heraus damit, verbirg es nicht länger in deinem Herzen! Rechnest du auf ärztliche Hilfe, dann zeige deine Wunde! [33]

Es ist sicher richtig, daß der erste Gesang der "Philosophie", mit dem diese in das Klagelied des Gefangenen einstimmt, nachdem sie die Musen von seinem Lager verjagte, "ein Körnchen Ironie und ein Tröpflein von etwas, das man fast Hohn nennen möchte" *(Pieper)*, enthält [34]. Doch muß genauso klar gesehen werden, daß die therapeutische Bemühung der Philosophie damit beginnt, daß sie zu dem Gefangenen herabsteigt, um ihm auf seinem Leidensweg entgegenzugehen. Sowenig das nach ihrem energischen Auftritt zu erwarten ist, entspricht es doch ganz der Verfassung des Patienten, dem zunächst Linderungsmittel verabreicht werden müssen, bevor die stärkeren Arzneien eingesetzt werden können. Denn seine "Lethargie" äußert sich vor allem darin, daß ihm zwar der Glaube an die göttliche Weltregierung erhalten blieb, jedoch das Wissen um den eigenen Lebenssinn durch den erlittenen Schicksalsschlag verdunkelt wurde. Noch weiß er um den "Anfang der Dinge", jedoch nicht mehr, vom Leid benommen, um ihr Endziel. Das ist, wie seine Therapeutin diagnostiziert, die "Lücke", durch die das Übel der Sinnesverwirrung in seinen Geist Einzug gehalten hat. Sie hätte genauso gut von den drei Barrieren sprechen können, die ihn von den hilfreichen und heilenden Einsichten trennen: von der Einsicht in die letzte Sinnbestimmung des Daseins, in das Wesen des höchsten Guts und in das Walten der göttlichen Vorsehung. Daß er das Sinnziel nicht erkannte, ließ ihn in einen Zustand der "Selbstvergessenheit" verfallen; daß ihm der Vollbegriff des höchsten Gutes fehlte, ließ ihn ungebührlich an den äußeren Glücksgütern hängen; daß er das Walten der

---

[33] Es ist nicht ausgeschlossen, daß das heißumstrittene Arrangement der beiden Leichenwagen von *Josef Beuys* im Münchener Lenbachhaus mit dem Titel "zeige deine Wunden!" auf diese Stelle der "Consolatio" anspielt.

[34] So *Josef Pieper* in seinem Nachwort zu *Konrad Weiss, Die Gedichte aus der Tröstung der Philosophie des Boethius*, Berlin und Frankfurt 1956, 120.

Vorsehung nicht begriff, machte ihn angesichts des schreienden Unrechts, das er erleidet , immer wieder an Gott irre. Es ist, als sei ihm der Blick nach oben durch das sich unaufhaltsam drehende Rad der Fortuna verwirrt worden. Dem entsprechen die von der "Philosophie" eingesetzten Therapien, die mit Mitteln der Linderung beginnen, um von da zu den "stärkeren Arzneien" fortzuschreiten. Dabei ist eine erste Linderung schon mit der Erkenntnis erreicht, daß das Weltgeschehen nicht dem "sinnlosen Zufall, sondern der göttlichen Vernunft" unterworfen ist; denn von dieser Erkenntnis erhofft sich die "Philosophie", daß sie wie ein "winziger Funke das Feuer des Lebensodems" in ihrem Patienten aufs neue entfachen werde, und sie fügt dem den für ihre stoische Herkunft bezeichnenden Rat hinzu:

> Verscheuche die Freuden,
> verjage die Ängste,
> wehre der Hoffnung,
> verbanne den Schmerz!
> Denn wo diese das Szepter führen,
> ist die Seele ins Dunkel gebannt,
> ist sie in Fesseln geschlagen! [35]

Nachdem es die "Trösterin der müden Herzen " zunächst darauf angelegt hatte, den tief Gebeugten sich in seinem Schmerz aussprechen und im Zug dieser Selbstreinigung von seiner bisherigen Verfassung distanzieren zu lassen, geht sie jetzt, nach der Anwendung dieser "Linderungsmittel" dazu über, ihm die stärkeren Arzneien zu verabreichen. Sie bestehen, wie auf dem Höhepunkt des dritten Buches deutlich wird, in seiner definitiven Ablösung von den innerweltlichen Glückszielen und in seiner Neuorientierung an dem, was ihm in seiner ewigen Unwandelbarkeit definitiven Halt verleiht und dadurch wieder aufatmen hilft. In der Erwartung eines inneren Sonnenaufgangs sagt das der Schluß des neunten Gedichts, das *Werner Beierwaltes* als den "Angelpunkt" des ganzen Werks bezeichnete:

> Laß, Vater, meinen Geist, den erhabenen Sitz ersteigen,
> laß ihn schauen die Quelle des Guten,
> laß ihn finden das Licht und auf dich den Blick des Geistes richten.

---

35 *Boethius,* Consolatio I, 7. Gedicht.

Zerstreue die Nebel ... und erstrahle in deinem
Glanz; denn du bist die Helle, du die stille
Ruhe der Frommen. Dich zu schauen, ist das Ziel,
dich, den Ursprung, den Beweger und Führer,
den Weg und das Ziel in Einem! [36]

Dem fügt die" Philosophie" in der anschließenden (zehnten) Prosa einen Gedanken hinzu, der stark an *Augustins* Vorgriff auf den anselmischen Gottesbeweis in "De libero arbitrio" (II, c.39) erinnert und dadurch dem von ihr gezeigten Strebeziel noch klarere Kontur verleiht:

Da sich nichts ausdenken läßt, was besser wäre als Gott, wer könnte dann noch daran zweifeln, daß das, worüber hinaus nichts Besseres ist, ein Gut ist? Daß aber Gott das wahre Gut ist, zeigt auch die Vernunft, wenn sie nachweist, daß Gott in der Weise gut ist, daß das vollkommen Gute in ihm wohnt. Wäre es nicht so, dann könnte er niemals der Herr aller Dinge sein, weil dann etwas noch Vollkommeneres über ihm stünde, das als solches früher und älter wäre; denn das Vollkommene ist gegenüber dem weniger Vollkommenen notwendig auch das frühere. Deshalb muß man, wenn sich die Gedankenkette nicht ins Unendliche verlieren soll, zugeben, daß Gott, der Allerhöchste, auch den Tatbestand des höchsten Guts erfüllt. Nun ist aber das vollendete Gute, wie uns klar geworden ist, zugleich das vollkommene Glück. Deshalb muß das wahre Glück notwendig in Gott, dem Höchsten, wohnen.

Ihr Ziel erreicht die Lehrmeisterin erstmals dadurch, daß sie ihren Adepten zur Einsicht nötigt, daß das höchste göttliche Gut auch die lenkende Kraft des Weltgeschehens ist, weil er seinem Geist erst mit dieser Erkenntnis "das Siegel der Kernwahrheit aufprägt" [37]. Indessen muß sie seinem Geist, wie es zu Beginn des vierten Buches heißt, zuerst noch "Flügel verleihen", damit er sich auch wirklich zur vollen Höhe aufschwingen und wohlbehalten in sein Vaterland zurückkehren kann. Dann erst kann er von sich sagen:

---

36 Dazu der aus umfassender Kenntnis geschöpfte Beitrag von *W. Beierwaltes* "Trost im Begriff". Zu Boethius "Hymnus O qui perpetua mundum ratione gubernas", in: *Communicatio Fidei*, hrsg. von *Horst Bürkle* und *Gerhold Becker,* Regensburg 1983, 241 - 251; neuerdings auch in seinem Werk: *Denken des Einen. Studien zur neuplatonischen Philosophie und ihrer Wirkungsgeschichte*, Frankfurt/M. 1985, 319 bis 336.

37 *Consolatio III*, 11. Prosa. Zur augustinischen Bezugsstelle siehe außer dem angeführten Beitrag auch die Abhandlung von *W. Beierwalters* "Regio Beatitudinis. Zu Augustins Begriff des glücklichen Lebens" (Sitzungsbericht der Heidelberger Akademie der Wissenschaften vom 24. Januar 1981), 37ff. Auf die therapeutische Funktion des anselmischen Arguments kommt der nächste Abschnitt zu sprechen.

Vogelschwingen sind mir gegeben,
mich zu erheben zum Scheitel des Himmels.
Sobald sich der wendige Geist diese anlegt,
blickt er voller Verachtung zur Erde herab,
strebt er empor in den endlosen Luftkreis,
sieht er die Wolken unter sich ...
Doch wenn er genug gesehen hat,
wendet er sich von dem Weltall ab,
um auf des schnellen Äthers Rücken
zum Licht des Himmels sehnsüchtig aufzublicken.
Denn dort hält der Herr der Könige das Szepter
und lenkt mit starker Hand den Lauf der Welt;
der hocherhabene Herr der Dinge
steht unerschütterlich am Steuerrad der flüchtigen Zeit [38].

Damit ist der Bann der antiken Fortuna-Vorstellung definitiv gebrochen und die "Tröstung" des Vorsehungsglaubens erreicht. Wo die dichterische Phantasie das Rad der unberechenbaren Glücksgöttin zu sehen glaubte, erblickt die Vernunft das Steuerrad in der Hand des göttlichen Weltenlenkers. Doch bleibt noch die letzte Barriere, die in der Frage der Vereinbarkeit des Vorsehungsglaubens mit dem Zufall und insbesondere mit der menschlichen Freiheit besteht. Bewußt greift die "Consolatio" damit auf die "uralte Streitfrage" zurück, die schon *Cicero* bewegte. Daß sie sich überhaupt stellt, liegt an der Begrenztheit der menschlichen Vernunft; denn vor dem Blick Gottes, für den es weder Vergangenheit noch Zukunft gibt, liegt alles wie eine offene Landschaft ausgebreitet. Ohne die menschliche Entscheidungsfreiheit zu beeinträchtigen, erfaßt er ihre Intentionen "mit einem einzigen Aufblitzen seines Auges". Deshalb haben Belohnung und Strafe, aber auch Hoffnung und Gebet ihr gutes Recht. Mit diesem Aufblick zum "Auge des allsehenden Richters" schließt das Werk, das damit, wenngleich nur in leiser Andeutung, das über seinen Verfasser gefällte Urteil an die höchste Instanz verweist. Zu diesem Gedanken hatte sich in poetischer Sprache schon der sechste Gesang des vierten Buchs aufgeschwungen:

---

38 *Consolatio IV*, erster Gesang.

Wer mit reinem Geist das Gesetz
des gewaltigen Donnergotts ergründen will,
erhebe den Blick zum Scheitel des Himmels,
wo die Sterne nach altem heiligem Bündnis
als Hüter des ewigen Friedens walten!

Es bleiben noch drei Fragen, die den Sinn des therapeutischen Dialogs, den Übergang von den Linderungsmitteln zu den stärkeren Arzneien und schließlich die christliche Position des Werks betreffen. Was die erste anlangt, so behält *Josef Pieper* mit seiner geistvollen These recht, daß dem gefangenen Boethius in der "Dame Philosophie" sein besseres, in der ewigen Gottesordnung geborgene Selbst und damit "der innere Widerpart des Gefesselten" entgegentritt [39]. Insofern handelt es sich tatsächlich um keine Fiktion, sondern um ein Selbstgespräch nach Art der augustinischen "Soliloquien", das Augustinus mit seiner Vernunft führt. Mit *Hermann Traenkle* wird man sich nur fragen müssen, ob der Dialog des Boethius auch wirklich bis zum vorgesehenen Abschluß gelangte, oder ob er nicht unter dem Druck der tragischen Verhältnisse, wie das summarisch klingende Schlußwort vermuten läßt, vorzeitig abgebrochen werden mußte [40]. Schwieriger ist die Beantwortung der Frage nach dem Übergang von den lindernden zu den stärker eingreifenden Heilmitteln. Im größeren Kontext gesehen fällt hier aber ein besonderer Akzent auf den Schlußgesang des dritten Buches. Er beginnt schon mit dem für den Verfasser geradezu programmatischen Wort, in dem die Motive der Fortuna-Kritik, der distanzierenden Selbstüberwindung und des Durchbruchs zur Sinnfülle des Göttlich-Guten zu einem einzigen Akkord zusammenklingen:

Glücklich, wer den lichten Quell
des Guten schon zu schauen vermochte!
Glücklich, wer sich aus der schweren Haft
der irdischen Fesseln befreite!

Und er schließt, nachdem er vom tragischen Ausgang der Hadesfahrt des Orpheus berichtete, mit der überraschenden Wendung:

---

39 *Weiss*, a. a. O., 120.

40 *H. Traenkle, Ist die Philosophiae Consolatio des Boethius zum vorgesehenen Abschluß gelangt?* In: *Vigiliae Christianae 31* (1977) 148 - 156.

Euch geht diese Fabel an,
sofern ihr euch bemüht, den Geist
zum höchsten Licht zu erheben.
Denn wer nachgibt, und dann dem Hades nochmals sein Auge zukehrt,
dem wird genommen, was er zu retten glaubte,
sobald er die unterirdischen Mächte erblickt [41].

Danach enthält die Orpheus-Sage die allzeit gültige Lehre, daß das wahre Wesen der Dinge nicht in der Rückschau begriffen und bewahrt werden kann. Da Orpheus nach dem antiken Mythos auch mit den Musen zu tun hat, fällt von hier aus auch Licht auf die Eingangsszene des Werkes, in der die um das "Krankenlager" des Gefangenen versammelten Musen von der "Philosophie" brüsk vertrieben worden waren. Sie hatten den Gefangenen durch die Zeitigungen des rückschauenden Denkens zu trösten gesucht. Für die "Philosophie" aber lief das nur auf eine Verstärkung seiner Lethargie hinaus, da die Rückschau, wie die Parallelen zum Orpheus-Mythos versichern, letztlich zur Erstarrung und Versteinerung führt [42].

In ein ebenso schwieriges Problemfeld stößt auch die dritte Frage nach der "Christlichkeit" eines Autors, der sich angesichts des sicheren Todes zwar mit dem Vorsehungsgedanken, nicht jedoch, wie man meinen sollte, mit dem Auferstehungsglauben tröstet. Zwar bietet sich hier eine bequeme Antwort mit der Annahme an, daß die" Consolatio" vorzeitig abgebrochen wurde und deshalb manches von dem unausgesprochen lassen mußte, was sie unter günstigeren Umständen noch zur Sprache gebracht hätte. Doch abgesehen davon, daß für den Fall, daß es ihrem Verfasser um ein ausdrückliches Bekenntnis zum Christentum zu tun gewesen wäre, dieses sich schon vorher wenigstens spurenhaft hätte ankündigen müssen, widerspricht es allen Regeln der Interpretation, ein Werk von dem her zu bestimmen, was in ihm, aus welchen Gründen auch immer, ungesagt blieb. Doch enthält auch der ausgeführte Text einen beredten Hinweis, wenn man sich nur vergegenwärtigt, daß der Vorsehungsglaube in deutlichem Unterschied zu seiner Vernachlässigung in der gegenwärtigen Theologie zu den Zentralinhalten der Botschaft Jesu gehörte. Tatsächlich konnte Jesus

---

41 *Consolatio III*, 12. Gesang. Dazu auch der abschließende Hinweis des Beitrags von *W.Beierwaltes* "Trost im Begriff", a. a. O., 247f.

42 Näheres zur Frage der Rückschau in den anschließenden Ausführungen *zu Rosenzweig* (38 - 44).

seine Botschaft von dem neuen, bedingungslos liebenden Gott kaum wirkungsvoller an die Menschen herantragen als dadurch, daß er sie sich in einer noch größeren Geborgenheit fühlen lehrte, als sie schon an den herrlicher als Salomon gekleideten "Lilien des Feldes" zu ersehen ist. So ist zwar bei Boethius nirgendwo ausdrücklich von Jesus die Rede, um so ausführlicher jedoch von einem ausgesprochenen Zentralgehalt seiner Verkündigung, so daß man die Frage nach der Christlichkeit der "Consolatio" dahin beantworten kann, daß in ihr Christus zumindest mittelbar, mit seinem Vorsehungsglauben, wenn auch nicht gestalthaft bezeugt wird.

Ein Rest von Befremden bleibt allerdings angesichts der Tatsache, daß sich Boethius durch seine bedrängte Lage lediglich an Beispiele aus der antiken Geschichte und Mythologie, nicht jedoch, wie *Pieper* mit Recht vermerkt, an die Passion Jesu erinnert fühlt. So wird man die Akten über diese dritte Frage nur mit der Feststellung schließen können, daß das unbestreitbare Faktum, wonach die Passion Jesu keinen Eingang "in die Rechenschaft des Trostbedürftigen" gefunden hat, zu den Geheimnissen gehört, die Boethius mit in sein vorzeitiges Grab genommen hat [43]. Das hat freilich *Dante,* der sich darin zum Sprecher der ganzen mittelalterlichen Boethiusdeutung macht, nicht im mindesten gehindert, den Verfasser der "Consolatio" unter die himmlischen "Lichter" einzureihen, deren er im Aufstieg durch die Himmelskreise ansichtig wird. Nachdem der Jenseitswanderer, geführt von Beatrice, die Höhe des Sonnenhimmels erreichte, tritt ihm aus einem Reigen von Lichtern die himmlische Erscheinung des Thomas von Aquin entgegen, um ihn mit den "Leuchten" seines Kreises bekanntzumachen. Er führt ihn zunächst zu Dionysius, dem Erkunder der Engelchöre, dann zu Orosius, dem Geschichtsschreiber, um sich schließlich einer weiteren "Leuchte" zuzuwenden:

> Jetzt, wenn du mit bedächtigem Auge weiterziehst,
> von Licht zu Lichte, meinem Lobspruch folgend,
> wirst auf das achte du bereits begierig sein.
> In ihm erglänzt, vom Anblick allen Heils beglückt,
> die heilige Seele dessen, der den Trug der Welt
> dem aufmerksamen Hörer seines Worts entdeckte.

---

43 *Weiss, Die Geschichte aus der Tröstung der Philosophie des Boethius*, 118.

Der Leib, aus dem man ihn vertrieb,
liegt beigesetzt in Cieldauro.
Aus Kerkerhaft und Qual erhob er sich zu diesem Frieden [44].

Während sich *Dante* im "Convivio" noch darüber beklagen mußte, daß die "Consolatio", die ihm selbst soviel Trost gebracht habe, noch vielen unbekannt sei, gelangte das Werk in der Folgezeit zu einer alle gewohnten Proportionen sprengenden Nachwirkung. Kaum ein Werk der Weltliteratur, die Bibel und die "Nachfolge Christi" ausgenommen, erzielte, wie *Pieper* vermerkt, ein derart vielstimmiges und langwährendes Echo [45].

Die ungleich weitergreifende Nachwirkung betrifft jedoch den Grundgedanken des Werks, wonach es die Philosophie nicht so sehr mit irrenden als vielmehr mit kranken Geistern zu tun hat, so daß sie ihre Aufgabe als eine primär therapeutische begreifen muß. Daß davon insbesondere das spätneuzeitliche Denken betroffen war, bestätigt eine Bemerkung *Gerhard Krügers* zum pathologischen Zustand dieser Bewußtseinslage:

In der Tat ist die moderne aufgeklärte Kultur schon seit langem, vor allem aber seit der Zeit der Romantik, sich selbst zum Problem geworden. Seit dieser Zeit leidet sie an sich selbst: an dem mechanischen Weltbilde und an der "Entzauberung des Lebens" durch die Herrschaft der technisierten Arbeit [46].

Im Grunde ist das nur die wissenschaftskritisch unterbaute Wiederholung des Urteils, das *Goethe* in einem Gespräche (vom 2. April 1829) mit *Eckermann* fällte:

---

44 *Dante, Paradiso X,* 121-129. Bei der Ortsangabe handelt es sich um die Kirche San Pietro di Ciel d'oro in Pavia, in der sich auch das Augustinusgrab befindet.

45 Zwar läßt sich nach *Pieper* die Behauptung kaum nachprüfen, daß nach der Bibel und der "Nachfolge Christi" kein Werk der Weltliteratur häufiger abgeschrieben, gedruckt und kommentiert worden sei als die "Consolatio"; doch habe das Mittelalter immerhin 400 Handschriften hervorgebracht, und es sei eine erwiesene Tatsache, daß "knapp fünfzig Jahre nach der Gutenberg-Bibel bereits dreiundvierzig Druckausgaben der Schrift des Boethius" vorlagen: *Weiss,* a. a. O., 122. Es sei auch daran erinnert, daß König *Alfred* das Werk um das Jahr 900 ins Angelsächsische übersetzen ließ, weil er sich davon eine günstige Auswirkung auf die Gesittung seines Volkes versprach.

46 *G. Krüger,* „Glaube und modernes Denken“ (von 1941), in: *Freiheit und Weltverwaltung.* Aufsätze zur Philosophie der Geschichte, Freiburg/München 1958, 171.

Das Klassische nenne ich das Gesunde und das Romantische das Kranke. Und da sind die Nibelungen klassisch wie der Homer, denn beide sind gesund und tüchtig. Das meiste Neuere ist nicht romantisch, weil es neu, sondern weil es schwach, kränklich und krank ist, und das Alte ist nicht klassisch, weil es alt, sondern weil es stark, frisch, froh und gesund ist. Wenn wir nach solchen Qualitäten Klassisches und Romantisches unterscheiden, so werden wir bald im reinen sein [47].

Das von *Goethe* angesprochene Zeitalter erschien nicht nur bemüht, durch den überdurchschnittlich großen Anteil Kranker an seiner Ausgestaltung der von dem Kritiker gestellten Diagnose recht zu geben, sondern diese auch durch formelle Zeugnisse zu unterbauen, von denen nur das Schauerstück der Romantik, die "Nachtwachen des Bonaventura", die über die verwünschte "Starrsucht" Klage führen, und - als sublimes Gegenstück dazu - *Kierkegaards* Abhandlung über "Die Krankheit zum Tode" (von 1849) genannt seien. Hier, in diesem Meisterwerk einer der Not des ganzen Zeitalters auf den Grund gehenden Selbstanalyse, tritt jedoch eine andere Diagnose in den Vordergrund. Anstatt von "Lethargie" und "Starrsucht" spricht *Kierkegaard,* der darin auf *Martin Buber* vorausweist, von der "Reflexion", die für ihn deshalb zu den Grundübeln der Epoche gehört, weil sie "ihre Schlinge aus dem Nichts bildet" und so den darin gefangenen Menschen der Todeskrankheit "Verzweiflung" verfallen läßt [48]. Sofern aber die Reflexion gerade auch nach romantischem Verständnis lähmt, ist die Differenz der Diagnosen geringer, als es zunächst den Anschein hat.

Dennoch wurde das Thema der "Consolatio" erst von *Franz Rosenzweig* wieder voll aufgenommen und zwar mit seinem "Büchlein vom gesunden und kranken Menschenverstand", mit dem er die Prolegomena zu seinem im Ersten Weltkrieg entstandenen Hauptwerk "Der Stern der Erlösung" nachzureichen gedachte, tatsächlich aber sein zeitkritisches Vermächtnis hinterließ [49]. Bei aller Übereinkunft *Rosenzweigs* mit seinem spätantiken

---

47 Angesichts seiner Härte steht das Urteil von vornherein im Verdacht, eine Selbstimmunisierung zu betreiben, zumal bei einem Autor wie *Goethe,* dem Unsicherheit und Angst ins Gesicht geschrieben stehen; dazu *Thomas Mann,* Goethes Laufbahn als Schriftsteller (von 1932), in: *Literarische Porträts*, Zürich 1960, 156; ferner das Kapitel "Gesund und krank" in *Bert Nagels* Studie "Kafka und Goethe. Stufen der Wandlung von der Klassik zur Moderne", Berlin 1977, 69 - 91.

48 *Kierkegaard, Die Krankheit zum Tode* (Ausgabe *Richter),* Reinbek bei Hamburg 1962,

49 Von den nachgeschickten "Prolegomena" spricht *Rosenzweig* selbst in seinem Vorwort "An den

Vorbild könnte er aber in einen kaum größeren Gegensatz zu ihm treten, als es tatsächlich geschieht; denn bei *Boethius* geht es um die Heilung *durch* Philosophie, hier jedoch, im Blick auf die polemische Spitze des "Büchleins" gesprochen, um die Heilung *von* der Philosophie. Dabei zeigen sich an dem Patienten schon beim einleitenden "Krankenbesuch" Symptome, die unmittelbar an die von der "Philosophie" an ihrem erkrankten Schüler registrierten erinnern:

> Was war ihm geschehen? Gestern noch war er fröhlich und unbefangen seines Weges gegangen, hatte die Frucht vom Baume, die ihm seine Augen wiesen, gebrochen, hatte mit dem Begegnenden Gruß und Rede getauscht. Und plötzlich war er irre an allem geworden. Und lag nun im Halbdunkel seiner Krankenstube, Schalldämpfer in den Ohren, und wollte keine Menschenseele um sich haben [50].

Dem äußeren Kommunikationsabbruch entspricht ein innerer Zustand, der schon bei der ersten Annäherung erkennbar wird und erklärt, warum ihm mit gutem Zureden und Aufmunterungen nicht beizukommen ist:

> Der Patient hat sich zu Bett legen müssen, er konnte plötzlich keine der notwendigen Handlungen des Alltags mehr vollbringen. Er fühlte sich wie gelähmt. Die Starrheit des Staunens hatte ihn befallen. Seine Hände mochten nicht mehr zugreifen, denn wer gab ihnen das Recht des Griffs, seine Füße mochten nicht mehr ausschreiten, denn wer verbürgte Boden ihrem Tritt. Seine Augen mochten nicht mehr ausschauen, denn wer bewies ihnen, daß kein Traum sie narre. Und so mochten seine Ohren nicht mehr hören, denn wer war der andere, auf den sie hätten hören sollen, sein Mund nicht mehr reden, denn lohnte es sich ins Leere schöpfen? [51]

Bei diesem "Krankenbesuch" ergibt sich eine zwar nur punktuelle, dafür aber um so verblüffendere Übereinkunft mit *Kierkegaards* "Krankheit zum Tode". Denn um die "verzweifelte Unwissenheit" zu erklären, in der sich die meisten über ihr "ewiges Selbst" befinden, gibt *Kierkegaard* zu bedenken:

Kenner". Über die Entstehungs- und Veröffentlichungsgeschichte des nachgelassenen Werks informiert sein Herausgeber *Nahum Norbert Glatzer* in seiner Einleitung: Das Büchlein vom gesunden und kranken Menschenverstand, Düsseldorf 1964, 9 - 23.

50 *Rosenzweig,* a. a. O., 34.

51 Ebd.

Wenn man sich ein Haus denken wollte, bestehend aus Keller, Erdgeschoß und erstem Stock ... und dann das Menschsein mit einem solchen Haus vergleichen würde: so ist leider bei den meisten Menschen dies Traurige und Lächerliche der Fall, daß sie es vorziehen, in ihrem eigenen Haus im Keller zu wohnen. Jeder Mensch ist eine seelisch-leibliche Synthese, die darauf angelegt ist, Geist zu sein, dies ist das Gebäude; er aber zieht es vor, im Keller zu wohnen, das ist, in den Bestimmungen der Sinnlichkeit. Und er zieht es nicht bloß vor, im Keller zu wohnen, nein, er liebt dies in dem Grad, daß er verbittert wäre, wenn ihm jemand vorschlagen wollte, die Beletage zu beziehen, die doch frei zu seiner Verfügung steht; denn es ist ja sein eigenes Haus, in dem er wohnt [52].

Das trifft auch auf den Patienten *Rosenzweigs* zu, nur mit dem Unterschied, daß er aus dem Kellergewölbe, in welchem er sein "eigentliches Wesen" vermutet, herausgeführt werden möchte:

Mein Herr, im Dunkel liegt es schon, Sie brauchen mich nicht erst in den Keller zu führen. Ich brauche jemanden, der mich herausführt aus dem Keller, nicht hinein [53].

Mit leichter Hand ist damit das gesamte Szenarium umrissen. Was den Patienten - den kranken Menschenverstand - einem Zustand hilfloser Starrheit verfallen ließ, war eben jenes Staunen, mit dem nach einer auf die Anfänge der Philosophiegeschichte zurückweisenden Ansicht der philosophische Denkakt beginnt. Es ist, wie *Leibniz* erläuterte, zunächst einmal die Verwunderung darüber, daß überhaupt Seiendes ist und nicht - nichts. Indessen nähert sich das philosophische Staunen nicht interesselos seinem Gegenstand an. Vielmehr zieht es ihn aufgrund seines Erkenntnisinteresses alsbald in den Lichtkegel der Was-Frage, die, um sein Wesen auszumachen, ihn allererst als Gegenstand konstituiert. Das drängt den Akt des Staunens in jenen Exzeß, in welchem er rückbezüglich das nachvollzieht, was in der Vergegenständlichung geschah. Nicht umsonst spricht *Rosenzweig* zur Verdeutlichung dieses Moments von der "Starrheit des Staunens". Anstatt den gesichteten Sachverhalt in seinem Werdegang

---

52 *Kierkegaard, Die Krankheit zum Tode*, 41f.

53 *Rosenzweig*, a. a. O., 37. Unverkennbar ist in diesem Wunsch des Patienten die Szenerie des Platonischen Höhlengleichnisses vorausgesetzt, so daß der Gegensatz der beiden Heilungswege nur umso schärfer zum Vorschein kommt.

zu begleiten, unterbricht das Staunen den Fluß des Geschehens; ein Stillstand tritt ein, dem auf der "Objektseite" die Festlegung des Sachverhalts auf seine "Gegenständlichkeit" entspricht.

Zwar kennt auch die "unphilosophische Hälfte der Menschheit" die Erfahrung des Staunens. So staunt das Kind über die Erwachsenen, bis sich die "Frage, die in diesem Staunen liegt", dadurch von selbst beantwortet, daß es eines Tages "selber erwachsen ist". So erschrickt das Weib vor dem Mann, während sich dieser vor dem Weib beugt, bis sich ihr gegenseitiges Staunen in der Liebe auflöst, die ihnen widerfährt. Und so staunt der Mensch und bleibt erstaunend stehen, bis ihn der Fluß des Lebens "mitsamt seinem Staunen auf den Rücken" nimmt und weiterträgt [54]. Davon macht aber das Staunen des Philosophen dadurch eine Ausnahme, daß er, auf die sofortige Lösung der von ihm aufgeworfenen Frage bedacht, "bei seinem Stillstand" stehenbleibt und damit das "Ereignis seines Staunens aus dem weiterfließenden Fluß seines Lebens" ausgrenzt [55]. Diesem künstlichen Stillstand im Ablauf der eigenen Lebensgeschichte entspricht dann jener vergegenständlichende Gewaltakt, der nur zu deutlich den Charakter einer Selbstprojektion des Denkenden aufweist:

> Das staunende Stillestehn verewigt sich ihm in seinem ebenfalls stillestehenden Spiegelbild: dem "Gegenstand". Er hat ihn festgebannt, zum Stehen und Stillehalten gezwungen. Weil er selber sich darauf versteift hat, bei seinem Staunen stehenzubleiben. So hat er nun auch an der Stelle, wo sonst der Fluß des Lebens flösse, das Standbild des Gegenstands. In ihn also bohrt er sich nun ein. Er fragt: was ist? [56]

Und auf diese Frage erhält er auch tatsächlich eine, wenngleich seltsam verkürzte, gleichsam aus dem Untergrund des Substanzhaften kommende Antwort. Der Gegenstand gibt seiner Frage "immer wieder die gleiche Antwort" seines - Wesens. Sie ermöglicht ihm zwar Identifikation im Fluß der ständig wechselnden Erscheinungen und damit die Grundlegung dessen, was zum Aufbau der abendländischen Philosophie und Wissenschaft führte. Doch wurde dieser Gewinn um einen allzu hohen Preis erkauft. Bei allem

---

54 *Rosenzweig,*a. a. O., 28f.

55 *Rosenzweig,* a. a. O., 29.

56 *Rosenzweig,* a. a.. O., 30.

"Fortschritt", den Philosophie und Wissenschaft erzielten, gingen sie doch gleichzeitig am Sinn des lebendig Geschehenden vorbei, wie heute zunehmend deutlich wird, sogar vielfach über dessen Interessen hinweg [57]. Denn das Wesen ist, wie der große Vollender des Wesensdenkens Hegel mit dem ihm eigenen Scharfblick erkannte, stets das "Gewesene". Seiner kann die Vernunft, die er in der Vorrede zur "Philosophie des Rechts" (von 1821) die "Rose im Kreuze der Gegenwart" genannt hatte, nur in der Rückschau ansichtig werden. Das hat sie mit der Kunst gemeinsam, die, wie der Orpheus-Mythos sagt, ihre Gestalten gleichfalls nur im flüchtigen Rückblick zu vergegenwärtigen vermag. In *Hegels* eindringlichem Bild besagt das:

> Wenn die Philosophie ihr Grau in Grau malt, dann ist eine Gestalt des Lebens alt geworden und mit Grau in Grau läßt sie sich nicht verjüngen, sondern nur erkennen; die Eule der Minerva beginnt erst mit der einbrechenden Dämmerung ihren Flug [58].

So hat die theoretische wie die ästhetische Vernunft bei ihrer Gegenstandserfassung grundsätzlich "das Nachsehen". So sehr der philosophische Erkenntnisakt das "Wesen" und die "Substanz" der Dinge in den Griff bringt, verdankt er das Ergebnis seines Zugriffs doch einer Abstraktion, die den jeweiligen Sachverhalt durch den Prozeß der Vergegenständlichung aus dem Kontinuum seiner wirklichen Gegenwart und gegenwärtigen Wirklichkeit herausbricht. Auf die Was-Frage, die er an ihn richtet, erhält er in der Tat nur eine verkürzte, schemenhafte Antwort. Das aber hängt damit zusammen, daß die Was-Frage als eine pathologische Form des kognitiven Verhaltens zu gelten hat. Mit ihr begibt sich der Fragesteller bereits auf die abschüssige Bahn, die ins Gewesene führt. Es ist, mythologisch gesprochen, die Bahn des Orpheus, der, was er dem Schattenreich entriß, im Akt des Erblickens alsbald wieder verliert.

Mit dieser "Diagnose" ist dann aber auch schon die Therapie vorgezeichnet. Sie hat gleichzeitig den Charakter einer Entziehungskur und eines Trainings. Vor allem gilt es, den Kranken dem Bann der Was-Frage zu entziehen; darauf kann erst die Einübung in einen anderen Umgang mit

---

57 Insofern zählt *Rosenzweig* nicht nur zu den bedeutendsten Vertretern der modernen Wissenschaftskritik, sondern, wie noch zu zeigen sein wird, zu den Initiatoren eines nicht nur deklamatorischen, sondern glaubhaften alternativen Denkens.

58 *Hegel, Grundlinien der Philosophie des Rechts* (Ausgabe *Hoffmeister),* Hamburg 1955, 17.

dem Seienden aufbauen. Zum ersten bemerkt *Rosenzweig* auf dem Höhepunkt der von ihm verordneten "Kur", die den Status der Erkrankung insgeheim bei allen Adressaten voraussetzt:

> So müssen wir wieder die Was-ist-Frage verlernen. Denn "Etwas" soll uns ja nicht die Antwort auf eine Frage sein, nur Ansprung, nur erstes Wort ... Ergriffen wir zuvor die Gewißheit einer Welt, die zwischen Mensch und Gott sich bewegte, wohlan, so wollen wir jetzt den Mut fassen zu einem Leben, dem es genügt, selber nur ein Zwischen zu sein, ein Übergang, aus anderem in anderes. Sei die Antwort uns, die schnellbereite, nun verwehrt: "das Leben ist -, der Mensch ist - ", und gehn wir mit in der Bewegung, in der des Menschen Leben, statt zu "sein", geschieht. [59]

Weil der Was-Frage immer schon die auf den Begriff ausgehende Sinnerwartung zugrunde liegt, muß sich das Training darauf konzentrieren, sie durch eine andere Form der kognitiven Anrede zu ersetzen. Das aber ist für *Rosenzweig,* den Begründer des aus den Quellen des Judentums geschöpften "neuen Denkens", die Form der namentlichen Benennung, der Anrufung beim Namen [60]. Insofern greift das neue Denken, dem er Bahn zu brechen sucht, auf den biblischen Bericht von der "schöpferischen" Benennung der Dinge durch den seinerseits von Gott ins Dasein "gerufenen" Menschen zurück. Dennoch ist der von *Rosenzweig* entwickelte Ansatz nicht im ausschließlichen Sinn des Wortes "jüdisch". Für ihn ist, wie eine Briefstelle bestätigt, das Jüdische lediglich Methode, nicht aber Gegenstand [61]. Noch weiter geht er an einer Stelle seiner "Kleineren Schriften", wo er gesteht, daß er die "alten Worte des klassischen Judentums" nur gebrauche, weil er "das neue Denken in diesen alten Worten" empfangen habe, und dem hinzufügt: "Einem Christen wären, das weiß ich, statt der meinen Worte des Neuen Testaments auf die Lippen gekommen" [62]. Das aber ist nicht nur ein Zeugnis außergewöhnlicher denkerischer Toleranz, sondern wesentlicher noch die Bestätigung, daß das neue Denken nach *Rosenzweigs* Überzeugung als eine

---

[59] *Rosenzweig,* a. a. O., 86.

[60] Dazu *Bubers* philosophischer Rechenschaftsbericht "Zur Geschichte des dialogischen Prinzips", in: *Werke 1*, München und Heidelberg 1962, 291 - 305.

[61] Brief an *Hans Ehrenberg* (vom September 1921), in: *Franz Rosenzweig,* Briefe, hrsg. von *Edith Rosenzweig,* Berlin 1935, 407.

[62] *Rosenzweig, Kleinere Schriften*, Berlin 1937, 391.

durch die abendländische Geistesgeschichte gegebene Denkform und demgemäß als die von ihr selbst eröffnete Chance einer Selbstkorrektur zu gelten hat.

Bevor man diesem bedeutungsvollen Wink Folge leisten kann, muß zunächst noch das verdeutlicht werden, was *Rosenzweig* unter dem nennenden Umgang mit der Wirklichkeit versteht. Denn mit der nennenden Anrede wird auch für ihn ein bestimmter Sachverhalt aus dem komplexen Geflecht der Gegebenheiten hervorgehoben, so daß er in den Blickpunkt des Erkenntnisinteresses tritt, dies jedoch so, daß er weder aus dem ihn tragenden Geschichtskontext herausgebrochen noch in isolierender Weise "vergegenständlicht" wird. Das bedeutet zwar ein Weniger an scharfumrissener Kontur, gleichzeitig aber ein Mehr an Verweisungszusammenhang. Bei ihrem Namen gerufen zeigen sich Dinge im "Verbund" ihrer vielfachen Zugehörigkeit. Sie liegen vor dem Blick des Erkenntnisvermögens da, doch so, daß sie gleichzeitig in ihrem Woher und Wohin ersichtlich werden. Zwar entsteht so anders als beim "harten" Zugriff des forschenden Intellekts, keine volle Gegenständlichkeit; und deshalb führt von hier auch kein Weg zur wissenschaftlichen Welterkundung, wohl aber, wie dem unverzüglich hinzuzufügen ist, ein Weg in jenen Bereich, der zu dem der wissenschaftlichen Erkenntnis hinzugedacht werden muß, wenn sie nicht, wie die heutige Wissenschaftskritik befürchtet, in einen Zustand der Selbstzerstörung geraten soll. Nicht der Begriff der "Vergegenständlichung", wohl aber der der "Vergegenwärtigung" trifft den kognosziblen Modus, in den der bei seinem Namen angerufene Sachverhalt gerät. Noch deutlicher wird das, wenn man der Entsprechung dieses Vorgangs auf der Subjektseite nachgeht. Wie dort der Vergegenständlichung der Sachverhalte zu Objekten die "Starrheit des Staunens" entsprach, gelangt nun der die Dinge bei ihrem Wesensnamen Nennende zu dem, was der Begriff "Geistesgegenwart" besagt:

Er wird in die Gegenwart, seine Gegenwart, und in sein Inneres, in sich selbst, hineingerufen. Wo war er denn vorher? Etwa in der Vergangenheit, etwa draußen? Ja, unter der Macht der Vergangenheit und im Bann des Außen. Er war ein Stück Welt. Er gehorchte ihren Gesetzen, die stets Gesetze der Vergangenheit und des Vonaußenwirkens, Gesetze der Ursächlichkeit sind. Der Name befreit ihn von diesen Gesetzen. Er ruft ihn aus der Welt, in der sein Tun gefangen war, hinein in sich selbst, in seine Gegenwart, in eine Gegenwart, über die, solange der Name genannt wird, keine Vergangenheit und kein Außen Macht hat. [63]

Das ist bereits von dem Fall her gesprochen, daß ein Mensch zum Ziel des nennenden Anrufs wird; doch kommt in dieser Umschreibung auch sehr wohl die subjektive "Korrespondenz" zur nennenden Anrufung der Dinge zum Ausdruck. Noch einmal: von ihr führt kein Weg in die Welt der Wissenschaft, wohl aber einer zum Aufbau einer auf Verständnis und Solidarität gegründeten Lebenswelt, zu der allerdings, wenn sie nicht Utopie bleiben soll, durch einen neuen Umgang mit den Sach- und Sinnverhalten ein erster Anfang gemacht werden muß. Denn das vergegenständlichende Denken ist nach der Diagnose *Rosenzweigs* "krank"; es kann erst wieder genesen, wenn es durch eine strenge Entziehungskur von seinen Festlegungen abgebracht und zu Akten nennender Vergegenwärtigung bewogen wird. Das ist der therapeutische Sinn des "neuen Denkens", um dessen Einübung es ihm zu tun ist [64].

4. Das Paradigma

Die "Tröstung der Philosophie" hinterläßt nicht weniger als das "Büchlein vom gesunden und kranken Menschenverstand" den Wunsch, das, was sie programmatisch entwickeln, an einem konkreten Beispiel ausgeführt zu sehen. Sie bejahten zwar auf je eigene Weise die Ausgangsfrage, ob Denken heilen könne, und sie ließen es auch an therapeutischen Impulsen nicht fehlen. Doch mag es mit ihrem unabgeschlossenen Charakter – die "Consolatio" mußte vermutlich notdürftig zu Ende gebracht werden; die Rosenzweig-Schrift wurde kurz vor dem Ablieferungstermin (l. Januar 1922) von ihrem Autor wieder zurückgezogen - zusammenhängen, daß sie mehr durch ihre Programmatik als durch ihre Ausführung überzeugen. Das lenkt den Blick auf jenes Werk, das höchstens ansatzweise eine therapeutische Absicht verrät, jedoch durch die Wahl seines Adressaten erst unter der Voraussetzung dieser Absicht ganz verständlich wird. Es handelt sich um das "Proslogion" (von 1077/78),

---

63 *Rosenzweig, Das Büchlein vom gesunden und kranken Menschenverstand*, 87f.

64 Am deutlichsten erkannte dies *Theodor Steinbüchel* in seiner Programmschrift "Der Umbruch des Denkens" (Regensburg 1936), auch wenn diese in erster Linie auf Ferdinand Ebner abhebt.

in welchem *Anselm von Canterbury* seinen berühmten Gottesbeweis entwickelte [65]. Es ragt nicht nur deshalb aus aller vergleichbaren Literatur heraus, weil es, wie nur noch am Ende seiner Epoche die "Docta ignorantia" des *Nikolaus von Kues,* auf eine intellektuelle Vision zurückgeht, sondern auch dadurch, daß es wie kein anderes Werk die gesamte Folgezeit bis in die Gegenwart hinein in Atem hält [66].

Abgesehen davon, daß der argumentative Gedanke des Werks sogar zum Gegenstand einer sprachanalytischen Überprüfung wurde *(Martin),* vermittelt von seiner Aktualität schon die Tatsache einen Begriff, daß zu Beginn der dreißiger Jahre sowohl *Karl Barth* als auch *Romano Guardini* auf seine Bedeutung hinwiesen: *Barth* in seiner - auf den ursprünglichen Titel *Anselms* zurückgreifenden - Schrift "Fides quaerens intellectum" (von 1931), *Guardini* in seinem Pascal-Buch "Christliches Bewußtsein" (von 1934). Das dürfte sich, zumal aus glaubensgeschichtlicher Sicht, nicht nur aus der ungeheuren Nachwirkung des anselmischen Gedankens erklären, die bis zu *Hegel, Kierkegaard, Marx* und *Nietzsche* hin zu verfolgen ist, sondern nicht zuletzt auch aus der für einen frühmittelalterlichen Theologen ganz ungewöhnlichen Wahl des Adressaten [67]. Denn obwohl *Anselm* nach Auskunft des Vorworts seinen Gedanken aus der Position dessen entwickelt, "der es unternimmt, seinen Geist zur Betrachtung Gottes zu erheben" - ein Ansatz, den *Hegel* bekanntlich für den Kerngedanken aller gültigen Gottesbeweise hält -, ist das "Proslogion" doch insofern dialogisch gehalten, als es seine Argumentation im Blick auf den "Insipiens", also auf den "Toren" entwickelt, der nach dem Psalmwort "in seinem Herzen spricht: es ist kein Gott" (Pss 16,1; 52,1). Denn nur ein der Torheit verfallenes Denken kann versuchen, Gott das Prädikat der Existenz abzusprechen. Umgekehrt beginnt die Überwindung der Torheit mit der Einsicht, daß es zum Vollbegriff Gottes gehört, ihn als existent zu denken [68].

---

65 *Anselm*, *Proslogion* (Ausgabe *Schmitt),* Stuttgart/Bad Cannstatt 1962.

66 Dazu mein Beitrag "Begriff und Ekstase. Vom mystischen Grund der Erkenntnis" in dem vom Italienischen Kulturinstitut hrsg. Sammelband "Rationalität und Ekstase", München 1984, 7 - 23; über die "erneute Überprüfung des ontologischen Beweises" durch die moderne Sprachanalyse referiert *James A. Martin* in seinem Werk *"Philosophische Sprachprüfung der Theologie"* (Originaltitel: The New Dialogue between Philosophy and Theology), München 1974, 130 - 133.

67 Dazu etwa die Untersuchung von *Siegfried Stein, Die Ungläubigen in der mittelhochdeutschen Literatur von 1050 bis 1250*, Berlin 1933.

68 Von dem oft erhobenen Einwand, daß damit nur eine Begriffsaussage gemacht werde, durch die aber noch nichts über das wirkliche Dasein Gottes entschieden sei, wird *Anselm* nicht getroffen. In diesem

Zu diesem Zweck entwickelt *Anselm* unter dem Zwischentitel "Daß Gott in Wahrheit existiert" (c.2) und unter dem dazu spiegelbildlich gestalteten "Daß seine Nicht-Existenz nicht gedacht werden kann" (c.3) seine Argumentation. Ausgangs- und Angelpunkt ist ihm dabei der Begriff des "unüberdenklich Größten" *(quo maius cogitari nequit),* der motivgeschichtlich bis auf *Augustinus* (De libero arbitrio 11, c. 14; 39) und *Novatian* (De Trinitate 11, c.14) zurückverfolgt werden kann [69]. Sicher geht es am Kern der Sache vorbei, wenn *Barth* die von *Anselm* gemachte Entdeckung auf diesen Begriff bezieht [70]. Nicht die begriffliche Umschreibung Gottes war Inhalt dessen, was ihm nach qualvollem Suchen inmitten des Gedankenstreites aufging, sondern die mit diesem Begriff gegebene Vergewisserung über Gottes Existenz. Denn Ziel seiner Suche war nach der ausdrücklichen Angabe des Vorworts die Frage, ob sich nicht jenseits der auf die "Verkettung vieler Beweisgründe" aufbauenden Beweisgänge, über die er in seinem Monologium" (von 1076) referiert hatte, ein "einziger Gedankengang ausfindig machen" lasse, "der ohne die Abstützung durch weitere Beweise für sich allein ausreichte, um Gottes Dasein sicherzustellen" [71]. Mit der begrifflichen Umschreibung zusammen war es somit die Gewißheit, daß Gott unzweifelhaft existiert, die ihm - nach dem erläuternden Bericht seines Biographen *Eadmer* - in nächtlicher Erleuchtungsstunde aufgegangen war. Daran läßt seine ebenso lebendige wie exakte Äußerung keinen Zweifel:

Zusammenhang braucht man noch nicht einmal seinen platonisierenden Realismus zu bemühen; vielmehr ist den Kritikern entgegenzuhalten, daß das Denken über keinen anderen Weg zur Wirklichkeit verfügt, als daß es diese seinen Denkgehalten aus innerer (wie im Fall Gottes) oder äußerer (wie in allen andern Fällen, der des denkenden Ich ausgenommen) Nötigung zuspricht.

69 Bis auf Augustinus leuchtet die Vorgeschichte des Arguments sogar *Heinrich Heine* aus, wenn er in seinem geistvollen Essay "Zur Geschichte der Religion und Philosophie in Deutschland" (von 1834) bemerkt, daß der ontologische Beweis derjenige sei, "den Descartes aufgestellt und der schon lange vorher im Mittelalter durch Anselm von Canterbury in einer rührenden Gebetform ausgesprochen wurde"; ja, man könne sogar sagen, "daß der heilige Augustin schon im zweiten Buche De libero arbitrio' den ontologischen Beweis aufgestellt hat"; *Heine, Sämtliche Werke IX* (Ausgabe *Kaufmann),* München 1964, 250 (wo sich freilich wie auch in anderen Ausgaben die nach Ausweis des Manuskripts falsche Leseart "ruhende Gebetform" findet).

70 *Barth,* a. a. O.., 72.

71 *Anselm,* Proslogion, Prooemium.

Als ich nun darauf mein ganzes Denken sammelte, erschien es mir einmal, als könne ich schon fassen, was ich suchte, dann wieder entglitt es dem Zugriff meines Geistes. So wollte ich schließlich verzweifelnd von der Erforschung einer Sache ablassen, die sich als unerreichbar herauszustellen schien. Sobald ich aber versuchte, den Gedanken von mir fernzuhalten, damit er meinen Geist nicht fruchtlos beschäftige und von anderem, worin ich voranzukommen hoffte, abhalte, begann er sich mir geradezu aufzudrängen. Da ich nun eines Tages in der Abwehr seiner Zudringlichkeit schon ermüdete, bot sich mir mitten im Gedankenstreit das offen dar, was ich in denkerischer Bemühung weder zu erfassen noch abzuweisen vermochte [72].

Von diesem Erlebnis her kann es *Anselm* in seinem Disput mit dem Toren nur darum zu tun sein, diesen argumentativ zu seiner eigenen Gewißheit zu "überreden" und ihn dadurch, wie jetzt schon gesagt werden kann, von seiner Torheit zu heilen. Das ist der Sinn der sorgfältig abgewogenen Denkschritte, durch die er seinen Adressaten von dem Gedankenbild, das er sich bei dem Begriff vom "unüberdenklich Größten" macht, zu dem zu führen sucht, was tatsächlich das unüberdenklich Größte ist:

Wenn nämlich das, was das unüberdenklich Größte ist, nur in der Erkenntnis vorkäme, wäre das "Unüberdenklich Größte" etwas, über dem ein noch Größeres gedacht werden könnte, Und das kann unmöglich sein (c.2).

Dem Begriff des "unüberdenklich Größten" geschieht also nur durch die Realexistenz Gottes Genüge. Ein bloß gedachter Gott bliebe somit um eine ganze Ordnung hinter seinem eigenen Begriff zurück. Das muß auch der Tor einsehen; und indem er es einsehen lernt, wird er von seiner uns geradezu als Krankheit erscheinenden Torheit geheilt:

---

72 Ebd. Diesen knappen Bericht erweitert die von *Eadmer* verfaßte "Vita Sancti Anselmi" um eine Reihe von erläuternden, teilweise tragikkomischen Einzelheiten. Von der Intuition selbst weiß sie zu berichten, daß sich Anselm der Gegenstand seines vergeblichen Forschens eines Nachts "offen vor seinem Verstand" dargestellt habe, und daß er im Augenblick dieser Einsicht "von unermeßlicher Freude" erfüllt worden sei. Dem fügt sie die Auskunft hinzu, daß die erste Niederschrift auf einer Wachstafel auf rätselhafte Weise verlorengegangen sei und daß die zweite, die Anselm einem Mönch zur Aufbewahrung übergeben hatte, von diesem in seinem Bett versteckt, am andern Morgen jedoch, in zahllose Stücke zersplittert auf dem Fußboden seiner Zelle vorgefunden worden sei, so daß Anselm nun, nachdem die Schrift notdürfig wieder hergestellt worden war, den Befehl erteilte, sie auf Pergament zu übertragen, damit sie nicht durch neue Unvorsichtigkeit völlig verlorengehe (c. 3,26).

Auch der Tor kann davon überzeugt werden, daß das unüberdenklich Größte wenigstens in seiner Erkenntnis vorhanden, ist. Denn wenn er es hört, versteht er es, und was er versteht, ist im Verstand. Doch sicher kann das unüberdenklich Größte nicht nur im Verstand sein; wenn es nämlich nur im Verstand wäre, könnte es auch in Wirklichkeit gedacht werden; und das wäre dann noch größer ... Das aber kann unmöglich sein. Somit existiert das unüberdenklich Größte zweifellos sowohl im Verstand als auch in der Wirklichkeit (ebd.).

Bekanntlich hat sich die schon mit der "zugunsten des Toren" verfaßten Gegenschrift des *Gaunilo von Marmoutier* einsetzende Kritik, die in *Thomas von Aquin* und *Immanuel Kant* ihre prominentesten Sprecher fand, an dieser Stelle festgebissen. *Anselm* habe, so wirft sie ihm vor, die Existenzaussage mit einer qualitativen Bestimmung verwechselt und so einen verhängnisvollen Denkfehler begangen. Doch zeigen die ausgesprochen primitiven Bilder, mit denen die Kritiker diesen Denkfehler zu verdeutlichen suchten - *Gaunilo* sprach immerhin noch von den "verlorenen Inseln", *Kant* von den hundert gedachten Talern, die sich nach *Anselms* Argumentation in wirkliche verwandeln müßten -, daß diese Widerlegungsversuche, wenn nicht von einem schlechten intellektuellen Gewissen so doch von einem leisen Unbehagen begleitet waren. In jedem Fall hatten sie, Thomas eingeschlossen, das Argument aus dem Gesamtzusammenhang herausgebrochen, ohne sich darüber Rechenschaft zu geben, ob ihm damit nicht die tragende Basis entzogen wurde.

Denn für *Anselm,* der den Gedankengang aus der Position dessen entwickelte, der "seinen Geist zur Betrachtung Gottes erhebt" war diese "Erhebung" für das Argument konstitutiv, so wie dieses umgekehrt den spekulativen Kern der "Erhebung des Geistes" im Gebet bildete. Ohne daß die Logik aufgehoben würde, tritt es damit, wie *Raymond Klibansky* mit Nachdruck geltend machte, in einen spirituellen Kontext. Und es ist allen Ernstes zu fragen, ob in diesem Kontext das von *Anselm* eingeführte Kriterium der "Größe" nicht einen der Gegenargumentation völlig fernliegenden "transkategorialen" Sinn gewinnt. Im Gebet geht es ja, in formelhafter Verkürzung gesprochen, um eine Umgewichtung der gewohnten Verhältnisse, also darum, daß das Vordergründige an Gewicht und Triftigkeit verliert, während der zumeist vergessene und übersehene Gott für das Realitätsbewußtsein des Beters bestimmend wird. So gesehen erscheint das anselmische Argument geradezu als die spekulative Form dieser spirituellen Erfahrung. [73]

Dem muß nur noch hinzugefügt werden, daß es sich beim Gebet um eine ausgesprochen "exzessive" Geistesbewegung handelt, die erst bei der Fühlung des absolut Wirklichen an ihr Ziel gelangt. In eben diesem Sinn führt nun aber auch *Anselm* seinen Beweis zu Ende. Für ihn geschieht dem Begriff des unüberdenklich Größten erst dann Genüge, wenn es zugleich als das absolut Wirkliche begriffen ist. Das bestätigt die Vermutung, daß seinem Beweisgang, der, wie erinnerlich, ganz in den Vorgang der betenden "Geisteserhebung" einbezogen ist, eine die Formallogik übergreifende Logik zugrunde liegt, für die die Kategorie der Größe keine bloße Qualitätsbestimmung bildet. Insofern verfehlte die ganze an *Anselm* geübte Kritik, wie spätestens durch *Hegel* erkannt wurde, ebenso den Sinn wie die Struktur seiner Argumentation.

Um so deutlicher tritt nunmehr die therapeutische Komponente seines Beweisgangs zutage. Nicht umsonst stellt *Anselm* im Anschluß an seine zentrale Argumentation ausdrücklich die Frage, wie denn der Satz des Toren überhaupt zustande kommen konnte. Das ist, im therapeutischen Zusammenhang gesehen, der klare Fall einer Anamnese, nur daß diese hier, anders als im Normalfall, auf dem Weg einer "hypothetischen Einfühlung" in die Mentalität des "Toren" zustande kommt:

> Wie aber hat er in seinem Herzen gesprochen, was er doch nicht denken konnte; oder wie hat er nicht denken können, was er im Herzen doch gesprochen hat, da "im Herzen sprechen" und "denken" doch ein und dasselbe sind? (c.4)

Wie der Fortgang der Überlegung zeigt, ist für *Anselm* die Frage nach dem Verhalten des Toren mit diesem Aufweis der Widersprüchlichkeit aber noch keineswegs abgetan. Denn offensichtlich kann "Denken" und "innerliches Sprechen" in einem so unterschiedlichen Sinn erfolgen, daß etwas Denkunmögliches eben doch "im Herzen gesprochen" werden kann. An diesem Zwiespalt, daß entweder etwas gesagt wird, was nicht gedacht oder daß nicht gedacht werden kann, was doch gesagt wird, muß die therapeutische Bemühung einsetzen. Nach allem rührt für *Anselm* die geistige Unsicherheit über Gott, wie sie sich in der Figur des "Toren" verkörpert, daher, daß zwischen dem Bereich des Sagbaren und dem des

---

[73] Dazu die Ausführungen meiner Schrift "Der schwere Weg der Gottesfrage", Düsseldorf 1982, 148ff.

Denkbaren eine letzte Inkongruenz besteht. Insofern geraten seine sprachkritischen Überlegungen in eine verblüffende Nähe zu *Wittgensteins* Vorstellung von der Verhexung des Denkens durch die Sprache. Irregeführt durch Sprachbilder holt sich das Denken jene "Beulen", die in seiner Belästigung durch Scheinprobleme bestehen.

Daß lange vor *Wittgenstein* schon die Bibel mit derartigen "Entgleisungen" rechnete, zeigt die berühmte Stelle des paulinischen Philipperbriefs, die eine der vorzüglichsten Wirkungen des göttlichen Friedens darin erblickt, daß er "Herzen und Gedanken in Christus Jesus bewahrt" (4,7) [74]. Wenn es dieses bewahrenden Beistands bedarf, steht das Denken nach biblischem Verständnis immer schon in der Gefahr, sinnlosen Wunschbildern und Illusionen anheimzufallen, auch wenn das Pauluswort auf die Frage nach den Ursachen dieser "Verführung" nicht mehr eingeht. Wenn man dann noch den Vorwurf des Apostels hinzunimmt, daß sich seine Adressaten vor ihrer Bekehrung "zu den stummen Idolen hinreißen ließen" (1Kor 12,2), kommt man auch in der Frage der Veranlassung auf eine Spur, die der Vorstellung einer Sprachverführung durch Bilder entspricht [75].

Bei *Anselm* sind die Akzente etwas anders gesetzt. Wie seine Bemerkungen über die im Denken entstehenden "Gedankenbilder" zeigen, liegt für ihn der Gefahrenherd nicht so sehr im Bildmoment als vielmehr in der Neigung des Menschengeists, den im Fall des Gottesgedankens mit ihm gegebenen "Realitätsverweis" auf sich beruhen zu lassen. So kommt es zu dem paradoxen Tatbestand, daß der "Tor" den mit dem "Realitätsanspruch" verbundenen Gottesgedanken bildet, um dann mit Hilfe dieses - gegensinnig verwendeten Denkgebildes - Gott verneinen zu können. Seine "Torheit" besteht also darin, daß er den semantischen Index des Gottesgedankens unbeachtet läßt und ihn im Grunde wie eine Fiktion behandelt, mit der er verfahren kann, wie er will. Daran "krankt" sein Denken. Denn ein "gesundes" Denken erkennt, daß dem Gottesgedanken erst dann Genüge geschieht, wenn der mit ihm gegebene "Realitätsverweis" mitvollzogen und der zunächst nur "gedachte" Gott als wirklich gedacht wird. Das aber ist gleichbedeutend mit der Einsicht, daß im Fall des Gottesgedankens das Kriterium der Wahrheit in der Erfahrung eines

---

[74] Dazu die Ausführungen meiner Schrift "Er ist unser Friede", Freiburg/Br. 1984, 72 - 76

[75] Der griechische Text der Korintherstelle spricht tatsächlich von den *"eidola"*, zu denen sich die Heiden hin- und fortreißen lassen.

"Bewahrtseins" durch ihn besteht. Wer den Gottesgedanken zu Ende denkt, wird durch ihn zu jener Wirklichkeit geführt, die mit der Gedankenwelt des Denkenden zugleich seine Existenz umfängt und trägt. So geht es dann vor allem aus der Stelle hervor, an welcher *Anselm* seinen Gedankengang wie in einem Kristall zusammenfaßt:

> So bist du, Herr, also nicht nur das, worüber hinaus Größeres nicht gedacht werden kann, sondern noch größer, als je gedacht werden kann. Könnte man nämlich etwas Derartiges denken, und wäre das dann nicht du selbst, so könnte etwas Größeres als du gedacht werden; und das ist ausgeschlossen (c. 15).

Paradigmatisch im Sinn der Ausgangsfrage ist das freilich eher indirekt, da hier weniger ein heilendes Denken als vielmehr die Heilung eines erkrankten Denkens vor Augen geführt wird. So aber ergibt es sich zwingend aus *Anselms* Gottesglauben. Denn der Inbegriff des Heils und deshalb auch jeder, auch der intellektuellen Heilung ist für ihn der, an den er sich abschließend mit der Bitte wendet, daß ihm definitiv und unverlierbar das gewährt werden möge, was ihm mitten in schwerem Gedankenstreit plötzlich aufgegangen war:

> Erhebe du mich zu dir! Reinige, *heile,* schärfe, erleuchte das Auge meines Geistes, daß es dich schaue! Alle ihre Kräfte soll meine Seele sammeln und ihre ganze Einsicht auf dich richten, Herr! (c. 18).

5. Die Aktualität

Nach *Michel Foucault* war es *Kant,* der in seiner Aufklärungsschrift (von 1784) dadurch eine neue Art des philosophischen Fragens einführte, daß er erstmals die Frage stellte: "Was geschieht heute? Was geschieht jetzt? Und was ist dieses ‚Jetzt', innerhalb dessen wir alle sind; und das den Moment, in dem ich schreibe, ausmacht?" [76] Wer nach der Aktualität fragt, bewegt sich somit unwillkürlich auf einer durch die Aufklärung eröffneten Denkbahn, da es nach *Foucaults* Auffassung offensichtlich zum Wesen der von *Kant* reflektierten Epoche gehört, daß alles auf seinen Aktualitätswert hin überprüft wird. Nun ist es nach *Foucault* für die Aufklärung ebenso

---

[76] Nach einem von *Jürg Altwegg* gegebenen Hinweis auf Foucaults Vorlesung über Kants Schrift "Was ist Aufklärung?" am Collège de France.

typisch, daß sie allen kritischen Bestimmungs- und Deklarierungsversuchen, wie sie sich etwa die "Gotik" oder das "Barock" gefallen lassen mußten, dadurch zuvorkam, daß sie sich selbst als "Aufklärung" bezeichnete. Das aber ist nicht nur Ausdruck eines Zeitgefühls, das seine Identität auf dem Weg einer abgrenzenden Abwertung der Vorzeit gewinnt, sondern ebenso auch eines Denkens, das im Vollzug dieser Selbstimmunisierung unverkennbar neurotische Symptome aufweist.

Daß davon auch das mit *Kant* einsetzende idealistische Systemdenken betroffen ist, machte *Kierkegaard* mit seinem schon eingangs vermerkten Vorwurf deutlich, daß der Systemdenker dem Erbauer eines großen, hochgewölbten Palastes gleiche, der jedoch, anstatt darin Wohnung zu nehmen, es vorziehe, nebenan in einer Scheune oder gar in einer Hundehütte zu hausen [77]. Seither ist die Trennungswand zwischen Vernunft und Wahn immer dünner, an manchen Stellen sogar schon durchlässig geworden. Und das nicht etwa nur von seiten der Vernunftkritiker, sondern auch, wie nicht zuletzt *Foucaults* Reflexionen über den Zusammenhang von "Wahnsinn und Gesellschaft", aber lange vor ihm schon die Thematisierung der Krankheit bei *Karl Jaspers* erkennen läßt, von seiten der als Sachwalter der Rationalität geltenden Philosophen selbst [78].

Was *Foucault* von *Kant* her deutlich macht, bestätigt *Reinhart Koselleck* im Blick auf *Rousseau,* der "als erster seine Kritik nicht nur gegen den bestehenden Staat, sondern mit gleicher Schärfe gegen die den Staat kritisierende Gesellschaft" richtete und das Wechselverhältnis dieser konkurrierenden Größen dann auch erstmals mit dem "Begriff der Krise" erfaßte [79]. Und dies mit dem Erfolg, daß mit dem Begriff der Krise eine

---

[77] *Kierkegaard* hat diesen schon eingangs [10] erwähnten Vorwurf wiederholt erhoben: so schon in einer Tagebuchnotiz von 1846 und dann nochmals in *"Die Krankheit zum Tode"*(von 1849).

[78] Schon in seiner *"Psychologie der Weltanschauungen"* (von 1954), die genausogut *"Pathologie der Weltanschauungen"* heißen könnte, zeigt *Jaspers* mehrheitlich krisenhafte Befunde auf, insbesondere bei seinen Ausführungen über das *"Leben des Geistes",* wo von Leiden (247ff.), Kampf, Tod und Schuld (257ff.), aber auch von Formen der Selbstabtötung und Selbstverneinung (291ff.) und schließlich vom Halt im "toten Gehäuse" (304ff.) die Rede ist. Erst recht gibt ihm sein Werk über Nietzsche (von 1936), der für ihn "ohne die Krankheit ... in seinem Leben und Werk kaum vorstellbar wäre" (100) Gelegenheit, auf das enge Wechselverhältnis von Krankheit und geistiger Kreativität im Leben dieses Denkers einzugehen
(76 - 99).

[79] *R. Koselleck, Kritik und Krise. Eine Studie zur Pathogenese der bürgerlichen Welt,* Frankfurt/M. 1973, 133.

ausgesprochen pathologische Kategorie für das neuzeitliche Denken konstitutiv wurde. Dazu hätte es sicher nie kommen können, wenn sich für das entstehende Bewußtsein mit den Erfahrungen der Krise nicht auch vielfach die seiner geistigen Kreativität verbunden, und wenn sich diese Intuition nicht paradigmatisch in der großen Reihe Kranker verkörpert hätte, die wie *Pascal, Schiller, Runge, Beethoven, Schubert, Dostojewskij, Nietzsche, van Gogh* und *Kafka* mit die wichtigsten Initiatoren seines ideellen Fortschritts waren [80]. Angesichts dieses offen zutage liegenden Tatbestands kann man sich nur darüber wundern, daß die ideenbildende Rolle des Leidens trotz des ausgeprägt erkenntnistheoretischen Interesses der Zeit in keinem Theorieentwurf, demjenigen der von *Adorno* entwickelten "Negativen Dialektik" vielleicht ausgenommen, einen angemessenen Ausdruck fand [81]. Eine Zeit, die entscheidende Impulse ihren reflektierenden und schaffenden Kranken verdankte, hätte allen Anlaß gehabt, sich über die kognitive Veranlassung dieser Beiträge Gedanken zu machen.

Wie so oft erweist sich nun aber auch hier das Alte als das wahrhaft Aktuelle. So sagt *Pseudo-Dionysius Areopagita,* aller Wahrscheinlichkeit nach ein Theologe des fünften Jahrhunderts, dessen Pseudonym trotz aller Bemühungen noch immer nicht gelüftet werden konnte, von seinem fiktiven Lehrer Hierotheus, er habe die göttlichen Dinge teils durch theologische Überlieferung, teils durch sorgfältige Erforschung der Heiligen Schriften, teils aber auch durch göttliche Eingebung erkannt und dies nicht so sehr auf dem Weg des "lernenden" als vielmehr des "erleidenden" Umgangs mit ihnen *(non discendo tantum, verum etiam divina patiendo)* [82]. Und er gebraucht im unmittelbaren Anschluß daran sogar den noch stärkeren Ausdruck "Sym-Pathie" *(compassio),* der das von ihm ausgesagte "Erleiden" als ein "In-Mitleidenschaft-Gezogensein" mit dem Gottesgeheimnis verdeutlicht [83]. In diesem Gedanken liegt das gesuchte Theoriemodell schon längstens vor, sofern man sich nur dazu versteht,

---

[80] Dazu *Fritz Heinrich Ryssel, Große Kranke*, Stuttgart-Berlin 1974.

[81] Auch für *Theodor W. Adornos* gleichnamiges Werk (von 1966) gilt das nur mittelbar, am deutlichsten wohl dort, wo er Hegels Vorhaben einer Erneuerung des ontologischen Beweises an seinem vergeblichen Versuch, "das Nichtidentische in die reine Identität" aufzulösen, scheitern sieht (392).

[82] *Pseudo-Dionysius,* De divinis nominibus, c. 29.

[83] Dazu *R.. Garrgou-Lagrange, Der Sinn für das Geheimnis und das Hell-Dunkel des Geistes*, Paderborn 1937, 48f.

seine erkenntnistheoretische Aussage für den Gesamtbereich der Wahrheitsfindung gelten zu lassen.

Der naheliegende Gedanke, die Brücke zur Aktualität bei *Max Scheler,* dem Entdecker der philosophischen Relevanz der Sympathiegefühle, zu suchen, trägt nicht. Denn für *Scheler* bricht zwar der "Exzeß" der Liebe den Bann des Solipsismus, so daß fremdes Sosein - aber auch nur dieses - erkennbar wird, da Lieben immer auch ein intentionales Mitwissen *(conscientia)* um Anderes besagt. Was aber das Mitleid anlangt, so folgt es als ausgesprochen reaktives Gefühl immer nur dem, was die Liebe wahrnimmt, so daß es ihm unmöglich ist, die "Verständnisgrenzen" auf andere Personen hin auszudehnen [84]. Eher findet sich die gesuchte Vermittlung bei den Vertretern der Kritischen Theorie, in *Marcuses* Gedanken der Großen Weigerung, in *Adornos* Negativer Dialektik und insbesondere in dem berühmten Wort *Max Horkheimers,* es sei die Aufgabe der Philosophie, das Werk der "unbesungenen Helden" der Geschichte "in eine Sprache zu übersetzen, die gehört wird, auch wenn ihre vergänglichen Stimmen durch die Tyrannei zum Schweigen gebracht wurden" [85]. Doch ist in alledem der politische Affekt zu greifbar, als daß der philosophische Anspruch ganz überzeugen könnte. Gleiche Bedenken sind gegenüber *Wagners* Parsifal anzumelden, von dem es zwar heißt:

Durch Mitleid wissend
der reine Tor ...,

der aber als Figur dieser Ankündigung nicht von ferne gerecht wird [86]. So bleibt die volle Einholung des pseudo-dionysischen Theorems ein Desiderat der Gegenwartsphilosophie, die sich fragen lassen muß, ob das Leidenspotential dieses Jahrhunderts für sie immer noch nicht ausreicht, um sie zur Besinnung auf die damit gegebenen kognitiven Möglichkeiten zu bewegen.

---

84 *Scheler, Wesen und Formen der Sympathie*, Bern und München 1973, 78.

85 *Horkheimer, Zur Kritik der instrumentellen Vernunft*, Frankfurt/M. 1974, 152.

86 Von der Gestaltzeichnung her ist Parsifal viel zu starr zum Gralskönig determiniert, als daß seine Wandlung, so groß sie von dem an *Hamann* erinnernden Text und seiner musikalischen Ausdeutung her gestaltet ist, glaubhaft werden könnte; dazu auch die Ausführungen meines Beitrags "Glaube und Mythos. Zur Aktualität eines alten Konflikts", in: Philosophisches Jahrbuch 91 (1984) 62 - 81.

Dennoch gibt es das bewegende Beispiel einer echten Vergegenwärtigung, nur daß diese nicht das pseudo-dionysische Theorem, sondern dessen innersten Grund, die Vorstellung von dem "leidenden Arzt" Christus, betrifft. Urheber dieser Aktualisierung ist *Reinhold Schneider,* der die Erfahrungen jahrelanger Krankheit in die Erkenntnis zusammenfaßte, daß ohne die im Leiden gereiften Seelenkräfte alles ins Wanken geriete, weil sonst ein Gewicht fehlte, "das im Gefüge des Daseins nicht entbehrt werden kann", und der dem den bedeutungsvollen Satz hinzufügt, daß "gewisse Erkenntnisse wohl nur dem Kranken erreichbar sind" [87]. Vom Inhalt dieser Erkenntnis vermittelt die Aufzeichnung einen Begriff, mit der er sich in "Winter in Wien" über den von ihm erlittenen Glaubensentzug Rechenschaft gibt:

> Ich weiß, daß Er auferstanden ist; aber meine Lebenskraft ist so sehr gesunken, daß sie über das Grab nicht hinauszugreifen, sich über den Tod hinweg nicht zu sehnen und zu fürchten vermag. Ich kann mir einen Gott nicht denken, der so unbarmherzig wäre, einen todmüden Schläfer unter seinen Füßen, einen Kranken, der endlich eingeschlafen ist, aufzuwecken. Kein Arzt, keine Pflegerin würde das tun, wieviel weniger Er! [88]

Die Stelle ist zu sehr im Geist einer "negativen Dialektik" gehalten, als daß der urchristliche Bezugspunkt direkt angesprochen würde; doch wird er in dem Wort von der "Unmöglichkeit Gottes" deutlich genug transparent. Es ist das Bild des "einen", zugleich "leidensfähigen und leidentrückten" Arztes Jesus Christus, das der Märtyrerbischof *Ignatius von Antiochien* in seinem Epheserbrief (7,2) entwarf [89]. Zwar greift dieses altchristliche Bild weit über den erkenntnistheoretischen Fragepunkt hinaus; und doch ist er von ihm mit umgriffen, wenn man sich nur vergegenwärtigt, daß der Hebräerbrief an zentraler Stelle selbst von Jesus sagt, daß er, in der Sprache *Wagners* ausgedrückt, durch Leiden wissend geworden sei:

---

87 Nach *Ryssel, Große Kranke*, 85f.

88 *Schneider, Winter in Wien*, Freiburg/Br. 1958, 79; dazu mein Beitrag "Versöhnter Abschied. Zum geistigen Vorgang in Schneiders Winter in Wien", in: Widerruf oder Vollendung?, Freiburg/Br. 1981, 129 - 156. Näheres dazu im folgenden Kapitel (82 - 86).

89 Siehe dazu auch S. 106.

Obwohl er der Sohn war, hat er durch Leiden Gehorsam gelernt. Zur Vollendung gelangt aber ist er für alle, die ihm gehorchen, zum Urheber des ewigen Heils geworden (5,8) [90].

Für *Schneider,* der durch sein Eingeständnis den motivgeschichtlichen Zusammenhang mit diesem Schriftwort herstellt, aber gilt, was *Gottfried Benn* zum Stellenwert der Leidenden in der heutigen wie in jeder Gesellschaft sagte:

> Der soziologische Nenner,
> der hinter Jahrhunderten schlief,
> sind ein paar große Männer
> und die litten tief.

---

[90] Für den hohen Stellenwert des Wortes spricht schon sein enger Zusammenhang mit der zentralen Passionsaussage des Briefes. (5,7).

II. Kapitel

Kollektive Krankheitsbilder

1. Der pathologische Grundzug der Zeit

Spätestens an dieser Stelle wird man sich fragen müssen, ob die Vorstellung von einem therapeutischen Denken nicht auf das Konto Kranker oder doch bis in ihre innere Biographie hinein von der Krankheit Gezeichneter geht. Am entschiedensten stellt sich diese Frage im Blick auf *Nietzsche*, der aus zwei Gründen in den angesprochenen Kontext hineingehört: einmal, weil er sämtliche Kulturgestalten von dem sich geradezu überstürzenden Strom des abendländischen Nihilismus ergriffen sah; zum andern, weil er seine eigene Philosophie, wie sie sich im Typus Zarathustras verkörperte, als die der "großen Gesundheit" verstand, obwohl er sich damit reaktiv auf seine Nihilismus-Diagnose zurückbezog und damit zudem dem Verdacht aussetzte, genauso zu verfahren, wie er es dem antiken Mythos vorgeworfen hatte: mit seinen "glänzenden Traumgeburten" über die Schrecknisse des Daseins nur hinweggetäuscht, anstatt sie bewältigt zu haben.[91] So aber verstärkt sich nur noch der von Anfang an bestehende Verdacht, daß es sich bei den kritischen Diagnosen, wie sie etwa von *Picard* oder *Guardini* gestellt wurden, um Selbstprojektionen von Kranken handeln könnte. Er ließe sich nur unter der Voraussetzung entkräften, daß sich die Zeit selbst als krank erweisen würde. Und dafür spräche bereits entscheidend, wenn sich zeigen ließe, daß die angesprochenen Diagnosen, zu denen dann auch die von *Nietzsche* gestellte hinzugenommen werden müßte, zu einem substantiellen Zeitverständnis verhelfen. Dazu müßte freilich zunächst an möglichst unverdächtiger Stelle die innere Übereinkunft der Diagnosen gezeigt werden, der Ausdruck "unverdächtig" dahin verstanden, daß sie als selbständige und nicht ihrerseits voneinander abhängige Leistungen gelten können.

---

[91] *Nietzsche, Nachlaß - Sämtliche Werke (Kritische Studienausgabe XIII)*, 189; Ecce homo. Warum ich so gute Bücher schreibe; Also sprach Zarathustra, § 2; dazu mein Beitrag "Nietzsche als Mythenzerstörer und Mythenschöpfer", in: *Nietzsche-Studien XIV* (1984).

Um das zunächst für *Nietzsche* und *Picard* zu zeigen, so kommen beide in dem verblüffenden Urteil überein, daß es dem Trend der heutigen Lebenswelt entspricht, Realitäten in Möglichkeiten zu verwandeln. In der Welt der Flucht ist nach *Picard* "nichts mehr wirklich, sondern alles bloß noch möglich", weil sich die ganze Welt der Wirklichkeit in eine Menge bloßer Möglichkeiten aufgelöst hat [92]. Demgegenüber ging es, wenn man *Sartre* in seiner Reflexion über "Nietzsches List" (von 1952) folgen darf, *Nietzsche* darum, mit dem "Hammer" seiner Lehre von der Ewigen Wiederkunft die Seinsverhältnisse so zu zerschlagen, daß "die Ganzheit des Seienden in Möglichkeit" zerfiel [93]. Doch läßt sich auch eine nicht minder deutliche Übereinkunft mit *Guardini* nachweisen, sofern beide in der Überzeugung einiggingen, daß die Sache des neuzeitlichen Menschen insgesamt "auf eine schiefe Ebene" geriet und "aus dem Mittelpunkte weg ... ins Nichts" rollt, wobei sogar unterstellt werden darf, daß *Nietzsche* bei der Bildung dieses Gedankens wenigstens hypothetisch an denselben göttlichen Mittelpunkt dachte wie *Guardini* [94]. Umgekehrt hätte *Guardini* schwerlich dem Grundtenor der an analytische Selbstzerfleischung grenzenden Nietzsche-Stelle widersprochen:

> Hybris ist heute unsre ganze Stellung zur Natur, unsre Natur-Vergewaltigung mit Hilfe der Maschinen und der so unbedenklichen Techniker- und Ingenieur-Erfindsamkeit; Hybris ist unsre Stellung zu Gott, will sagen zu irgendeiner angeblichen Zweck- und Sittlichkeits-Spinne hinter dem großen Fangnetz-Gewebe der Ursächlichkeit ... Hybris ist unsre Stellung zu uns, denn wir experimentieren mit uns, wie wir es uns mit keinem Tiere erlauben würden, und schlitzen uns vergnügt und neugierig die Seele bei lebendigem Leibe auf: was liegt uns noch am "Heil" der Seele! [95]

Zentral für *Nietzsches* eigene Diagnose ist das Begriffspaar "apollinisch" und "dionysisch", mit dem er *Goethes* Gleichsetzung des Klassischen mit

---

[92] *Picard, Die Flucht vor Gott,* 27

[93] *J.-P. Sartre,* Die ewige Wiederkunft des Gleichen: Nietzsches List, in: *Alfredo Guzzoni, 90 Jahre Philosophische Nietzsche-Rezeption, Meisenheim 1979*, 104.

[94] Das bestätigt das auf die mittelalterliche Gottes-Metapher von der "unendlichen Sphäre" zurückweisende Zarathustra-Wort: "In jedem Nu beginnt das Sein; um jedes Hier rollt sich die Kugel Dort. Die Mitte ist überall. Krumm ist der Pfad der Ewigkeit" (Zarathustra III, Der Genesende § 2); dazu die Ausführungen meines Beitrags "Die Reise und die Ruhe", in: *Nietzsche-Studien VII* (1978) 97 - 129.

[95] *Nietzsche, Zur Genealogie der Moral,* 111, § 9.

dem Gesunden und des Romantischen mit dem Kranken nahezu auf den Kopf stellt [96]. Zwar sieht auch er unter dem Gegensatz von Klassisch und Romantisch den des Aktiven und Reaktiven; doch hält ihn im Grunde nur der Kampf des Christentums gegen die griechischen Klassiker und, zweifellos mehr noch, seine Vorstellung von der Aufgipfelung der Romantik in *Wagner* davon ab, "romantisch" mit dionysisch und "klassisch" mit apollinisch gleichzusetzen und damit sich selbst, den "letzten Jünger des Philosophen Dionysos" und "Lehrer der ewigen Wiederkunft", in die volle Gegenposition zu den "Klassikern" zu bringen, die, angefangen von *Platon* bis hin zu *Goethe,* dem "Dichter-Erschleichnis" einer göttlichen Überwelt das Wort redeten [97]. An dieser Schwäche "krankte", wie eingangs vermerkt, seiner Ansicht nach sogar schon der griechische Mythos, in dem sich der "hellenische Wille' einen verklärenden Spiegel" vorhielt, um sich dadurch über die "Schrecken und Entsetzlichkeiten des Daseins" hinwegtäuschen zu können. Die Götter rechtfertigten das Menschenleben, indem sie es in seiner Vielgestaltigkeit durchlebten; sie waren die ihm "allein genügende Theodizee"[98].

Es blieb *Spengler* vorbehalten, den Gegensatz von "apollinisch" und "dionysisch" oder, wie er lieber sagt, "faustisch" auf die beherrschenden Tendenzen der abendländischen Naturerkenntnis, auf die quantifizierende und die energetische, zurückzubeziehen und damit zu einer Diagnose des ganzen Zeitalters auszuweiten [99]. Das erreicht er, indem er einerseits dem "wissenschaftlich-kritischen Alexandrinismus" noch in diesem Jahrhundert die "Selbstvernichtung" durch ständige Verfeinerungen der Fragestellungen und Methoden und einen neu aufkommenden "Zug von Innerlichkeit" in Aussicht stellt, und indem er andrerseits den "faustischen Menschen" durch seine ihm konformste Hervorbringung, die Maschine, "zum Sklaven seiner Schöpfung" werden läßt [100]. Und wenn er dabei vom "Satanismus der Maschine" spricht, läßt er auch keinen Zweifel daran, welche Folgen er abzusehen glaubt. In der Versklavung des Menschen durch das zur vollkommenen Weltbemächtigung geschaffene Instrument wird deutlich, daß er sich in seinem faustischen Drang tatsächlich auf einen Teufelspakt

---

[96] Dazu nochmals die S.43f zitierte Stelle aus Goethes Gesprächen mit Eckermann (vom 2. April 1829).

[97] *Nietzsche, Nachlaß (Der Wille zur Macht)* §§ 106; 177; 847; Zarathustra 11: Von den Dichtern.

[98] *Nietzsche, Die Geburt der Tragödie aus dem Geiste der Musik*, § 3.

[99] *Oswald Spengler, Der Untergang des Abendlandes. Umrisse einer Morphologie der Weltgeschichte*, München 1973, 482-553.

[100] *Spengler,* a. a. O., 548; 11 90.

eingelassen hatte, mit dem er sich das akkurate Gegenteil dessen einhandelte, was er sich davon erhoffte: die vollkommene Autonomie. Freilich reichte der Seherblick, auf den sich *Spengler* soviel zugute hielt, nicht so weit, daß er auch noch die "dritte industrielle Revolution" abgesehen hätte, in der es insofern zu einer neuerlichen Umpolung des von ihm angesprochenen Verhältnisses kam, als sich nun die Maschine rückläufig in der Form zu vermenschlichen begann, daß sie intellektuelle Funktionen übernahm und dadurch neue Freiheitsräume, wenn freilich auch neue Abhängigkeiten schuf. Wie in so vielen anderen Hinsichten stand *Spengler* auch hier ganz im Banne *Nietzsches,* für den die Maschine, obwohl "ein Erzeugnis der höchsten Denkkräfte", bei den sie bedienenden Personen "fast nur die niederen, gedankenlosen Kräfte", nicht aber den "Antrieb zum Höhersteigen" in Bewegung setzt; es sei denn indirekt, durch die von ihr erzeugte "verzweifelte Langeweile der Seele" [101]. Es trifft sich seltsam, daß *Nietzsche* unmittelbar vor dieser Reflexion über die "Maschinen-Kultur" einen Gedanken entwickelt, der geeignet ist, die Diagnose in ihrer vollen Aktualität ersichtlich werden zu lassen. Unter dem Stichwort "Klassisch und romantisch" notiert er:

> Sowohl die klassisch als die romantisch gesinnten Geister - wie es diese beiden Gattungen immer gibt - tragen sich mit einer Vision der Zukunft: aber die ersteren aus einer Stärke ihrer Zeit heraus, die letzteren aus deren Schwäche [102].

Danach hängt es zumindest partiell - nach *Spengler* sogar essentiell - mit dem pathologischen Grundzug des Zeitalters zusammen, daß es sein inneres Schwergewicht in die Zukunft hinein verlegt. Hier mag der Erklärungsgrund dafür liegen, daß es sich in seiner Gegenwart als die Einlösung früherer Zukunftserwartungen versteht. So jedenfalls wurde es von *Sigmund Freud* empfunden, der in der Nietzsche-Nachfolge noch vor *Spengler* genannt werden muß. In seinem Essay "Das Unbehagen in der Kultur" (von 1930) sprach er bereits die Beobachtung aus, daß sich heute vor den Augen einer staunenden - oder auch desinteressierten - Öffentlichkeit uralte "Märchenwünsche" der Menschheit Zug um Zug

---

101 *Nietzsche, Menschliches, Allzumenschliches II/II,* § 220.

102 *Nietzsche,* a. a. O., § 217.

erfüllen [103]. Mit Hilfe der im Lauf der letzten Jahrhunderte entwickelten Instrumente sei es dem Menschen gelungen, die Leistungsschranken seiner "motorischen wie sensorischen" Organe auf früher ungeahnte Weise zu beseitigen oder doch hinauszurücken. Durch Schiff und Flugzeug habe er seine Fortbewegung ebenso gesteigert wie durch Mikroskop und Teleskop seine Sehkraft. Mit Hilfe des Telefons höre er gar "aus Entfernungen, die selbst das Märchen als unerreichbar respektieren würde". Und mit Hilfe der photographischen Kamera und der Grammophonplatte sei es ihm sogar möglich geworden, "flüchtige Seh- und Schalleindrücke auf Dauer festzuhalten" [104]. Bei alledem sei ihm "eine Idealvorstellung von Allmacht und Allwissenheit" vor Augen gestanden, wie sie sich in Gestalt seiner Götter verkörpert habe. Diesem Kulturideal habe er sich mit Hilfe des Vehikels Wissenschaft und Technik soweit angenähert, daß er "beinahe selbst ein Gott geworden sei", indessen nur "halbwegs", da er mit den Hilfsorganen seiner usurpierten Gottähnlichkeit bisher nur unvollkommen zurechtkomme. Zwar sei nicht daran zu zweifeln, daß er es durch "wahrscheinlich unvorstellbar große Fortschritte" auf dem Gebiet der Kulturentwicklung dahin bringe, seine "Gottähnlichkeit noch weiter (zu) steigern"; vorerst habe er es aber nur zu einer "Art Prothesengott" gebracht, der sich in diesem Zwischenzustand von erreichtem Übermenschentum und nachwirkender Seinsschwäche durchaus "nicht glücklich" fühle [105].

Schon eine geringfügige Extrapolation dieser Kulturanalyse genügt, um ihr eine Zeitdiagnose abzugewinnen, die den von *Picard* und *Guardini* gestellten schon dadurch überlegen sein dürfte, als sie im Unterschied zu diesen nicht versucht, den hochkomplexen Charakter der Zeit auf einen Einheitsnenner zu bringen. Eine Extrapolation ist vor allem deshalb vonnöten, weil heute im Unterschied zu *Freud* nicht nur von einer "Unvollständigkeit", sondern, dialektischer noch, von einer "Rückschlägigkeit" des Fortschritts gesprochen werden muß. Auf der einen Seite wurde *Freud* in seiner Erwartung, daß sich die technisch vermittelte Gottähnlichkeit des heutigen Menschen noch erheblich steigern werde, von dem inzwischen erreichten Entwicklungsstand nicht nur bestätigt, sondern so weit überholt, daß sich die von *Freud* eher willkürlich ins Spiel gebrachten religiösen Kategorien geradezu aufdrängen. Insbesondere stellt

---

103 *Freud, Das Unbehagen in der Kultur*, Frankfurt-Harnburg 1953, 124.

104 Ebd.

105 *Freud,* a. a. O., 125.

sich ein neuerlicher Rückbezug zu *Nietzsche* in der Form ein, daß sich der technische Fortschritt wie eine Einlösung seines atheistischen Postulats ausnimmt, wonach die von der Menschheit an Gott abgetretenen Attribute für diese zurückgewonnen werden müßten. Was sich während der letzten Jahrzehnte auf dem Gebiet der Raumfahrt, der Energiegewinnung, der Entwicklung neuer Kunststoffe, der Herzchirurgie und Genmanipulation abspielte, läßt sich in der Tat wie eine kulturgeschichtliche Verwirklichung dessen lesen, was sich *Nietzsche* letztlich mit seiner Gotteskritik vorgenommen hatte:

> All die Schönheit und Erhabenheit, die wir den wirklichen und eingebildeten Dingen geliehen haben, will ich zurückfordern als Eigentum und Erzeugnis des Menschen: als seine schönste Apologie [106].

Das heißt in letzter Konsequenz, daß sich die Distanz von Utopie und Wirklichkeit, wenngleich von den meisten unbemerkt, signifikant verringerte, so daß geistesgeschichtlich ein Stadium erreicht wurde, wie es von *Anselm von Canterbury* im entscheidenden Argumentationsschritt seines "ontologischen Gottesbeweises" anvisiert wurde. Mit Hilfe der technischen Prothesen wurden die göttlichen Attribute der Allwissenheit, Allgegenwart und Allmacht in einer Weise denkbar, daß sie zumindest partiell in die Verfügungsgewalt des Menschen gerieten, zumindest aber zu einer ungeahnten Veränderung und Ausweitung seiner Lebenswelt führten. Am deutlichsten wird dies, wenn man sich den inneren Zusammenhang der beiden besorgniserregendsten Entwicklungen vor Augen hält, der Waffentechnik und der Genmanipulation. Während der Mensch mit dieser beginnt, Hand an die eigene Evolution zu legen, versetzt ihn jene in die Lage, das Ende seiner Gattung heraufzubeschwören. So aber nimmt er, religiös gesprochen, Gott sowohl den Anfang wie das Ende seiner Geschichte in einer Weise aus der Hand, daß er sich von nun an mehr noch als vor Gott - vor sich selber und seinen Möglichkeiten fürchten muß [107].

Fast mehr noch als der Fortschritt selbst trat inzwischen aber auch die

---

[106] Dazu meine Schrift "Nietzsche für Christen", Leutersdorf 2000, 30.

[107] Das von der christlichen Heilsverkündigung, zumindest ihrer Grundintention zufolge, überwundene Tremendum stellt sich somit aufs neue ein; jetzt aber nicht mehr als Element der Gotteserfahrung, sondern der menschlichen Selbsterfahrung.

Tatsache seiner ausgesprochenen Rückschlägigkeit ins Bewußtsein. Was in *Freuds* Prognose eher am Rand blieb, wuchs sich inzwischen zum Alptraum der Menschheit aus. Nicht nur, daß im selben Umfang, wie sich uralte Menschheitsträume erfüllten, nicht minder alte Menschheitsängste als immer noch unbesiegbar erwiesen; vielmehr beschwor der Fortschritt selbst neue Bedrohungen und Gefahrenherde herauf. Mit der Expansion der Energiewirtschaft wuchs die Gefahr einer vorzeitigen Erschöpfung der Energiereserven, mit der in revolutionären Schüben vorandrängenden industriellen Entwicklung die einer zunehmenden Verödung der Erde, mit der Erschließung der Kernkraft die bereits von *Freud* geahnte Gefahr einer Selbstvernichtung der Menschheit. Mit der technischen Entwicklung scheint sich der neuzeitliche Mensch, mit *Spengler* gesprochen, insofern auf einen Teufelspakt eingelassen zu haben, als ihre Hervorbringungen in wachsendem Maß ambivalenten Charakter aufweisen. Mit der Erzeugung hochwirksamer Medikamente ging die Entstehung einer ganzen Palette verheerender Giftstoffe Hand in Hand. Mit der modernen Datenverarbeitung wuchs die Gefahr der totalen Manipulation und Kontrolle. Und mit dem Einstieg in die moderne Medienwelt nahm eine Entwicklung ihren Anfang, die den Rezipienten, ohne daß es ihm zu Bewußtsein kommt, so sehr an - industriell aufbereitete - Sekundärerfahrungen gewöhnt, daß er schließlich zu einer Reproduktion seiner selbst herabsinkt. So schwebt der "Prothesengott" in der schon durch den ironischen Begriff angedeuteten Gefahr, zu einer "Gotteskarikatur" mit allen Folgen dieser Verzerrung zu werden.

Es genügt schon, die Entwicklung bis hierhin zu verfolgen, um den eigentümlichen Zwiespalt im Antlitz der Gegenwart zu Gesicht zu bekommen. Um die volle Bestimmung zu finden, muß die angedeutete Rückschlägigkeit nur noch in ihrem anachronistischen Charakter verdeutlicht werden. Das aber war im Grunde schon dadurch erreicht, daß den erfüllten Menschheitsträumen die fortbestehenden Menschheitsängste gegenübergestellt wurden. Sie wurden trotz aller technischen Fortschritte nicht nur aufrechterhalten, sondern im Einzelfall noch vertieft. Wie das Symbol des Labyrinths verdeutlicht, litt die Menschheit - um nur diesen Fall herauszugreifen - immer schon unter der Phobie einer ausweglosen, labyrinthisch verschlungenen und irreführenden Welt. Das Labyrinth ist aber nicht nur die - durchaus gegenwartsbezogene - Grundfigur der Dichtungen von *Jorge Luis Borges,* sondern, wie *Bert Nagel* deutlich machte, nicht weniger auch die des Werks von *Franz Kafka,* das als solche in den Dichtungen beider, insbesondere in dem Roman „Das Schloß“ und der Erzählung „Die Bibliothek von Babel“, aufscheint [108]. Der Unterschied zum antiken Mythos besteht nur darin, daß heute von keinem rettenden Ariadnefaden mehr die Rede ist; denn in der Vergegenwärtigung des Mythos in den Wahnideen des bereits umnachteten *Nietzsche* fällt Ariadne, anders als in der antiken Sinnzuweisung, nur noch die Aufgabe zu, mit "Dionysos" zusammen "das goldene Gleichgewicht aller Dinge zu sein" [109]. Ihre Rolle als Befreierin hat sie dagegen ausgespielt.

Demgemäß müßte man, um diesem Antagonismus gerecht zu werden, vom utopisch-anachronistischen Charakter des Zeitalters sprechen. Damit wäre zugleich ein extrem pathologischer Befund angesprochen. Denn es wäre damit angedeutet, daß die Gegenwart in einzelnen ihrer spektakulärsten Hervorbringungen auf ihren eigenen Ruin hinwirkt. Das aber hatte wiederum schon *Nietzsche* im Auge, als er seine Nihilismus-Prognose dahin verdeutlichte, daß alle großen Kulturgestalten, wie seiner Sicht zufolge insbesondere das Christentum, in einem Akt epochaler Selbstaufhebung begriffen sind, sofern sie, auf ihrem Höhepunkt angelangt, Ideen und Energien freisetzen, an denen sie früher oder später selbst zugrunde gehen.

2. Das Panorama der Ängste

Man braucht sich nur zu vergegenwärtigen, daß die Vorstellung von der Welt als Labyrinth auf die Antike zurückgeht, oder einen Blick in das angstgeweitete Gesicht des von Athene besiegten Alkyoneus auf dem Pergamonaltar zu werfen, um die Leichtfertigkeit des Urteils von *Raphael Lenné* zu durchschauen, der auf den Gesichtern antiker Figuren alle möglichen menschlichen Gefühle, "am eindrucksvollsten diejenigen des Leidens und der tiefen Trauer", niemals aber Angst gesehen haben will [110]. Eine Zeit, die das den Betrachter versteinernde Antlitz der Gorgo erfand, wußte nur zu sehr um die Erfahrungen dessen, was den Menschen lähmt und im Grenzfall erstarren läßt: die Angst. Nicht umsonst wird Odysseus

---

[108] *J. L. Borges, Labyrinthe*, München 1962; *B. Nagel,* Kafka und die Weltliteratur, München 1983, 362ff.

[109] *Nietzsche,* Brief an J. Burckhardt vom 4. Januar 1889; dazu "Nietzsche für Christen", 65.

[110] *R. Lenné, Das Urphänomen Angst*, München 1978, 47.

am Ende der Nekyia, seines Wegs in die Unterwelt, schon bei der Vorahnung dieses Anblicks von nacktem Entsetzen gepackt:

> Aber es sammelten sich unzählige Scharen von Schatten
> Mit grauenvollem Getös, und bleiches Entsetzen ergriff mich.
> Fürchtend, es sende mir gar noch die strenge Persephoneia
> Tief aus der Nacht die Schreckensgestalt des gorgonischen Unholds,
> Floh ich eilends hinweg zum Schiff und befahl den Gefährten,
> Rasch ins Schiff zu steigen und die Seile vom Ufer zu lösen;
> Und sie stiegen hinein und setzten sich stumm auf die Bänke [111].

Zuzugestehen ist allerdings, daß sich die schon früh bezeugte Lebensangst in dem Maß des allgemeinen Bewußtseins bemächtigte, wie der Glaube an die alles durchwirkenden Kosmosmächte im antiken Menschen zu erlahmen begann; doch darf bei der Einschätzung dieser Entwicklung nicht übersehen werden, daß sich in ihr gleichzeitig das Erwachen des Menschen zu seinem subjektiven Eigenwert anbahnt, das dann im Christentum zu seinem definitiven Durchbruch gelangte. Wie *Kurt Latte* zeigte, geht deshalb die antike Sensibilisierung für die Angst mit der Entstehung eines subjektiven Sündenbewußtseins Hand in Hand. Jetzt treibt die Sündenangst den Menschen unruhig umher oder läßt ihn, wie im Fall der Klytämnestra, aus wirren Träumen mit einem lauten Schrei aufschrecken. Insgesamt aber gilt:

> Seit der Glaube an die unbedingte Wirksamkeit der hergebrachten Riten zu schwinden begann, lastete auf den Menschen, zumal in Zeiten, da schwere Schicksalsschläge von dem Groll der Ewigen vor aller Augen zu zeugen schienen, der dumpfe Druck der Angst [112].

Zu einer ausgesprochenen Weltangst wächst sich dieses Gefühl schließlich in der vielfach verunsicherten und erschütterten Spätantike aus, in der der Mensch nach einer Beobachtung *Rudolf Bultmanns* auch schon Anwandlungen der Selbstentfremdung verfällt:

---

111 *Homer, Odyssee XI*, 632 - 638; dazu die Ausführungen meiner Schrift "Dasein auf Abruf", 34 und meiner Modalanthropologie "Der Mensch – das uneingelöste Versprechen", Düsseldorf 1995, 137 – 143.

112 *K. Latte,* Schuld und Sünde in der griechischen Religion, in: *Kleine Schriften zu Religion, Recht, Literatur und Sprache der Griechen und Römer*, München 1968, 22f.

In seiner Einsamkeit ist der Mensch von einer furchtbaren Angst befallen, Angst vor den sich ausdehnenden Welträumen, vor der sich erstreckenden Zeit, vor Lärm und Licht der Welt, das heißt der in ihr wirkenden dämonischen Mächte, die ihn verführen, ihn sich selbst entfremden wollen, - als auch vor sich selbst, da er sich den dämonischen Mächten ausgeliefert, das eigene Innere als der eigenen Macht entzogen, als Spielplatz der Dämonen empfindet [113].

Man braucht auch nur einen Blick auf das von *Joseph Karl Stieler* geschaffene Goethe-Porträt (von 1828) zu werfen, um zu sehen, daß auch die Erneuerung der Antike in der Klassik am wenigsten die Dämonen der Angst zu beschwören vermochte; denn dieses Porträt ist, gerade weil es in huldigender Absicht geschaffen wurde, das ebenso beredte wie unbestechliche Zeugnis einer unbewältigten Lebensangst. Dennoch wurde das Gefühl, unentrinnbar in eine labyrinthische Welt eingeschlossen zu sein, erst heute zur epochalen Grundstimmung, nachdem die Schreckensvisionen *Kafkas* von einer hinter den Wänden des konkreten Daseins lauernden Gegenwelt ("Der Prozeß"), einem sich ins Unabsehbare dehnenden Instanzenweg ("Das Schloß") und einem die göttliche Botschaft hoffnungslos verstellenden Vermittlungs-Labyrinth ("Eine kaiserliche Botschaft") von der inzwischen gigantisch aufgeblähten Bürokratie und Medienwelt bereits überholt ist [114]. Deutlichstes Anzeichen dieser überlappenden "Synchronie" ist die Tatsache, daß das von allen Kafka-Dichtungen, am deutlichsten wohl von der Erzählung "Der Bau" (von 1923/24) suggerierte Angstgefühl inzwischen zum allgemein herrschenden wurde. Daß eine "vielleicht so noch nie gewesene Lebensangst zum unheimlichen Begleiter des modernen Menschen" geworden sei, meinte zwar schon *Karl Jaspers* in seiner Analyse der "Geistigen Situation der Zeit" (von 1931), die, um seinen Ausdruck aufzugreifen, insofern im "Achsenjahr" der Besinnung auf das Wesen und Unwesen der Angst erschien, als gleichzeitig auch *Gertrud von le Fort* ihre Novelle "Die Letzte am Schafott" veröffentlichte und *Werner Bergengruen* seinen Roman "Am Himmel wie auf Erden" in Angriff nahm [115].

---

[113] *R. Bultmann, Das Urchristentum im Rahmen der antiken Religionen*, Zürich 1949, 185.

[114] Dazu *B. Nagel, Franz Kafka. Aspekte der Interpretation und Wertung*, Berlin 1974, 227; ferner mein Beitrag "Der schwierige Weg. Zum Problem der religiösen Sprach- und Kommunikationsbarrieren", in: *Stimmen der Zeit 104* (1979) 651 - 665.

[115] Dazu mein Beitrag "Christliche Angstbewäitigung" in der von *Lothar Bossle* hrsg. Filbinger-Festschrift "Ein Mann unserer Zeit", Dießen 1983, 196-226.

Dennoch hat es den Anschein, daß die damals geleistete Analyse, so sehr sie durch die geschichtlichen Ereignisse der Folgezeit bestätigt wurde, heute erst wirklich zum bewußten "Allgemeingut" wurde, da es erst in der gegenwärtigen Lebenswelt dazu kam, daß von der alles durch- und zersetzenden Lebensangst in Form eines offenen Eingeständnisses gesprochen werden kann. Was in sich *Kafkas* "Bau" abspielt, dieser "gnadenlosesten aller Konfessionen des Dichters" (*Nagel*), wenn der sich in einer "degradierenden Tiermetapher" darstellende Erzähler den im Grunde immer schon geahnten und doch nicht erwarteten übermächtigen Gegner, den Tod, unaufhaltsam auf sich zukommen fühlt, ist nämlich inzwischen nicht nur zur individuellen Selbsterfahrung vieler, sondern zum kollektiven Zeitgefühl geworden [116]. Das aber ist gleichbedeutend mit der Feststellung, daß sich die Gegenwart geradezu paradigmatisch in dem durch den herannahenden Tod stigmatisierten Lebensgefühl eines notorisch Kranken ausgedrückt fühlt. Wie kaum ein anderes Symptom erlaubt das den Rückschluß auf ihren pathologischen Zustand. Grund genug, der sie beherrschenden Angst in ihren unterschiedlichen Erscheinungs- und Darstellungsformen genauer nachzugehen.

Folgt man der Metaphorik von *Kafkas* Erzählung "Der Bau", die von der vergeblichen Suche des Menschen nach Daseinssicherung, und sei es auch nur auf dem Weg der Errichtung einer extremen Rückzugsposition, berichtet, so steht an der Spitze der gegenwärtig umlaufenden Ängste eindeutig - die Weltangst. Eingesperrt in eine sich zusehends verrätselnde Welt, die weitgehend dem astrophysikalischen Modell eines explodierenden Universums entspricht, fühlt sich der heutige Mensch jeder sichernden Orientierung beraubt, so daß er in die Bewegung eines richtungslosen Absturzes gerät, wie sie bereits *Nietzsches* "toller Mensch" beschrieben hatte:

> Stürzen wir nicht fortwährend? Und rückwärts, seitwärts, vorwärts, nach allen Seiten? Gibt es noch ein Oben und ein Unten? Irren wir nicht wie durch ein unendliches Nichts? Haucht uns nicht der leere Raum an? Kommt nicht immerfort die Nacht und mehr Nacht?[117]

Es ist ein ausgesprochen akosmistisches Weltgefühl, das sich in diesen Fragen bekundet. Mit Gott - das sagen diese hellsichtigen Sätze - ging, von

---

[116] Zur Interpretation der Erzählung nochmals *Nagel, Franz Kafka*, 275 - 317.

[117] *F. Nietzsche, Die fröhliche Wissenschaft III*, § 125.

den Gottesleugnern unbemerkt, auch die Welt verloren. Nur mittelbar klingt darin jedoch die weitere Konsequenz an: daß mit dem kosmischen Orientierungsrahmen auch die durch ihn definierte menschliche Subjektmitte in Wegfall geriet. Um so deutlicher spricht davon *Karl Jaspers* im Zusammenhang mit der Existenzanalyse seiner "Philosophischen Logik", wenn er zu dem Ideenverfall an den großen Wendepunkten der Menschheitsgeschichte bemerkt:

> Nur Hülsen und Formeln bestehen äußerlich fort, um dem ersten Sturm widerstandslos zu erliegen. Dann kann der Mensch als Einzelner gleichsam wieder nackt dastehen, ohne Welt. Daß er einem Freunde die Hand reichen könnte, bleibt seine letzte Hoffnung. Aber auch mit ihm kann sich in gemeinsamer Wertlosigkeit eine Kommunikation nur als Möglichkeit zeigen, nicht erfüllen. Ist der Einzelne, der so ohne Welt dasteht, überhaupt noch? Er ist selbst, sofern er ist, nur noch Möglichkeit [118].

Auf diese Verflüchtigung zur bloßen Möglichkeit seiner selbst aber reagiert der Mensch mit Angst. Es ist, qualifizierend gesprochen, die Weltangst, die wie eine dunkle Woge über ihm zusammenschlägt und ihn von dem Boden fortreißt, auf dem er bisher zu stehen glaubte. Weltlos geworden, fühlt er sich wie vernichtet; und dieser Eindruck erfüllt ihn mit jenem Gefühl, in dem er sein Nichtsein emotional vorwegnimmt, mit Angst. Darin kündigt sich auch schon eine weitere Form der Angst an, die sich zur Weltangst komplementär verhält und insofern das Verhältnis des Menschen zu sich selbst betrifft. Um ihr voll auf die Spur zu kommen, muß die im Anschluß an *Picard*, *Guardini* und *Jaspers* entwickelte Zeitdiagnose, die zur Ausarbeitung des utopisch-anachronistischen Charakters der Epoche führte, nur noch auf den unter diesen Bedingungen existierenden Menschen zurückgenommen werden, von dem ja bereits *Jaspers* gesagt hatte, daß eine "vielleicht so noch nie gewesene Lebensangst" zu seinem unheimlichen Begleiter geworden sei. Wie sehr die Charakteristik auf ihn zutrifft, läßt sich an zwei Buchtiteln ablesen. So handelt *Ortega y Gasset* "Vom Menschen als utopischem Wesen" (von 1951), während *Günter Anders* ein

[118] *Jaspers, Von der Wahrheit*, München 1947, 620; dazu die auf zwei Bände angelegte Untersuchung von *Franz Josef Fuchs, Seinsverhältnis. Karl Jaspers' Existenzphilosophie*, Frankfurt/M. 1984, 221 - 331.

Jahrzehnt später in seiner Anthropologie die "Antiquiertheit des Menschen" (von 1961) registrierte [119].

Von einer "Zurücknahme" der Zeitdiagnose auf den Menschen muß dabei auch im restriktiven Sinn des Wortes die Rede sein. Denn mit der These von seiner "Antiquiertheit", mit welcher *Anders* der Bestimmung des Menschen als "Mängelwesen" *(Gehlen)* eine kulturkritische Wendung gibt, soll offensichtlich das Gegenteil von dem gesagt werden, was *Freud* mit seiner ironisch-respektvollen Rede vom "Prothesengott" zum Ausdruck gebracht hatte. Sie schien den Gedanken zu suggerieren, daß sich die Distanz von Utopie und Realität auch für den Menschen selbst so deutlich verkürzt habe, daß ihm ein höherer, wenngleich technisch vermittelter Grad der Selbstverwirklichung in Aussicht gestellt werden könne. Jetzt verkehrt sich dieser Gedanke ins Gegenteil. Denn das Wort von seiner "Antiquiertheit" deutet darauf hin, daß er tragisch hinter das ihm erreichbare Niveau zurückfiel und damit unfähig geworden sei, sich in dem mit seinem Sein gegebenen "Soll" auch nur annähernd einzuholen. Danach lebt der Mensch in einem nicht nur okkasionell, sondern zuständlich gestörten Verhältnis zu sich selbst. Und diese "Störung" ist vor jedem anderen Anlaß der Grund seiner Angst.

Zweifellos ist damit, anthropologisch gesehen, die menschliche Daseinsangst in ihrer Urform aufgedeckt. Denn es handelt sich dabei nicht etwa um eine situativ, sondern durch seine Konstitution bedingte, also mit seiner Kontingenz gegebene Elementarangst. Zu ihrer Verdeutlichung könnte man sie als Existenz-, Lebens- und Todesangst differenzieren. Existenzangst ist sie, sofern sie mit der konstitutionellen "Hinfälligkeit" des Menschseins und seiner unablässig scheiternden Suche nach definitiver Daseinssicherung zu tun hat. Lebensangst ist sie, sofern der moderne Zivilisationsbetrieb zu einer Schwächung der Vitalität führte und dadurch bei einer wachsenden Mehrheit das Bewußtsein nach sich zog, den mit dem Dasein gestellten Forderungen nicht gewachsen zu sein. Und Todesangst ist sie, sofern sie aus der von vielen empfundenen Unfähigkeit erwächst, mit der unabdingbaren Todesbestimmung ihres Daseins ins reine zu kommen [120].

---

[119] *Ortega y Gasset, Vom Menschen als utopischem Wesen. Vier Essays*, Stuttgart 1951; *G. Anders, Die Antiquiertheit des Menschen. Über die Seele im Zeitalter der zweiten industriellen Revolution*, München 1961.

[120] Für die Form der Todesangst kann auf meine Schrift "Dasein auf Abruf" verwiesen werden; dagegen

Dieser ausgesprochenen Individualangst steht, wiederum spiegelbildlich, die gerade heute weitverbreitete Kollektivangst gegenüber, die nach Art einer Sozialneurose epidemisch auf ganze Bevölkerungsgruppen übergreift und bei ihr die für Ängstigungen typische Realitätsblindheit, verbunden mit wahnhaften Bewußtseinsverschiebungen, nach sich zieht [121]. Es ist jene Form der Angst, in der *Werner Bergengruen* die "eigentliche Ursünde und ... teuflische Mitgift des Menschengeschlechts" erblickt, da sie unter ihren ständig wechselnden Maskierungen immer jene wähle, die ihren in den jeweiligen Zeitvorstellungen befangenen Opfern "am schrecklichsten einleuchtet" [122]. Zudem gehört es nicht nur zum Unwesen dieser umlaufenden Kollektivangst, daß sie "ihre Anlässe zu überdauern pflegt", sondern nicht weniger auch, daß sie sich im Wandel des Geschichtsbewußtseins jeweils der Stelle bemächtigt, an der die kollektiven Phobien entstehen und demgemäß der Ort der größten Bedrohung gesucht wird. Unter diesem Gesichtspunkt ließe sich mühelos die "Wandlungsgeschichte" dieser Angst rekonstruieren, die den antiken Menschen als das unentrinnbare "Fatum" bedrückte, um die Wende vom ersten zum zweiten Jahrtausend das bevorstehende Weltende befürchten ließ, im Spätmittelalter den Hexenwahn hervorbrachte, die Zeitgenossen der Reformation mit Gottes- und Teufelsfurcht ängstigte und heute in einer konfusen Vielgesichtigkeit als Atom-, Umwelt- und Übervölkerungsangst, trotz des befreienden Um- und Aufbruchs von 1989, noch immer die Herzen der Menschen bedrückt. [123]

---

erfordern die Formen der "Existenz- und Lebensangst" im Blick auf ihre pathogene Bedeutung eine genauere Betrachtung innerhalb des vorliegenden Zusammenhangs; dazu die Ausführungen der drei nächsten Abschnitte; ferner meine Schrift "Überwindung der Lebensangst", München 1996.

[121] Was *Manès Sperber* in seiner denkwürdigen Friedenspreisrede (von 1983) die "aggressive Undankbarkeit" des Westens gegenüber der die Freiheit - gerade auch in ihrer Form als Rede- und Demonstrationsfreiheit - garantierenden Schutzmacht nannte, gehört offensichtlich in diesen Zusammenhang.

[122] *W. Bergengruen, Am Himmel wie auf Erden*, Zürich 1947, 37f.

[123] Angesichts der weitverbreiteten Meinung, daß der Gedanke einer bewußt herbeigeführten "Selbstzerstörung der Menschheit" ein Proprium des Atomzeitalters ist, sei daran erinnert, daß schon *Freud* mit der technisch erworbenen Möglichkeit der Menschen der gegenwärtigen Zeit rechnete, "einander bis auf den letzten Mann auszurotten": Das Unbehagen in der Kultur, 190f; dazu der Abschnitt "Fehlten Tote?" meines Sammelbandes *"Hat der Glaube eine Zukunft? "*, Düsseldorf 1994, 85 – 96)

In diesem Zug tritt das utopische Moment dieser Kollektivangst offen zutage. Anders als die Individualangst, die sich durch ein eher konkretes Wovor dem Erscheinungsbild der Furcht annähert, steht die Kollektivangst in der Regel unter dem Eindruck einer derart überdimensionalen Bedrohung, daß diese ohne weiteres als Synonym des Nichts durchschaut werden kann. Insofern erfüllt sie auf geradezu klassische Weise die schon von *Kierkegaard* gefundene und von *Heidegger* aktualisierte Bestimmung, wonach die Angst im Unterschied zur Furcht grundlos und in ihrer Grundlosigkeit eine Erfahrung des Nichts ist. Als grundloses und "freisteigendes" Gefühl befällt und überkommt sie ihre Opfer, die sich durch sie als Anrainer des Nichts erfahren. "Fragen wir nun näher, was der Gegenstand der Angst ist", bemerkt *Kierkegaard,* "so muß hier wie überall geantwortet werden: er ist Nichts" [124]. Und *Heidegger,* der die Hörer seiner Freiburger Antrittsvorlesung zum Thema "Was ist Metaphysik?" (von 1929) mit einer Analyse der Angst schockierte, beschreibt die Angst als ein "Wegrücken des Seienden im Ganzen"; denn die Angst offenbare das Nichts [125].

Daraus erklärt es sich auch, daß sich die konkreteren Formen der Kollektivangst als "Kontaktstörungen" beschreiben lassen und insofern den Charakter einer - doppelsinnigen - "Berührungsangst" aufweisen. Entweder entstehen sie aus dem Gefühl der Übermächtigung des Individuums durch das Kollektiv, wie es der weitverbreiteten Leistungs - und Manipulationsangst zugrunde liegt, oder aus dem Eindruck, durch das Kollektiv im individuellen Lebensinteresse beeinträchtigt zu werden. Dann liegt die weniger bekannte, aber kaum weniger häufige Frustrationsangst vor. Daß im Vergleich dazu die Angst vor der sozialen Kontrolle des einzelnen weitaus stärker im Vordergrund des allgemeinen Bewußtseins steht, würde durch kaum etwas so nachdrücklich wie durch die an eine Sozialneurose grenzende Diskussion von *Orwells* Schreckensutopie "1984" im Jahr ihrer kalendarischen "Einlösung" belegt. Im Blick des "großen Bruders" spiegelt sich für viele der Inbegriff dessen, was sie von den offenen oder geheimen Kontroll- und Manipulationskräften der Gesellschaft befürchten. Dabei spielt, wie der kulturfeindliche Trend innerhalb der ökologischen Bewegung zeigt, das schon von *Freud* bekundete "Unbehagen in der Kultur" eine nicht unbeträchtliche Rolle. Zumindest unterschwellig

---

[124] *S. Kierkegaard, Der Begriff Angst III*, § 2 (Ausgabe *Richter),* Reinbek 1960, 89.

[125] *M. Heidegger, Was ist Metaphysik?*, Frankfurt/M. 1943, 13.

schwingt bei vielen die Sorge mit, daß sich die technisch-wissenschaftlich dominierte Kultur insgesamt auf einem Holzweg befinde, der vor allem innerhalb des westlichen Kulturkreises zum absehbaren Ruin der menschlichen Lebensmöglichkeiten führe. Wo dieser Trend durchschlägt, steigert sich das von *Freud* angesprochene Unbehagen zur ausgesprochenen Kulturangst. Zu ihr trägt nicht wenig auch die schon von *Guardini* als Grundübel der Gegenwart denunzierte Vereinsamung des Menschen bei, die von *David Riesman* - und von ihm im entschiedenen Gegensatz zu *Guardini* - als spezifische Notlage der Massengesellschaft erwiesen wurde [126]. Im Grunde ist auch damit nur wieder eine Komponente der Kollektivangst angesprochen; denn das Verhältnis von Angst und Einsamkeit ist, genauer besehen, so eng, daß die Einsamkeit geradezu als die "Außenform" der Angst und diese als die "Binnenform" der Einsamkeit bestimmt werden kann.

Nur bei wenigen dürfte sich noch ein Wissen darum erhalten haben, daß sich hinter dem Blick des großen Bruders die unvordenkliche Tradition einer numinosen Erfahrung verbirgt, die den von ihm ausgehenden Schrecken erst voll erklärt. Es ist die bis ins Alte Testament zurückreichende, von *Philon von Alexandrien* der christlichen Antike und von *Nikolaus von Kues* der Neuzeit vermittelte Erfahrung des "göttlichen Blicks", die von den beiden großen Traditionsträgern als Element der Daseinsstabilisierung, von *Nietzsche* dagegen als Ursache tödlicher Selbstentzweiung begriffen wurde [127].

Was heute als Inbegriff der sozialen Kontrolle erscheint, hat somit einen eminent religiösen Hintergrund. Der Blick des großen Bruders ist, härter ausgedrückt, das heruntergekommene Relikt eines ursprünglich zur menschlichen Gottesbeziehung gehörenden Motivs. Wenn es sich aber so verhält, stellt sich grundsätzlich die Frage nach der letzten Herkunft der menschlichen Daseinsangst. Beredter als jede theoretische Erklärung antwortet darauf das verstörte Gesicht des Brudermörders Kain, von dem es heißt, daß sein "Antlitz einfiel" (Gen 4,5), weil ihn die Angst befällt, daß sich Gott von ihm abwandte und ihm dadurch, wie zu ergänzen ist, den sichernden Halt seines Daseins entzog. Vor allem aber antwortet darauf der neue Gott Jesu Christi, der in seiner bedingungslosen Liebe der Zeit der Gottesfurcht ein Ende setzt; denn:

---

[126] *D. Riesman, Die einsame Masse* (Originaltitel: The Lonely Crowd), Reinbek 1965, 177f.

[127] Näheres dazu in meiner Schrift "Der schwere Weg der Gottesfrage", Düsseldorf 1982, 57 - 65.

Furcht ist nicht in der Liebe; vielmehr treibt die vollkommene Liebe die Furcht aus (Joh 4, 18) [128].

So gesehen ist alle Angst wurzelhaft Gottesangst: Angst noch nicht einmal so sehr vor dem Blick des Allsehenden, der selbst noch im Fall seiner strafenden Intervention die Verbindung zum Inbegriff des Seins aufrecht erhält, als vielmehr vor dem Verlust dieser Verbindung im Fall des Entzugs. An eine letztlich religiöse Motivierung der Angst denkt auch ihr fraglos größter Theoretiker *Kierkegaard,* wenn er in seiner Untersuchung über den "Begriff Angst" (von 1844) von dem "Schwindelblick" spricht, den der Geängstete in den Abgrund seiner Freiheit wirft, und wenn er bei der Wiederaufnahme dieses Themas in seiner Spätschrift "Die Krankheit zum Tode" (von 1849) denselben Gedanken mit dem verzweifelten Willen des Menschen zum Selbstsein verdeutlicht [129]. Wenn die Angst aber mit dieser "Krankheit zum Tode" zu tun hat, liegt nicht nur ihr pathologischer Charakter offen; vielmehr besteht dann auch kein Zweifel mehr daran, daß zu ihrer Heilung letztlich nur religiöse Motive verhelfen [130].

---

[128] Bekanntlich bildet dieser Satz den ergreifenden Höhepunkt in *Bergengruens* Roman *"Am Himmel wie auf Erden",* der insofern als eine dichterische Vergegenwärtigung dieses Prinzips gelesen sein will.

[129] *S. Kierkegaard, Der Begriff Angst II,* § 2 (Ausgabe *Richter), 57;* Ders., *Die Krankheit zum Tode I,* C (Ausgabe *Richter),* Reinbek 1962, 17 - 2 1.

[130] Ergänzt sei dieses Panorama der gerade heute umlaufenden Ängstigungen durch einen Blick auf die unterschiedliche Angstanfälligkeit der bundesdeutschen Bevölkerung. Nach einer von *Gerhard Schmidtchen* angeregten und von Infratest (München) durchgeführten Recherche überwiegen die Ängste bei Jugendlichen (49%) bei Arbeitern (47%) und insbesondere bei Anhängern der ökologischen Bewegung (60%), und Frauen (45%), während Pensionäre, Männer, beruflich Selbständige und politisch Konservative einer eher hoffnungsbestimmten Lebensauffassung zuneigen. Auffällig ist auch die in fast linearer Progression aufsteigende Skala der von den Bundesbürgern angegebenen Befürchtungen. Nur eine relativ kleine Gruppe nennt als Motiv ihrer Besorgnis den wachsenden Unglauben in der heutigen Welt (46%), eine wesentlich größere dagegen das zunehmende Mißtrauen unter den Menschen (60%); darauf folgen auf dieser Skala der Angstmotive in dichter Abfolge: eine mögliche Erkrankung (67%), die drohende Erschöpfung der Energiequellen (68%), der rapide Vormarsch der Technik (69%). An der Spitze der Angstmotive stehen: der moralische Verfall (78%), der befürchtete Verlust eines nahestehenden Menschen (79%), die zunehmende Zerstörung der Umwelt (89%) und die uneingedämmte Arbeitslosigkeit. Eine deutliche Verschiebung nach unten dürfte inzwischen im Skalenanteil der Kriegsfurcht eingetreten sein, die zur Zeit der Recherche (1982) noch an dritter Stelle der größten Besorgnisse (von 75%) aufgeführt wurde. Wie stark bei den aufgeführten Angaben neben spontanen Ängsten auch die durch die Medien propagierten oder gar suggerierten ins Spiel kommen, ist daran zu ersehen, daß die Umweltzerstörung von der zweitgrößten Gruppe als Hauptursache ihrer Besorgnis, also deutlich häufiger als Kriegs - und Krankheitsfurcht, genannt wurde. Noch bedenklicher muß die Tatsache stimmen, daß unter den erfragten Angstmotiven an letzter Stelle ein religiöser Grund - der wachsende Unglaube - angegeben wurde. Auch wenn man sich dazu versteht, diesem Motiv

3. Die geschwächte Triebstruktur

Schon in seinem berühmten Theorem von den "drei Kränkungen" hatte *Sigmund Freud* auf eine traumatische Versehrtheit des neuzeitlichen Menschen aufmerksam gemacht: zuerst durch Kopernikus, der mit seiner Lehre von der Planetenbewegung die Illusion von der Zentralstellung der Menschenwelt im Universum zerstörte und damit, wie *Nietzsche* diese Idee schon vorgedacht hatte, die Sache des Menschen insgesamt auf eine schiefe Ebene brachte; sodann durch Darwin, der mit seiner Evolutionslehre dem nicht weniger illusionären Gedanken von der Sonderstellung des Menschen im Reich des Lebendigen den Todesstoß versetzte; und schließlich durch seine eigene Psychoanalyse, die mit der noch verbliebenen Vorstellung aufräumte, daß der Mensch Herr im Haus des eigenen Bewußtseins sei [131]. Dabei trifft nach *Carl Friedrich von Weizsäcker* die letzte, von *Freud* selbst zugefügte Kränkung das neuzeitliche Selbstbewußtsein insofern am härtesten, als es das Autonomieprinzip, auf das sich die ganze Epoche begründete, als illusionär erweist. Gerade dort, wo sich der neuzeitliche Mensch im Glanz seiner Souveränität und des damit gegebenen Machtgefühls sonnte, muß er sich seine Abhängigkeit von unbewußt arbeitenden Triebkräften nachsagen lassen. Die Stärke, auf die er sich soviel zugute hielt, erweist sich weithin als das Produkt eines Selbstbetrugs.

Fast ist damit auch schon die Rückfrage nach der Machtposition der im Unterbewußtsein wirkenden Triebkräfte aufgeworfen. Tatsächlich war diese Position für *Freud* keineswegs "unumstritten", nachdem er, mit *Herbert Marcuse* gesprochen, erkannte, daß sich der "ungezügelte Eros" ebenso verderbenbringend auswirkt "wie sein tödlicher Gegenpart, der Todestrieb" [132]. In dieser Sicht schrie der Antagonismus der Triebe geradezu nach einem bändigenden Prinzip, das sich dann, erstaunlich genug, gerade in dem fand, das als die geistige Frucht aus dem

---

angesichts der ungleich häufiger (von 78%) genannten Unmoral einen wesentlich höheren Stellenwert einzuräumen, erscheint das Problem der Angst dieser Statistik zufolge doch in einer irritierenden Verzerrung, da das letzte und wichtigste Angstmotiv aus dem öffentlichen Bewußtsein weitgehend verdrängt ist.

[131] S. Freud, *Eine Schwierigkeit der Analyse* (von 1917); dazu *C. F. von Weizsäcker, Der Garten des Menschlichen*, München-Wien 1977, 441; *F. Nietzsche, Zur Genealogie der Moral III*, § 25.

[132] *H. Marcuse, Triebstruktur und Gesellschaft* (Originaltitel: Eros and Civilisation), Frankfurt/M. 1982, 17.

Triebverzicht hervorging: der Kultur. In der skurrilen Hypothese, die sich *Freud* zur Erklärung einer der seiner Ansicht nach herausragendsten Kulturleistungen, der Zähmung des Feuers, einfallen ließ, zeigt sich freilich die Verlegenheit, in die er dadurch geriet, daß er das Ergebnis des Triebverzichts mit dem Prinzip der Bändigung gleichsetztet [133]. Gleichwohl gehört die Einsicht in den Zusammenhang von Kultur und Triebverzicht fraglos zu den größten kulturanalytischen Entdeckungen. Unbedenklich hätte *Freud* dabei auf die Genealogie der "Kulturgottheiten" verweisen können, die regelmäßig mit der Vorstellung von gebändigter Naturkraft verknüpft ist. Noch in *Wagners* Nibelungen-Mythos klingt das Motiv der überlisteten Elementarmächte an, die, zur Errichtung der Götterburg genötigt, zusammen mit dieser den - wenigstens vorläufigen - Bestand der ganzen Götterwelt gewährleisten [134]. Und selbst Alberichs unterirdisches Reich, das er aufgrund seines Liebesverzichtes beherrscht, trägt als Produktionsstätte das Gepräge einer wenngleich auf ihre "Basis" zurückgenommenen Kultur.

Ungleich nachdrücklicher wird *Freuds* Hypothese von den antiken Göttergestalten und insbesondere von den biblischen und außerbiblischen Schöpfungsberichten gestützt. Was etwa die griechischen Göttergestalten anlangt, so sieht *Eckart Peterich* in ihnen Konfigurationen des sprachlich-denkerischen Klärungsprozesses, der jeweils durch jene Überwindung des Chaotischen zustande kommt, wie er sich im Mythos von den durch Uranos in den Tartarus geschleuderten Titanen ausdrückt [135]. Wie *Wilhelm Grönbech* zeigte, gilt dasselbe aber auch von den germanischen Gottheiten, in denen sich der Sieg des menschlichen Kulturwillens über die Mächte des Ungeheuren verkörpert [136]. Was sodann die Schöpfungsmythen anlangt, so kennen zwar die Winnebago-Indianer - nach *Mircea Eliade* - die Vorstellung von einer Schöpfung durch das Denken Gottes; doch fehlt selbst hier nicht das Motiv des göttlichen Schmerzes, da der nachdenkende Vater zu weinen beginnt und so die Dinge der Erde aus seinen Tränen hervorgehen läßt [137]. Indessen überwiegt in diesen genealogischen

---

133 *S. Freud, Das Unbehagen in der Kultur*, 123.

134 Dazu *Peter Wapnewski, Der traurige Gott. Richard Wagner in seinen Helden*, München 1978, 136ff.

135 *E. Peterich, Die Theologie der Hellenen*, Leipzig 1938, 99.

136 *W. Grönbech, Kultur und Religion der Germanen I*, Darmstadt 1954, 187ff.; 248ff.

137 *M. Eliade, Geschichte der religiösen Ideen* (Originaltitel: From Primitives to Zen), Freiburg/Br. 1981, 84.

Vorstellungen bei weitem der Gedanke der Mühe, der Anstrengung und des Kampfes, der sich im babylonischen Mythos bis zum Bild einer aus der Zerlegung der Urmutter Tiamat hervorgegangenen Götter- und Menschenwelt steigert [138]. Daß diese Vorstellung auch dem biblischen Schöpfungsglauben nicht fernliegt, zeigen wiederholte Anspielungen auf einen Sieg des Schöpfer-Gottes über die Chaosmächte, gleichviel, ob dieser durch eine gewaltsame Niederwerfung oder durch einen bloßen Wortkampf errungen wird. So heißt es im Buch Hiob:

In seiner Kraft peitscht er das Meer auf,
durch seine Klugheit zerschlägt er Rahab,
durch seinen Hauch erglänzt der Himmel,
durch seine Hand durchbohrt er den Drachen (26,12f.).

Demgegenüber kämpft Jahwe im Psalmbuch die aufrührerischen Wassermassen durch die Gewalt seines Wortes nieder:

Fluten umhüllten die Erde wie ein Kleid,
über den Bergen standen die Wasser.
Sie wichen zurück vor deinem drohenden Wort,
sie erbebten vor deiner donnernden Stimme (Ps 104,6f.) [139].

Mit der Ausarbeitung dieser Grundstruktur ist auch schon der Schlüssel gefunden, mit dem sich gleicherweise das Kulturgeschehen wie die Konstituierung der menschlichen Subjektivität erschließt. Im großen Paradigma des philosophischen Denkansatzes spiegelt sich der Aufbau des aus der Überwindung der Chaosmächte hervorgegangenen Götterhimmels, so daß die Ideenschau und das durch sie erweckte Selbstbewußtsein gleicherweise als die Frucht eines umfassenden Verdrängungsaktes erscheinen [140]. Auf demselben Weg entstanden aber auch die Prinzipien, die der Rechtsordnung, dem Ethos, der Erziehung und der politischen Daseinsgestaltung zugrunde liegen. Stets handelt es sich bei diesen genealogischen Prozessen darum, chaotische Energien einem Ordnungsprinzip zu unterwerfen, und stets geht diese Unterwerfung so in

---

[138] *Eliade,* a. a. O., 91 f.

[139] Dazu *A. Jeremias, Das Alte Testament im Lichte des alten Orients*, Leipzig 1930, 70 - 73.

[140] *E. Hoffmann, Platon*, Zürich 1950, 66ff.

die ethische, pädagogische und politische "Kulturtat" ein, daß diese als ihre Sinn-Erfüllung erscheint. Denn in ihrem ungebändigten Ausgangsstadium fehlt den elementaren Triebkräften nicht nur, wie es das Bild von den in der Hadeshöhle Gefangenen verdeutlicht, das befreiende Wissen um sich; vielmehr liegen sie untereinander auch, ihrer mythischen Deutung zufolge, in einem selbstzerstörerischen Konflikt, der das Vorhandene mit dem Rücksturz in das uranfängliche Nichts bedroht. Deshalb bedarf es ihrer Umformung zu Bausteinen der von der theoretischen und praktischen Vernunft entworfenen Lebenswelt, und das besagt für *Freud,* ihrer Unterwerfung unter die Herrschaft des "Realitätsprinzips", die der Anarchie des "Lustprinzips" ein Ende setzt. Kultur im Sinn einer wenn auch artifiziellen Stabilisierung der Verhältnisse ist darum nur möglich unter der Bedingung des Triebverzichts. In *Marcuses* Nachzeichnung des Freudschen Konzepts heißt das:

> Der Mensch gelangt zu der traumatischen Einsicht, daß die volle und schmerzlose Befriedigung seiner Bedürfnisse unmöglich ist. Nach dieser Erfahrung der Enttäuschung tritt ein neues Prinzip der seelischen Funktion in Erscheinung. Das Realitätsprinzip verdrängt das Lustprinzip: der Mensch lernt, augenblickliche, ungewisse und zerstörerische Lust zu Gunsten einer späteren beschränkten, aber "gesicherten" Lusterfüllung aufzugeben [141].

In dieser Sicht erscheint die Kulturtheorie *Freuds* wie eine einzige "Zurücknahme" der in den mythischen, philosophischen und ethisch-politischen Daseinsentwürfen gegebenen Strukturen auf das Problemfeld der Konstituierung der menschlichen Subjektivität. Umgekehrt erscheinen diese Entwürfe wie eine vergegenständlichte Vorwegnahme seiner kulturanalytischen Trieblehre. Indessen hat dieser Zusammenhang einen noch wesentlich prinzipielleren Charakter. Denn es käme niemals zum Aufbau einer Kultur, wenn sich das menschliche Subjekt nicht zum Komplizen der umfassenden Triebunterdrückung machen, wenn sich diese also nicht "in der Seele des Menschen als Selbstunterdrückung des unterdrückten Individuums" wiederholen würde [142]. Im Zug dieses Vorgangs macht sich das Ich das Kulturinteresse in der Form zu eigen, daß es sich dieses in Gestalt seines Über-Ichs gegenüberstellt und das Geschäft

---

[141] *Marcuse*, *Triebstruktur und Gesellschaft*, 19.

[142] *Marcuse,* a. a. O., 22. Dazu auch *N. Elias*, *Der Prozeß der Zivilisation II*, Frankfurt, 1976, 312 – 341.

der Verdrängungen in seinem Dienst und Auftrag wahrnimmt. Dabei kommt es schon dadurch zu pathologischen Spannungen, daß das Über-Ich Idealforderungen von einer solchen Strenge erhebt, daß ihnen das empirische Ich anstatt mit angemessenen Leistungen nur mit Frustrationserlebnissen, vor allem in Form der "Gewissensangst" zu entsprechen vermag [143]. Verdrängungen und - wo diese nur unvollständig gelingen - Neurosen sind die nahezu unvermeidlichen Folgen. Das führt *Freud* dann umgekehrt zum Versuch einer auf die Kulturentwicklung insgesamt bezogenen Diagnose, die er am Schluß seines Essays über das "Unbehagen in der Kultur" wenigstens in Form einer Frage stellt:

> Wenn die Kulturentwicklung so weitgehende Ähnlichkeit mit der des einzelnen hat und mit denselben Mitteln arbeitet, soll man nicht zur Diagnose berechtigt sein, daß manche Kulturen - oder Kulturepochen -, möglicherweise die ganze Menschheit - unter dem Einfluß der Kulturbestrebungen "neurotisch" geworden sind [144]?

In seiner kulturphilosophischen Nachzeichnung dieses Ansatzes weist *Marcuse* in "Triebstruktur und Gesellschaft" zunächst auf die Perversionen hin, die im Gefolge dieses neurotischen Staus und der nur unvollständig gelingenden Sublimierungen auftreten, um dann aber auch auf die "weniger repressiven Formen" der Triebunterdrückung einzugehen, unter denen für ihn das von der heutigen Gesellschaft mit besonderem Nachdruck ausgearbeitete "Leistungsprinzip" obenan steht [145]. Dabei wird die tatsächlich ausgeübte Unterdrückung dadurch bis zur Unkenntlichkeit kaschiert, daß sich der Inbegriff der Entfremdung, die Arbeit, mit ausgesprochen lustbetonten Attributen wie "attraktiv", "erfolgreich", "perfekt" und "befriedigend" schmückt [146]. So kommt es schließlich zu einer vollständigen Umpolung der anfänglichen Spannungsverhältnisse, nachdem "ausgerechnet die schwere Arbeit", wie *Marcuse* mit einem Diskussionszitat sagt, "zur Tugend geworden" ist [147].

---

[143] *Freud, Das Unbehagen in der Kultur*, 186.

[144] *Freud,* a. a. O., 188 f.

[145] *Marcuse, Triebstruktur und Gesellschaft*, 204.

[146] *Marcuse,* a. a. O., 214 - 217.

[147] *Marcuse* unter Bezugnahme auf *C. B. Chisholm:* a. a. O., 218.

Indessen bedurfte es gar nicht dieser "List der Gesellschaft", um den Menschen zur Zurücknahme seiner Triebwünsche zu bewegen, weil im Trieb selbst ein Hang zur "Selbstbeschränkung" besteht, durch den er den repressiven Ansprüchen der Gesellschaft in die Hand arbeitet:

> Diese von allem Anfang an bestehende Versagung in der Triebstruktur des Menschen wird zur unerschöpflichen Quelle aller anderen Versagungen - und ihrer sozialen Wirksamkeit. Der Mensch lernt, "daß es ja doch nicht dauern kann", daß alle Lust kurz ist, daß für alle endlichen Dinge die Stunde ihrer Geburt schon die Stunde ihres Todes ist - daß es gar nicht anders sein kann. Er resigniert schon, ehe ihn die Gesellschaft zwingt, die Resignation methodisch zu üben. Der Fluß der Zeit ist der natürlichste Verbündete der Gesellschaft in ihrem Bestreben, Recht und Ordnung, Gleichheit und all die andern Einrichtungen aufrechtzuerhalten, die die Freiheit auf eine ewige Utopie verweisen; der Fluß der Zeit hilft den Menschen das zu vergessen, was war und was sein kann: er macht sie vergeßlich gegenüber der besseren Vergangenheit und einer besseren Zukunft [148].

Dem schließt sich unmittelbar die von *Marcuse* aufgenommene Frage *Freuds* an, wieviel Resignation der einzelne denn überhaupt ertragen könne, ohne zu zerbrechen, und, radikaler noch, die pessimistische Feststellung, in diesem Sinne sei "die Therapie ein Kurs in Resignation" [149]. Obwohl diese Sätze ständig auf *Freud* zurückbezogen sind, kann man sie doch mit *Lothar Baier* dahin verstehen, daß in ihnen zugleich *"Freud* einer historischen Lektüre unterzogen und dabei jenes Unbehagen in der Kultur, das *Freud* registrierte, aus der geschichtlichen Entwicklung erklärt" wird [150]. Seinen Ursprung hat das kulturelle Unbehagen dann nicht mehr im Aufbegehren gegen den von der Kulturforderung abverlangten Triebverzicht, sondern in der Tatsache, daß dieser durch den kulturellen Fortschritt immer unnötiger geworden ist, gleichwohl aber von der Gesellschaft im Interesse der Aufrechterhaltung ihrer Herrschaftsstrukturen weiterhin gefordert wird. In dem von *Freud* registrierten Unbehagen drückt sich so etwas wie ein "schlechtes Gewissen" gegenüber einer Gesellschaft aus, mit der sich der einzelne insofern abfindet, als er sie in ihrer Unabänderlichkeit hinnimmt, obwohl er ihre Forderungen als - im Grunde unnötige - Schmälerung seiner ureigenen Interessen empfindet.

---

[148] *Marcuse* a. a. O., 228.
[149] *Marcuse,* a. a. O., 242.
[150] *L. Baier,* Eros, Tod und Barbarei, in: Frankfurter Allgemeine Zeitung (1983).

Daß es sich tatsächlich so verhält, zeigen die abschließenden Ausfälle *Marcuses* gegen die heutige Theologie und Philosophie, die er insofern zu Handlangern des Todestriebes erklärt, als er sie "in einem Wettstreit um die Verherrlichung des Todes als existenzieller Kategorie" begriffen sieht, während sie in Wahrheit "auf die Tatsache des Todes mit der Großen Verweigerung" reagieren müßten [151]. Denn das dürftige Euthanasieprogramm mit der Forderung nach einem schmerzlosen und vom Menschen selbst verfügten Tod, das *Marcuse* im Gegensatz dazu entwickelt, wirkt so wenig dialektisch, daß es als Alternative unglaubwürdig bleibt. Das aber führt schließlich zu einer "relecture" *Marcuses* mit dem Ergebnis, daß die Kulturentwicklung der Menschheit zu einer signifikanten Schwächung der Triebstruktur führte, die auf eine Reorganisation des Verhältnisses von Individuum und Gesellschaft hinwirkt. Doch besteht diese gerade nicht in der von *Marcuse* dann vor allen Dingen in seiner Studie "Der eindimensionale Mensch" (von 1964) geforderten "Großen Weigerung", da diese unweigerlich in die anfängliche Anarchie sowohl der Triebe als auch der Verhältnisse zurückführen würde, sondern in einer "Anpassung" - nicht des einzelnen an das kulturelle Über-Ich, wohl aber der Gesellschaftsstrukturen an die "geschwächte" Verfassung des Menschen.

In Erinnerung an das von *Freud* angesprochene Unbehagen müßte in diesem Zusammenhang nicht zuletzt die im freien wie im totalitär regierten Westen zunehmend um sich greifende Staatsverdrossenheit überdacht werden. Denn in ihr könnte sich sehr wohl die Erfahrung eines Mißverhältnisses ausdrücken, das zwischen der staatlichen Organisation und den tatsächlichen Bedürfnissen der Bürger besteht. Muß es der staatlichen Rechtsordnung und der auf ihr aufbauenden Exekutive unter der Voraussetzung eines virulenten Triebverhaltens vor allem darum zu tun sein, die Sicherheit der Bürger gegenüber gewaltsamen Übergriffen zu garantieren, so richten sich die Bedürfnisse des "triebgeschwächten" Menschen zweifellos auf Ziele, die in erster Linie durch seine Schwächung definiert sind. Sie lassen sich mit den Stichworten "Identität" und "Geborgenheit" angeben. Da zu vermuten ist, daß mit der Schwächung der Triebstruktur eine Minderung der menschlichen Aggressivität einhergeht, bräuchte sich die staatliche Organisation weniger auf den Aufbau

---

[151] *Marcuse,* a. a. O., 233.

wirksamer Schutzmechanismen zu konzentrieren als vielmehr auf die Entwicklung von Formen des sozialen Zusammenlebens, in denen Selbst- und Sinnfindung möglich ist. Am deutlichsten äußert sich diese Diskrepanz angesichts des rapide anwachsenden Problemfelds der Senioren- und Altenbetreuung. Denn die bisher entwickelten Formen haben weitgehend hospitalisierenden Charakter. Sie bieten zwar eine Fülle - durchaus schätzenswerter - äußerer Annehmlichkeiten, lassen den alternden Menschen aber mit dem Problem seiner Einsamkeit und Sinnsuche weitgehend allein. Daß die angedeutete Verlagerung der staatlichen Initiativen, ein generelles Nachlassen der individuellen und kollektiven Aggressivität vorausgesetzt, auch mit der Entwicklung einer weltweiten Friedensordnung, die diesen Namen verdient, zu tun hat, sei nur am Rand vermerkt [152].

Zweifellos ist damit eine Diagnose gestellt, die einen pathologischen Befund in der Gesamtkonstitution des heutigen Menschen registriert. Dennoch zeigt sich hier eine ähnliche Dialektik wie in *Freuds* Bestimmung der menschlichen Triebstruktur. Denn mit der Unterdrückung der Aggressivität wird der Mensch keineswegs in eine wesensfremde Verfassung abgedrängt, sondern weit eher auf seine angestammte Seinsform zurückgezwungen. Wie die in dieser Frage zweifellos richtiger sehende jüngere Verhaltensforschung annimmt, ist der Mensch nicht das von Haus aus aggressive, sondern das genuin solidarische, auf ein arbeitsteiliges, kooperatives und sympathiebestimmtes Zusammenleben mit seinesgleichen angewiesene Wesen. In dem von *Konrad Lorenz* angenommenen Fall einer angestammten Aggressivität müßte er sich angesichts seiner defizitären Ausrüstung entwicklungsgeschichtlich längst ausgerottet haben. Seine unbestreitbare Aggressivität ist dann, wie auch die tägliche Erfahrung zeigt, reaktiv bedingt. In die Enge getrieben, in seinem Lebensinteresse geschmälert und um seine Wunschziele betrogen, wird er

---

[152] Über Wege der Konkretisierung ist damit um so weniger gesagt, als in einer Zeit, die durch bitterste Erfahrungen mit totalitären Systemen der unterschiedlichsten ideologischen Schattierungen hindurchgegangen ist, jede Erweiterung der staatlichen Kompetenz nicht sorgfältig genug überprüft werden kann. Indessen ist mit dem unbestreitbaren Verfall der Familie und dem ebenso unübersehbaren Untergang der Freundschaft der natürliche Ort von Geborgenheit und mitmenschlicher Zuwendung so sehr in Frage gestellt, daß die Bemühungen, die auf einen Ausgleich abzielen, unmöglich der freien Initiative einzelner oder, wie es zunehmend geschieht, sektiererischer Gruppen überlassen bleiben kann. Eine Revision des Subsidiaritätsprinzips, zumindest hinsichtlich seiner Inhalte, ist darum ein unüberhörbares Gebot der Stunde.

dem Mitmenschen zum Wolf. Selbstverständlich müßte eine staatliche Organisation, die sich auf die gewandelten Triebverhältnisse abstimmt, diesem Tatbestand innen- und außenpolitisch Rechnung tragen. Indessen gestaltet sich diese Organisation von Grund auf anders, wenn sie nur für den Grenzfall der "sekundären Aggressivität" vorgesehen ist, als wenn sie von der grundsätzlichen Annahme, daß der Mensch als ein genuin aggressives Wesen zu betrachten sei, ausgeht. Im Gegensatz dazu eröffnet die Hypothese von der Schwächung der Triebstruktur die Hoffnungsperspektive einer Sozial- und Gesellschaftsordnung, die ihren Ausgang von der Annahme einer solidarischen Grundbestimmung des Menschseins nimmt.

Erstaunlich ist in alledem nur, daß *Marcuse* die von ihm so scharf herausgestellte repressive Struktur der Gesellschaft nicht wenigstens ansatzweise mit den traditionellen und modernen Medien in Zusammenhang bringt, obwohl er in seiner Studie über den "Eindimensionalen Menschen" so eingehend auf die Einschränkung des "Universums der Rede" zu sprechen kommt [153]. Zwar entwickelte er hier eine hohe Sensibilität für die systembedingte "Funktionalisierung der Sprache", die er vor allem darin gegeben sieht, daß der vom Substantiv regierte Satz in seinem Aufbau das bestehende Herrschaftssystem nachbildet [154]. Ja, er erblickt darin sogar den Anfang jener semantischen Perversionen, die er beispielhaft in der die Bedeutungen ins Gegenteil verkehrenden "Orwellschen Sprache" denunziert sieht [155]. Daß diese Pervertierung jedoch mit der medienbedingten Sprachverflachung ihren Anfang nimmt, bleibt für ihn außer Betracht. Tatsächlich ist seine Beobachtung aber nur schwer zu verstehen, wenn man die von ihm herausgestellten "totalitären" Sprachstrukturen nicht vor dem Hintergrund jener "Demokratisierung" der Sprache sieht, zu welcher der Siegeszug der Schriftlichkeit im Anfang der Kulturentwicklung führte [156].

In dieser Frage sah der Meister klarer als der Schüler. Denn von *Freud* ist bekannt, daß er seine spezifische Lebensleistung, die Psychoanalyse, in den

---

[153] *Marcuse, Der eindimensionale Mensch*, 103 - 138.

[154] *Marcuse,* a. a. O., 106 f.

[155] *Marcuse,* a. a. O., 107 f.

[156] Dazu *W. Wimmel, Die Kultur holt uns ein. Die Bedeutung der Textualität für das geschichtliche Werden*, Würzburg 1981.

steinernen Tafeln des Moses von *Michelangelo* symbolisiert sah [157]. Darin berührte er sich auffällig mit *Thomas Mann,* der in seiner Erzählung "Das Gesetz" (von 1944) die Entdeckung der in ihrem repressiven, gesetzhaften Wesen begriffenen Schriftlichkeit - "Eine Idee mit Hörnern" - ins Zentrum der grundlegenden Kulturtat rückte. Einiges spricht dafür, daß *Marcuses* "Fortschreibung" der Freudschen Kulturkritik erst mit der Berücksichtigung dieser medialen Gegebenheiten ihre volle Plausibilität gewinnt. Zumindest wird man angesichts der sich jetzt schon abzeichnenden Rückwirkungen der modernen Medien auf ihren Rezipienten, die wohl am zutreffendsten als seine progressive "Mediatisierung" beschrieben werden kann, nicht mehr an der Diagnose zweifeln können, die seine Schwächung, Selbstentfremdung und zunehmende Gewöhnung an Erfahrungen aus zweiter Hand *(Gehlen)* registriert [158]. So bestätigt *Marcuse* aus extremer Gegenposition das Ergebnis, zu dem schon die Zeitanalysen *Picards* und *Guardinis* führten.

4. Die gebrochene Vitalität

Mit dem, was *Peter Wust* in seiner "Dialektik des Geistes" (von 1928) die "Verknüpfung der Seelen" *(nexus animarum)* nannte, scheint es eine eigentümliche Bewandtnis zu haben. Im "Mittelfeld" der dominierenden Idee und Perspektiven tritt sie nur selten in Erscheinung, um so deutlicher jedoch in extremen Positionen, ganz so, als sei sie von der "Magie des Extrems", von welcher *Nietzsche* sprach, insgeheim angezogen. Damit mag es zusammenhängen, daß *Marcuse* ausgerechnet von einem Christen bestätigt wurde, wenn freilich von einem, der sich bereits auf der einsamen Paßhöhe am Rand der Lebenswelt angelangt sah, von dem späten *Reinhold Schneider* [159]. Was *Schneider* in den unter dem Titel "Winter in Wien" veröffentlichten Tagebuchaufzeichnungen aus seiner letzten Lebenszeit hinterließ, versetzte nicht nur seine auf religiösen Zuspruch gefaßte Leserschaft, sondern auch die Mehrzahl seiner Weggefährten und

---

[157] Dazu *0. Mannoni, Sigmund Freud in Selbstzeugnissen und Bilddokumenten*, Reinbek bei Hamburg 1971, 99ff.

[158] Dazu *A. Gehlen, Die Seele im technischen Zeitalter. Sozialpsychologische Probleme in der industriellen Gesellschaft*, Hamburg 1957, 47ff.

[159] *R. Schneider, Winter in Wien. Aus meinen Notizbüchern 1957/58*, Freiburg/Br. 1958; dazu der Sammelband *"Widerruf oder Vollendung? Reinhold Schneiders Winter in Wien in der Diskussion"*, Freiburg/Br. 1981.

Interpreten in solche Bestürzung, daß ihr prominentester Sprecher, *Hans Urs von Balthasar*, von einer "tragischen Äolsharfe" sprach, die nur noch verworrene Töne von sich gegeben habe [160]. Milder klang das Urteil *Karl Pflegers,* der in den Aufzeichnungen "das stille ergebene Klagelied einer zarten, weichen Dichterseele" vernahm, "die sich in den Tiefen der Existenz so weit verirrte, daß sie die Sterne, so sehr sie sich mühte, nicht mehr leuchten sah" [161]. Ungleich genauer traf *Ida Friedericke Görres* die Intention der Aufzeichnungen, als sie vom "Ende der Theodizee im Bewußtsein eines Gläubigen" sprach und damit das einfühlsame Wort *Hans Dieter Zimmermanns* vorwegnahm, der zwanzig Jahre nach Erscheinen von "Winter in Wien" bemerkte:

> Hier ist einem christlichen Autor gelungen, über das Christentum hinauszugehen, herkömmliche christliche Vorstellungen ... hinter sich zurückzulassen. Wahrscheinlich konnte das nur einem christlichen Autor gelingen [162].

Im Fortgang seiner Würdigung spricht *Zimmermann* sogar davon, daß sich in den Aufzeichnungen eine Religiosität dokumentiere, die das Christliche im landläufigen Sinn des Wortes "zersetzt" und "aufgehoben" habe und dabei doch christlich geblieben sei. Zweifellos muß der Sinn des Werkes zwischen den Formeln gesucht werden, die vom "Ende der Theodizee" und der "Aufhebung" des Christentums reden. Denn nur sie werden der Position gerecht, zu der sich *Schneider* weit mehr "gezogen" sah, als daß er sie bewußt "bezogen" hätte.

Was *Schneider* bei dieser "unwiderstehlichen Distanzierung", die doch keiner Negation gleichkommt, widerfährt, bringt er in einem beziehungsvollen Klammerzusatz seiner Aufzeichnungen zum Ausdruck: "In dem Grade, in dem ich mich entferne, werde ich zurückgezogen" [163]. Seine Interpretin *Görres*, die bereits die Theodizee in seinem Denken enden sah, nahm in dieser Erfahrung die Umrisse einer "negativen Mystik" wahr [164]. Tatsächlich beschreibt sein Wort die für die "mystische Umpolung"

---

160 *H. U. von Balthasar, Rechenschaft 1965*, Einsiedeln 1965, 23.

161 Nach *I. Zimmermann, Reinhold Schneider. Weg eines Schriftstellers*, Berlin 1982, 195.

162 Nach *I. Zimmermann,* a. a. O., 197.

163 *Schneider, Winter in Wien*, 169.

164 *Nach Bruno Scherer, Tragik vor dem Kreuz. Leben und Geisteswelt Reinhold Schneiders,*

typische Erfahrung. Denn der Mystiker beschreitet einen Weg, der mit der Anstrengung des Aufstiegs beginnt und mit der Seligkeit der Entrückung endet. Nur muß in seinem Fall - mit *Ida Friederike Görres* - von einer negativen Mystik gesprochen werden, weil die "Einung", in die sein Weg ausmündet, nicht den Tatbestand der Unio mystica, sondern den des vollen Einverständnisses mit seinem Ende erfüllt. An einer der gewichtigsten Stellen seiner Notizen spricht *Schneider* davon, daß er sich am liebsten in die "Krypta" zurückziehe, wobei das von ihm gebrauchte Bild auch die Vorstellung von einem Raum "unter" den hierarchischen und dogmatischen Aufbauten des etablierten Christentums erweckt; doch gibt er gleichzeitig zu verstehen, daß er dabei nur dem Gewicht seiner "Schwerkraft", einem ihn übermächtigenden Todesverlangen, folgt. Deshalb hat dieser Rückzug auch nichts mit einer dogmatischen Verweigerung oder auch nur mit Abstrichen an einzelnen Glaubenswahrheiten zu tun. Nur werden nicht mehr alle in gleicher Weise von der gläubigen Zustimmung getragen. Was das konkret besagt, macht der Eingang der bereits mitgeteilten Stelle deutlich:

> Ich weiß, daß Er auferstanden ist; aber meine Lebenskraft ist so sehr gesunken, daß sie über das Grab nicht hinauszugreifen, sich über den Tod hinweg nicht zu sehnen und zu fürchten vermag [165].

Als suche er im religiösen Raum vergeblich nach einem Grund für diese "dogmatische Entfremdung", wie man den von ihm erlittenen Glaubensentzug nennen könnte, spricht er davon, daß seine Lebenskraft unter die kritische Schwelle gesunken sei. Und es kennzeichnet seine innere Situation, daß ihm dabei unwillkürlich eine Wendung *Kleists* einfließt, der auf dem Höhepunkt seiner geistigen Krise gesteht: "Mein einziges und höchstes Ziel ist gesunken, ich habe keines mehr" [166]. Daß hier ein Vorgang nach Art des "mystischen Umschlags" am Werk ist, macht vollends die Parallelstelle deutlich, an der nicht mehr von "Rückzug", wohl aber von jener "Abtrift" die Rede ist, die *Schneider* zuvor schon als ein

---

Freiburg/Br. 1966, 36.

165 Volles Zitat und Belegstelle siehe S. 56.

166 Brief an *Ulrike von Kleist* (vom 23. März 1801).

"Herausgleiten aus jeglichem Horizont" bezeichnet hatte [167]. Wörtlich erklärt er nun:

Ich fühle mich aus dieser Wirklichkeit, diesem Wahrheitsbereich gleiten, ohne Einwand, immer in Verehrung und Dankbarkeit, ohne jegliche Rebellion, aber eben doch für mich, gezogen von meinem Daseinsgewicht, mit geschlossenen Augen, verschlossenem Mund [168].

Man könnte versucht sein, diese Äußerungen als das Zeugnis eines religiösen Außenseiters, zumindest aber eines aus lebensgeschichtlichen Gründen an den Rand der etablierten Religiosität Abgedrängten anzusehen, wenn *Schneider* dem nicht durch unmißverständliche Hinweise auf die "Exemplarität" seines Falles zuvorgekommen wäre. Im unmittelbaren Anschluß an die Stelle, an der er sein "Herausgleiten aus jeglichem Horizont" vermerkt, gibt er zu bedenken:

"Sie haben keinen Wein mehr": damit beginnt das Evangelium. Wie steht es aber mit denen, die nicht geladen wurden zur Hochzeit? Immer schmaler wird die Tafel des Bräutigams, immer breiter werden die Tische, an denen niemand nach Wundern verlangt [169].

Obwohl er sich zunächst von den Gästen an den immer breiter werdenden Tischen dadurch unterscheidet, daß er sie als die "Nichtgeladenen" bezeichnet, fühlt er sich doch gerade mit ihnen solidarisch. Denn mit ihnen hat er gemeinsam, daß auch er nicht nach dem "Wunder" des durch den Auferstehungsglauben verheißenen neuen Lebens verlangt. Und es ist zu vermuten, daß die damit angesprochene Indifferenz beide Male auf dieselbe Wurzel zurückgeht: auf die "gesunkene" Lebenskraft, die gebrochene Vitalität. Nur scheinbar widerspricht dem der bittere Hinweis auf eine Jugend, die sich nicht die geringste Mühe gibt, etwas zum Gelingen des gesellschaftlichen und kulturellen Lebens beizutragen, weil sie glaubt, der Welt schon durch ihr bloßes Vorhandensein ein genügend großes Geschenk

---

167 *Schneider,* a. a. O., 73; dazu *Gerhold Becker,* Die gläubige Sprache der Trauer. Zur Gotteserfahrung des späten Reinhold Schneider, in: *Widerruf oder Vollendung*, 55 - 74.

168 *Schneider,* a. a. O., 113.

169 *Schneider,* a. a. O., 74; dazu mein Beitrag "Die Nichtgeladenen. Zur theologischen Relevanz gescheiterter Glaubensversuche", in: *Stimmen der Zeit 200* (1982) 627 - 639.

gemacht zu haben [170]. Denn *Schneider* kämpft hier ausgesprochen "frontenverkehrt", wenn er gerade ihr vorhält, daß sich keine Existenz "von selbst versteht", da sie sich zuerst einmal ausweisen müsse, bevor es ihr zustehe, Forderungen zu erheben. Indessen fällt diese Kritik, kaum vorgetragen, auf den Angreifer selbst zurück, da diese Jugend offensichtlich daran laboriert, daß sie sich in ihrem "Vorhandensein" keineswegs selbstverständlich ist, weil ihr wie keiner früheren Generation die eigene Existenz zum notvollen Problem wurde. So gesehen "leidet" auch sie am Defizit einer geschwächten, noch nicht einmal zur fraglosen Bejahung des eigenen Daseins ausreichenden Lebenskraft. Kein Wunder dann, daß sie schon mit ihrem bloßen Vorhandensein jenen Beitrag zum allgemeinen Wohl erbracht zu haben glaubt, der sie jeder weiteren Leistung enthebt.

Kaum braucht dem hinzugefügt zu werden, daß es sich bei dieser "Bestandsaufnahme" um einen pathologischen Befund erster Ordnung handelt. *Schneider* selbst läßt sich auf keine nähere Diagnose ein; er spricht nur persönlich von der "Wandlung", die er am liebsten verbergen würde, von dem "inneren Unfall", den er erlitten habe, und von jenem "Verstummen der Frage nach Unsterblichkeit", die einem aus christlicher Sicht geradezu als eine "seelische Katastrophe" vorkommen könne [171]. Um so deutlicher ergibt sich diese Diagnose jedoch aus seinem Begriff von der erforderlichen Therapie, die ihm vor Augen steht, ohne daß er sie sich zunutze machen könnte. Auch darin erinnert er unmittelbar an *Kleist,* dem sich der Lösungsweg seines Lebensproblems in einem Augenblick abzeichnete, als er sich bereits aufgegeben hatte [172]. Dabei greift der Ausdruck "Therapie" insofern zu kurz, als *Schneider* anstelle einer therapeutischen Anweisung die lebendige Gestalt des göttlichen Therapeuten, wenngleich in befremdlicher Brechung, vor Augen hat. Sie scheint in dem Augenblick auf, wo er sich, ungeachtet des unbezweifelten Auferstehungsglaubens, eingesteht, daß er ihm nicht über den eigenen Tod hinaus zu folgen vermag. Dazu nochmals der Schluß der eingangs zitierten Schlüsselstelle:

---

170 *Schneider,* a. a. O., 203.

171 *Schneider,* a.a. O., 31; 99; 110.

172 Mit der Sensibilität eines unmittelbar Betroffenen zeichnete *Schneider* diese Situation in seinem Essay über "Kleists Ende" (München 1946) nach.

Ich kann mir einen Gott nicht denken, der so unbarmherzig wäre, einen todmüden Schläfer unter seinen Füßen, einen Kranken, der endlich eingeschlafen ist, aufzuwecken. Kein Arzt, keine Pflegerin würde das tun, wieviel weniger Er! [173]

Wie durch einen Schleier hindurch wird hier die Gestalt des göttlichen Arztes sichtbar, in der schon die antike Frömmigkeit, erst recht aber die christliche Urgemeinde ihre Heilshoffnung ausgedrückt sah. Dabei besteht das Verfremdungsmoment vor allem darin, daß sich mit dieser Gestalt eine geradezu gegensinnige Erwartung verbindet. Denn welcher Arzt würde nicht alles daransetzen, den "todmüden Schläfer unter seinen Füßen" aufzuwecken, wenn er sich davon die Rettung eines wenn auch noch so todeswilligen Lebens verspräche? Welcher Arzt müßte nicht Hand anlegen, wenn er wüßte, daß die Unterlassung dieses schmerzlichen Zugriffs das unwiderrufliche Ende bedeutet? Erlaubt wäre diese Zumutung freilich nur dem Therapeuten, der den Schläfer nicht nur zu neuem Leben, sondern ebenso auch zu neuem Lebenswillen erwecken könnte. Damit hat sich die religiöse Krisenerfahrung, wie sie *Schneider* bezeugt, aber auch schon auf die Ebene der anthropologischen Fragestellung verlagert. Doch kann ihr in dieser breiteren Perspektive so lange nicht nachgegangen werden, als *Schneiders* Beitrag zu einer aktuellen Glaubenstheorie nicht definitiv geklärt wurde. Denn die von ihm erlittene Krise ist nicht nur deshalb von allgemeiner Bedeutung, weil sie ihn zur Solidarität mit der wachsenden Schar der "Nichtgeladenen" führte. Vielmehr ist sie es mehr noch deshalb, weil er mit einer bisher noch nicht erreichten Klarheit auf den Zusammenhang von Glaubensbereitschaft und Lebenswille verwies. Gegenstand der gläubigen Zustimmung, das machte er deutlich, kann immer nur das sein, was vom menschlichen Lebenswillen mit umgriffen wird oder ihm, früher noch, stimulierend entgegenwirkt.

Wenn es sich aber so verhält, gewinnt die häufigste Glaubenskrise in Gestalt von Bedenken, Einwänden und Zweifeln ein neues Gesicht. Sie gehört dann nicht so sehr der Ordnung intellektueller Verunsicherungen als vielmehr derjenigen der existentiellen Anfechtung an. Glaubenszweifel haben dann primär mit der Verzweiflung und erst in zweiter Hinsicht mit Fragen der intellektuellen Redlichkeit zu tun. Wenn aber das zutrifft, muß das Glaubensproblem insgesamt auf das Existenzproblem zurückverfolgt

---

173 Vollständiges Zitat siehe S. 63.

und von dort her aufgearbeitet werden. Das heißt nicht etwa, daß erst dem existentiell Konsolidierten der Glaube möglich ist; vielmehr ist der Glaube schon von sich aus mit dem Problem der existentiellen Konsolidierung befaßt. Insofern beginnt das Werk des Glaubens früher, als bisher angenommen; es beginnt mit einem Akt der Zustimmung zum eigenen Sein, aus dem sich dann in letzter Konsequenz die Zustimmung zur Glaubenswahrheit ergibt. Das kann auch einfacher mit dem Satz wiedergegeben werden, daß der Glaube mit dem Gebet beginnt. Denn jedes Gebet ist wurzelhaft Bitte um Bewahrung vor jener Urversuchung, die *Kierkegaard* die "Krankheit zum Tode" nannte, der Versuchung zur Verzweiflung. Es wirkt wie eine letzte Bestätigung, daß dieser Gedanke unmittelbar zum Selbstzeugnis *Schneiders* zurückführt. Nicht weniger oft wie von der unwiderstehlichen Strömung, die ihn aus dem vertrauten Glaubensgebäude hinausträgt, spricht *Schneider* von dem unabweislichen Drang zu beten, selbst über den Glauben hinaus und gegen das eigene Lebensinteresse, wobei in diesen Umschreibungen gerade das zum Vorschein kommt, was sie zu verneinen scheinen: der Zusammenhang von Glaube und Gebet:

> Beten über den Glauben hinaus, gegen den Glauben, gegen den Unglauben, gegen sich selbst, einen jeden Tag den verstohlenen Gang des schlechten Gewissens zur Kirche - wider sich selbst und wider eigenes Wissen - : solange dieses muß empfunden wird, ist Gnade da; es gibt einen Unglauben, der in der Gnadenordnung steht. Es ist der Eingang in Jesu Christi kosmische und geschichtliche Verlassenheit, vielleicht sogar ein Anteil an ihr: der Ort vor dem Unüberwindlichen in der unüberwindlichen Nacht [174].

Damit aber stellt sich nur erneut die Frage nach dem Menschen, in dem es, wenn mit der von "Winter in Wien" bezeugten Deutlichkeit auch sicher nur in Grenzfällen, zu dieser Diskrepanz von gläubiger und existentieller Zustimmung kommt. Worauf geht dieser Zwiespalt zurück? Und wie muß der Mensch gedacht werden, wenn er in diesem Zwiespalt begriffen werden soll?

---

[174] *Schneider,* a. a. O., 261.

5. Das Selbstzerwürfnis

Kaum bedarf es eines Hinweises darauf, daß das traditionelle Menschenbild, auch das der philosophischen Anthropologie, keine Antwort auf diese Fragen gibt. Im Sinn des von *Kant* eröffneten Durchblicks ist es viel zu sehr der Wasfrage verpflichtet, als daß es Modaldifferenzen, wie sie hier zur Diskussion stehen, überhaupt in den Blick bringen könnte. Bekanntlich hatte *Kant* in der Einleitung zu seiner "Logik" (von 1800) das philosophische Forschungsfeld auf insgesamt vier Grundfragen zurückgeführt, die der Metaphysik (Was kann ich wissen?), der Moral (Was soll ich tun?), der Religion (Was darf ich hoffen?) und schließlich der Anthropologie (Was ist der Mensch?) gelten, dabei jedoch die Ansicht vertreten, daß man alles zur Anthropologie rechnen könne, "weil sich die drei ersten Fragen auf die letzte beziehen" [175]. Angesichts der eminenten Klärung, die sich hier mit der Wasfrage verbindet, erinnert man sich nur mit Betroffenheit daran, daß sie von *Rosenzweig* als eine ausgesprochen pathologische Form des menschlichen Frageverhaltens denunziert und schließlich sogar mit der These zurückgewiesen wurde: "So müssen wir wieder die Was-ist-Frage verlernen. Denn "Etwas" soll uns ja nicht die Antwort auf eine Frage sein, nur Ansprung, nur erstes Wort" [176].

Eine ganz andere Sachlage ergibt sich jedoch, wenn die Wasfrage, wie es hier geschieht, der Unterscheidung von Wissensformen dient oder wenn sie, wie etwa in *Kants* eigener "Anthropologie" (von 1798), auf das Problem des Menschen bezogen wird. Dann zeigt sich tatsächlich, daß sich mit ihr in das Auge des Fragestellers jene "Starrheit des Staunens" einnistet, das ihn daran hindert, die unterschiedlichen Grade und "Stufen" wahrzunehmen, in denen der Mensch sein "Wesen" verwirklicht. Deshalb gehen auch die Auskünfte, die ihm von der klassischen Anthropologie in Form der von ihr entworfenen "Menschenbilder" gegeben werden, an seinem innersten Frageinteresse vorbei. Dennoch hätte *Rosenzweig* unmöglich für ein "Verlernen" der Wasfrage plädieren können, wenn ihm nicht die Möglichkeit einer ursprünglicheren - und radikaleren - Frageform vor Augen gestanden hätte. Sie war für ihn dort gegeben, wo er auch die wesentlichere Form des

---

175 Vorlesungen Kants über Logik, in: *Kants Gesammelte Schriften IX*, 25.

176 Zitat und Stellenangabe S.50.

Bezeichnens, die Benennung, vorfand: im biblischen Schöpfungsbericht. Dort wendet sich Gott an den sündig gewordenen Menschen, der sich vor ihm "unter den Bäumen des Gartens" versteckte, mit der Frage, die bei genauerem Zusehen seine ganze Verlorenheit aufdeckt und insofern ins Zentrum seiner "Fragwürdigkeit" trifft: "Wo bist du?" (Gen 3,9) [177].

Zweifellos hängt es mit der Radikalität dieser Wofrage zusammen, daß sie auch im Zeitalter der sich glanzvoll ausgestaltenden klassischen Anthropologie nie ganz verstummte. Insbesondere wird man ihre Spur dort wiederentdecken, wo sich der Mensch, wie der von *Alexis Carrel* geprägte Buchtitel sagt, als der sich selber "Unbekannte" begreift. Zu dieser Tradition bekennt sich bereits *Cassiodor,* wenn er in seiner Schrift "Über die Seele" die Meinung vertritt, daß man keineswegs weit auszugreifen brauche, um sie, die Seele, zu finden, da sie bei allem Suchen und Forschen gegenwärtig sei und dabei doch "selbst eine Unbekannte" bleibe [178]. Vor allem aber klingt der göttliche Anruf im Schlußgebet des Werkes nach, in dem sich sein Autor zu der Überzeugung bekennt:

> Herr, in uns ist nichts, was du belohnen kannst, dir aber geht das, was du verschenken kannst, nie aus. Entreiße mich deshalb mir selbst und bewahre mich in dir! Bekämpfe, was mein Werk ist, und erwirb dir dein eigenes Werk zurück! Denn mein bin ich nur, wenn ich dir gehöre. Weg ohne Irrgang, Wahrheit ohne Doppelsinn, Leben ohne Ende: Hilf mir hassen, was mir schadet, lieben, was mir nützt. Von dir erwarte ich alle Förderung, mir selbst schreibe ich alle Hinderung zu. Laß mich einsehen, wie nichtig ich bin ohne dich, laß mich erkennen, was ich mit deiner Hilfe sein kann. Wissen will ich, was ich bin, um zu erreichen, was ich nicht bin ... Dich lieben heißt das Heil erlangen, dich fürchten heißt sich freuen, dich finden heißt wachsen, dich verlieren - zugrunde gehen. Dir dienen ist edler als der Besitz aller Reiche der Welt, und das mit Recht, denn aus Knechten werden wir Söhne, aus Sündern Gerechte, aus Gefangenen Erlöste [179].

Der gleichen Sicht entspricht es, wenn *Pico della Mirandola* in seiner Schrift über die "Würde des Menschen" diesen als den Vermittler zwischen den Geschöpfen, den Interpreten der Natur, einen Ruhepunkt zwischen der

---

177 Dazu meine Schrift "Menschsein in Anfechtung und Widerspruch", Düsseldorf 1980; ferner mein Beitrag "Ist der Mensch, was er sein kann? Eine anthropologische Reflexion", in: Stimmen der Zeit 199 (1981) 291 - 300.

178 *Cassiodor, Vom Adel des Menschen (De Anima)*, Einsiedeln 1965, 15.

179 *Cassiodor*, a. a. O., 70.

bleibenden Ewigkeit und der fließenden Zeit und schließlich als das "Hochzeitslied der Welt" bestimmt, wenn er in ihm die "Lebenskeime aller Möglichkeiten" schlummern sieht, und wenn er in einer Paraphrase des biblischen Schöpfungsberichts Gott zu ihm sprechen läßt:

Dir wurde kein bestimmter Wohnsitz, kein eigenes Gesicht, keine besondere Gabe verliehen, damit du dir jeden beliebigen Wohnsitz, jedes beliebige Gesicht und jede von dir gewünschte Gabe nach deinem Willen und deiner eigenen Meinung aneignen kannst ... So steht es dir frei, dich zur Unterwelt des Tieres zu erniedrigen; doch steht es dir ebenso frei, dich aus eigenem Geistesentschluß zur Überwelt des Göttlichen zu erheben [180].

In ihrer geradezu bestürzenden Aktualität kommt die Vorfrage jedoch erst bei *Kierkegaard* zum Vorschein. In der zweifellos persönlichsten seiner Schriften, der "Wiederholung" (von 1843), spricht er nicht nur von der Möglichkeit, daß das, was verborgen im Dunkel der Seele liegt, hervorbrechen und so ein völlig neuer Mensch entstehen könne; hier stehen vielmehr auch die Sätze, die kein Sprecher der heutigen Existenznot aktueller fassen könnte:

Mein Leben ist zum Äußersten gebracht, ich ekle mich am Dasein, es ist geschmacklos, ohne Salz und Sinn ... Man steckt den Finger in die Erde, um zu riechen, in welchem Land man ist, ich stecke den Finger ins Dasein: es riecht nach - Nichts. Wo bin ich? Was will das besagen: die Welt? Was bedeutet dieses Wort? Wer hat mich in dieses Ganze hineingenarrt und einfach stehenlassen? Wer bin ich? Wie kam ich in diese Welt hinein, ohne vorher befragt worden zu sein ... ? wieso wurde ich Teilhaber an der großen Unternehmung, Wirklichkeit genannt? Warum soll ich überhaupt Teilhaber sein? Ist das keine freiwillige Sache? [181]

Ihr volles Profil gewinnt die Stelle erst im Blick auf den heute vielfach, vor allem aus pastoralen Erwägungen, beklagten Schwund des Sündenbewußtseins, mit dem der zentrale Anknüpfungspunkt der christlichen Heilsverkündigung zu verschwinden scheint [182]. Ein vergleichender Rückblick auf *Max Scheler,* der nach dem Ersten Weltkrieg die Chance einer religiösen Erneuerung noch unbekümmert mit der

---

180 *G. Pico della Mirandola, Die Würde des Menschen*, Fribourg-Frankfurt/M. o. J., 49; 52f.

181 *Kierkegaard, Die Wiederholung* (Ausgabe *Richter),* Reinbek 1961, 62 f.

182 Dazu *Ottmar Fuchs,* "Man muß den Sinn für die Sünde wieder entdecken". Gedanken zum theologischen Charakter der Sünde, in: *Stimmen der Zeit 202* (1984) 167 - 180.

Fähigkeit seiner Adressaten zu Schulderkenntnis und "Reuebereitschaft" verknüpfen konnte, zeigt die Tiefe des inzwischen eingetretenen Umbruchs [183]. Demgegenüber mußte *Martin Buber* in seinem aus vergleichbarem Anlaß verfaßten Essay über "Schuld und Schuldgefühle" (von 1957) schon mit allem Nachdruck für den von der Psychotherapie bestrittenen, "ontischen Charakter der Schuld" eintreten [184]. Wie das Schlagwort von der Unfähigkeit des gegenwärtigen Menschen "zu trauern" bestätigt, kann demgegenüber heute weder von Schuldgefühlen noch von Reuebereitschaft die Rede sein, so daß eine auf den Rechtfertigungsgedanken abgestellte Verkündigung tatsächlich keine "Angriffsfläche" mehr vorfindet. Die Frage ist nur, ob mit der Feststellung, dieses Defizits bereits das ganze Problemfeld ausgeschöpft ist.

Daß diese Frage verneint werden muß, ergibt sich schon daraus, daß das moralische Bewußtsein der Gegenwart, ungeachtet dieser unbestreitbaren Schwächung, neue Sensibilitäten entwickelte. Nicht nur, daß eine bisher unbekannte Solidarisierung mit den Notleidenden der Dritten Welt, den Opfern der politischen Gewalt und den sozial und menschlich Benachteiligten im eigenen Land erfolgte; vielmehr entstand auch ein neues Verantwortungsbewußtsein, das sich ebenso auf die Frage des Weltfriedens wie auf neue Formen des Umgangs mit der Natur erstreckt. Schon angesichts dieses Befunds könnte man geneigt sein, anstatt von einer Minderung der Moralität von einer Verlagerung ihres Schwerpunkts zu sprechen. Vollends schlüssig würde diese Korrektur jedoch nur unter der Voraussetzung, daß sich ein Äquivalent zu dem zweifellos im Schwinden begriffenen Sündenbewußtsein namhaft machen ließe. Als ein bezeichnendes Indiz dessen darf schon die Tatsache gelten, daß der heutige Mensch auf die "Abschaffung der Sünde", von der - bezeichnenderweise - schon *Kierkegaard* gesprochen hatte, keineswegs, wie doch zu erwarten wäre, mit Gefühlen der Erleichterung und einer neu aufquellenden Lebensfreude, sondern mit Unlust und Seinsverdrossenheit reagiert. Anstatt sich im Glück der neuen Unschuld zu sonnen und sich seines exkulpierten Daseins zu freuen, wird ihm gerade dieses wie vielleicht nie zuvor in seiner Geschichte - zum Problem. Mit dem *Kierkegaard* der

183 *Scheler, Vom Ewigen im Menschen*, Leipzig 1921, 5 - 22.

184 *Buber, Werke I: Schriften zur Philosophie*, München und Heidelberg 1962, 477; ferner der in meiner „Einweisung ins Christentum" gegebene Hinweis auf die gegenwärtige Wende von der Schuld – zur Schamkultur, Düsseldorf 1997, 132ff.;402f.

Wiederholungsschrift fragt er sich, wie er überhaupt in das große Unternehmen "Wirklichkeit" hineingeraten sei, und er sucht nach der Instanz, bei der er seine Beschwerde, daß er ungefragt eingewiesen worden sei, einreichen könne.

Deutlicher könnte kaum noch ausgesprochen werden, was den heutigen Menschen hindert, der durch die Abschaffung der Sünde gewonnenen "Unschuld" froh zu werden. Es ist ein tiefer sitzender Notstand, der es ihm verwehrt, in die Tatsache seiner Existenz einzuwilligen und damit die von *Guardini* geforderte "Annahme seiner selbst" zu vollziehen [185]. Danach lebt der Mensch der Gegenwart im Zustand einer ungleich tieferen Selbstentfremdung, als sie von *Marx* gesehen und denunziert worden war. Denn diese betrifft nicht nur einen Bruch im Vollzug seiner arbeitenden Selbstverwirklichung, sondern ein Mißverhältnis, in dem er zu sich selbst und zur Tatsache seines Daseins steht. Dabei erscheint die Identitätsnot, die darin mit zum Vorschein kommt, als unmittelbare Folge der unbewältigten Existenzkrise. Und das heißt umgekehrt: Weil sich der heutige Mensch, zumindest unterschwellig, mit der Tatsache seines Daseins nicht abgefunden hat, lebt er im Zustand einer permanenten Abhaltung von sich selbst.

Schon immer war dem Menschen bewußt, daß ihm ein Optimum des Seinkönnens gesetzt ist, das er nur in Augenblicken außergewöhnlicher Begünstigung - und auch dann nur annäherungsweise - einzuholen vermag. Denn im Regelfall ist er nicht - oder doch noch nicht - das, was er sein kann [186]. Heute aber scheint er, wie die Daseinsanalysen *Heideggers* und *Marcuses* einmütig registrieren, unter Bedingungen zu leben, die ihn in ein peinigendes Selbstzerwürfnis, in eine zuständlich gewordene Abhaltung von sich selbst, versetzen. So erscheint die gleicherweise durch repressive wie durch, manipulatorische Faktoren bestimmte Lebenswelt, in der er sich vorfindet, verhängnisvoll verschworen mit der konstitutionellen Existenznot, die sich unter seiner Lebensunlust verbirgt. Fast verhängnisvoller noch mutet aber der Umstand an, daß diese so unterschiedlichen Gegebenheiten auf einen einzigen Effekt hinauslaufen: Er

---

185 So der Titel der gleichnamigen Schrift (Würzburg 1960), mit der *Guardini* seine Überlegungen zur Unvollständigkeit des heutigen Menschen in dem Gesamtaufbau seiner Anthropologie integrierte; dazu meine Untersuchung *"Interpretation und Veränderung. Werk und Wirkung Romano Guardinis"*, Paderborn 1979, 81 - 87.

186 Dazu die Ausführungen meiner Untersuchung „Der Mensch – das uneingelöste Versprechen".

fühlt sich unfähig - zu sich selbst! Daß diese Noterfahrung überdies an der Schnittstelle liegt, die durch *Freuds* These von der Schwächung der menschlichen Triebstruktur und durch *Schneiders* Erfahrung der geminderten Vitalität gebildet wird, bedarf kaum noch eines ausdrücklichen Hinweises.

Um so nachdrücklicher muß jedoch im Interesse einer Therapie gefragt werden, ob das Evangelium, das nach gängiger Auffassung nur von dem Notstand der Sünde zu reden scheint, auch auf dieses Problemfeld "anspricht". Eine positive "Reaktion" ist schon deshalb zu erwarten, weil der Jesus der Evangelien nur vergleichsweise selten und selbst dann in einem zumeist strukturellen Sinn von "Sünde" redet. Und wenn es von ihm an zentraler Stelle heißt, daß er sich an den "Tisch der Sünder" gesetzt und Mahlgemeinschaft mit ihnen aufgenommen habe (Mk 2,16), sind mit seinen Tischgenossen gerade nicht die im moralischen Sinn Disqualifizierten, sondern die gesellschaftlich an den Rand Gedrängten gemeint. Dem entspricht die Vielzahl von Wendungen und Metaphern, mit denen die von ihm angegangenen Notstände bezeichnet werden. Es ist davon die Rede, daß die Volksscharen sein Mitleid erregen, weil sie "müde und abgehetzt wie Schafe sind, die keinen Hirten haben" (Mt 9,36), daß es Menschen im Zustand der Übermächtigung und Fesselung durch die Daseinsgewalten sind, denen er in Wort und Tat zu Hilfe kommt, und daß seine liebende Zuwendung insbesondere jenen gehört, die das Bildwort vom "geknickten Rohr" und dem "glimmenden Docht" (Mt 12,20) umschreibt. Dem entspricht es, daß im Zentrum seiner Heilsverkündigung die Große Einladung steht, mit der er den Bedrückten und Bedrängten aller Zeiten sich selbst als Halt und "Ruhe" zusagt:

> Her zu mir, ihr Bedrückten und Bedrängten, ich will euch Ruhe geben!
> (Mt 11,28) [187]

"Schlüssig" wird diese Beobachtung jedoch erst in ihrer Deutung durch *Kierkegaard.* Denn es gehört zu den staunenswerten "Synthesen" seines Denkens, daß er, so wie er in seiner persönlichsten Schrift die Tiefen der Existenznot aufriß, in seinem letzten und seinem reifsten Werk, der

---

[187] Dazu der Abschnitt "Die Einladung" meines Jesusbuchs *"Der Helfer",* München 1973, 150 - 155; ferner die Ausführungen der Studie von *Rainer Riesner, Jesus als Lehrer. Eine Untersuchung zum Ursprung der Evangelien-Überlieferung,* Tübingen 1984, 339 - 343.

"Einübung im Christentum" (von 1850), auch die darauf abgestimmte Therapie entwickelte. So gab er - als Interpret des Evangeliums - selbst die Antwort auf die von ihm in seiner Wiederholungsschrift aufgeworfene Frage. Nachweislicher Ausgangspunkt war für ihn dabei der Heilandsruf an die Bedrückten und Bedrängten, der demgemäß das ganze Werk nach Art eines Leitmotivs durchzieht. Im Zug seiner Gedankenfolge wird das Herrenwort für *Kierkegaard* zum Schlüssel, dem sich die Tiefen des Evangeliums in einer Weise öffnen, daß die von ihm bezeugte geschichtliche Heilstat Gottes in seiner allzeit währenden Aktualität ersichtlich wird. Das aber geschieht nicht etwa mit Hilfe eines zeitraffenden Kunstgriffs, sondern durch die Entdeckung einer qualitativen Differenz. Sie grenzt die Heilstat Jesu vom Beitrag aller übrigen Wohltäter der Menschheit aufs nachdrücklichste ab. Was sie gaben, entsprach der Vielfalt der kategorialen Bedürfnisse, dem Verlangen nach Heilung, Entlastung, Erkenntnis und Wohlfahrt. Im Unterschied dazu gab Jesus das, was über alle Bedürfnisse hinausging und zugleich dem tiefsten Verlangen des Menschenherzens entspricht: sich selbst!

Durch diese alle Erwartungshorizonte sprengende Selbstübereignung enttäuscht er die an ihn herangetragenen Erwartungen ebensosehr, wie er auf die menschliche Existenznot eingeht. So beschwört er die Gefahr des Ärgernisses herauf, während er gleichzeitig den Weg des Glaubens eröffnet. Wer ihn wählt, gelangt in eine Sphäre der Freiheit, des Aufatmens, der aufgehobenen Zwänge, der Geistesgegenwart und damit jener Ruhe, die der Einladende dadurch gewährt, daß er sie ist. Das faßt *Kierkegaard* in den programmatischen Satz, der die Heilszusage Jesu wie kaum ein anderer ins heutige Krisenbewußtsein hineinspricht: "Der Helfer ist die Hilfe!" Denn wie in kaum einem anderen Wort wird so wie in diesem die Hand fühlbar, die dem Menschen der gesunkenen Lebenskraft, der gebrochenen Identität, des Zerwürfnisses mit sich selbst dadurch hilft, daß sie ihn zur Höhe des definitiv mit sich versöhnten Selbstseins erhebt. So antwortet das Evangelium auf die Krisenerfahrung der Gegenwart, sofern man es nur in jener "Grundschrift" zu lesen vermag, in der es, noch vor jeder Interpretation, vom immerwährenden Ruf Gottes nach dem verirrten - und kranken - Menschen handelt.

III. Kapitel

Die verlorene Dimension

1. Die emanzipierte Medizin

Zu den größten Intuitionen der Menschheit gehört die vom Zusammenhang von Heil und Heilung. Sie war freilich in einem der tiefsten Bedürfnisse des Menschseins angelegt. Daß der Mensch überhaupt die Idee einer heilbringenden Intervention der Gottheit faßte, hängt zweifellos ursächlich mit der Erfahrung eines Defizits, konkret gesprochen seiner Heillosigkeit, zusammen. Und wiederum ergab es sich aus dem Bewußtsein seiner Todverfallenheit, daß diese Heillosigkeit für ihn ihren konkretesten Ausdruck im Erlebnis seiner Erkrankung fand. Mit einer Ausweitung des Begriffs von Heilsein zum Sittlich-Religiösen hin hing es dann offensichtlich zusammen, daß sich ein Heilsverlangen ausbildete, das in der christlichen Heilsverkündigung seine genaueste Entsprechung fand. Jetzt bedeutete "Heil" in erster Linie den Inbegriff der göttlichen Erbarmung, die dem sündig gewordenen Menschen Erlösung und Rechtfertigung verheißt. Und aus dem Wissen um die intellektuelle Dimension menschlicher Heillosigkeit erklärt es sich schließlich, daß sich mit dem christlichen Heilsgedanken die Vorstellung von einer offenbarenden Zuwendung Gottes verband. So erscheint das Heil in diesem Endbegriff als die soteriologische Dimension der Offenbarung und diese als die kognitive Sicht des Heils.

In alldem aber blieb die Verknüpfung von Heil und Heilung unverloren. Sie stand am Anfang der abendländischen Religiosität sogar so sehr im Vordergrund, daß Gesundheit und Heilung ungeachtet aller menschlichen Bemühung um sie, wie schon eingangs vermerkt, als Gewährung der Gottheit verstanden wurden. Es war dann nur eine Konsequenz dieses Verständnisses, wenn sich im griechischen Götterhimmel numinose Einzelgestalten abzeichneten, die im besonderen Sinn als Heilbringer und Nothelfer galten: in erster Linie Asklepios und seine heilbringenden Töchter, daneben aber auch der zugleich heilende und tötende Apoll und nicht zuletzt auch Hera und Aphrodite [188]. Daß sich die griechische Antike

[188] Dazu *Carl Schneider, Geistesgeschichte des antiken Christentums 1*, München 1954, 722 - 726;

in dieser Frage im vollen Konsens mit dem Alten Testament befand, zeigt eine Mahnung des Buchs Jesus Sirach:

> Erweise dem Arzt die ihm gebührende Ehre; denn auch ihn hat Gott geschaffen. Die Heilung aber steht beim Höchsten (38, 1) [189].

Den entscheidenden Paradigmenwechsel führte der Überlieferung zufolge *Hippokrates* mit dem Satz herbei, daß Krankheiten "durch die Natur" geheilt werden. Doch brachte er damit nur auf den Begriff, was in einer Vielzahl von Anläufen zu einer wissenschaftlichen Medizin schon vor ihm ins Werk gesetzt worden war. Ohne daß die religiöse Grundkomponente aufgegeben worden wäre, kam damit, wie die von Hippokrates verfaßten oder ihm zugeschriebenen Bücher beweisen, eine medizinische Forschung im Sinn des abendländischen Wissenschaftsverständnisses in Gang. Nicht umsonst erstreckt sich dieses Werk auf eine ganze Reihe medizinischer Spezialgebiete wie Anatomie, Physiologie, Chirurgie, Augenheilkunde und Gynäkologie, aber auch auf Fragen der Diagnose und Prognose, der Entstehung von Epidemien und des Einflusses klimatischer Faktoren auf den menschlichen Organismus, wobei eine Streitschrift zur Verteidigung der empirischen Methode besondere Beachtung verdient [190]. Im Endeffekt kam das dann doch einer Emanzipation der Medizin aus der Kompetenz der Religion gleich, so daß der Differenzierungsprozeß, der zur Auflösung der religiös bestimmten Einheitskultur und zur Verselbständigung der Medizin zu einer autonomen Wissenschaft führte, mit Hippokrates - also lange vor Entstehung des Christentums - seinen Anfang nimmt. Daß der Ablösungsprozeß nicht als revolutionärer Bruch gemeint war, ergibt sich schon aus dem hippokratischen Ärzteeid, nicht weniger aber auch aus der ganzheitlich konzipierten Inschrift des Asklepieion von Lambaese:

> Als Guter tritt ein, als Besserer komm heraus *(bonus intra melior exi)* [191].

---

ferner *Hans Joachim Störig, Kleine Weltgeschichte der Wissenschaft 1*, Frankfurt und Hamburg 1970, 105 - 109.

189 *Schneider* verweist in diesem Zusammenhang auch auf den Jesaja-Kommentar des *Hieronymus* (a. a. O., 724)

190 *Störig,* a. a. O., 106.

191 Nach *Schneider,* a. a. O., 723.

Damit verglichen, brachte das Christentum allenfalls eine Verzögerung, jedoch keinen Wandel der in Gang gekommenen Entwicklung. Zu einer Verzögerung kam es deshalb, weil das ursprüngliche Christentum nach einer Beobachtung *Carl Schneiders* dem Juristen ebenso fernstand, wie es sich dem Mediziner verbunden fühlte. Einem Brief aus der Väterzeit zufolge galt als das verbindende Element dabei die "Menschenfreundlichkeit" *(philanthropia),* die der Titusbrief dem Gott Jesu Christi nachgerühmt hatte (3, 4), die nun aber auch als das gemeinsame Interesse der theologischen und medizinischen Bemühung um den Menschen angesehen wurde [192]. Wie schon dieser theologische Rückbezug erkennen läßt, ist es vor allem aber die Deutung Jesu als Heiland- und Heilbringer-Gestalt, die im aufgehenden Christentum Religion und Medizin neuerlich verklammerte. Nicht umsonst gehörte die Anrufung Christi als Arzt zu den beliebtesten Redewendungen der frühen Christenheit. "Hilf, Christus, du allein bist der Arzt", lautete sie in einem Fall. Bekannt wurde vor allem die geradezu dialektisch angelegte Stelle aus dem Epheserbrief des *Ignatius von Antiochien*:

> Einer ist der Arzt,
> der Fleisch ist und Geist,
> im Tod wahrhaftiges Leben,
> sowohl aus Maria als aus Gott,
> erst leidensfähig, dann leidentrückt:
> unser Herr Jesus Christus (7, 2) [193].

Im Blick auf diese Erneuerung des religiösen Zusammenhangs wird es verständlich, daß sich die Ausgestaltung einer wissenschaftlichen Medizin in der Folgezeit im Bruch mit den kirchlichen Traditionen vollzog und nicht selten einen offenkundig emanzipatorischen Charakter annahm. So sehr dabei kirchliche Gesetzgebung bisweilen dem wissenschaftlichen Fortschritt in den Weg trat, darf darüber doch der ungeheure Beitrag nicht übersehen werden, den schon die antike und mittelalterliche Kirche zur Förderung des Gesundheitswesens und zur Betreuung körperlich und geistig Kranker leistete. Ebensowenig darf jedoch verschwiegen werden, daß die

---

[192] Der *Basilios* zugeschriebene Brief versichert: "Alle Ärzte sind menschenfreundlich": *Schneider,* a. a. O., 722; demselben Werk zufolge fehlt es aber im Frühchristentum auch nicht an harter Kritik an den Ärzten, die dafür, daß sie nur Schmerzen bereiten, auch noch Geld verlangen (a. a. O., 724).

[193] Dazu auch *Clemens von Alexandrien, Der Erzieher 1*, 2, 6, 1.

Ausbildung einer wissenschaftlichen Medizin wesentliche Anstöße den medizinischen Traditionen der Araber zu verdanken hatte. Daß Salerno ein Zentrum dieses Austauschs war, wird sogar von einer der bekanntesten Dichtungen des Mittelalters bestätigt. Im "Armen Heinrich" des *Hartmann von der Aue* begibt sich der vom Aussatz befallene Titelheld, nachdem alle Ärzte seiner Umgebung versagten, nach Salerno, um sich dort dann allerdings eine höchst legendäre Therapie - Heilung durch das Herzblut einer Jungfrau - verordnen zu lassen [194].

An der Schwelle zur Konstituierung der Medizin als spezifische Wissenschaft steht die universal interessierte und von den Zeitgenossen in die Nähe Luthers gerückte Gestalt des *Paracelsus,* der den hippokratischen Paradigmenwechsel dadurch erneuerte, daß er seine Therapien aus dem Verständnis des Menschen als Mikrokosmos herleitete [195]. Seine Argumentation ist auch heute noch bedenkenswert:

> Höchst wunderbar ist der Mensch geschaffen und aufgebaut, wenn man ihn in seinem wahren Wesen erkennt und dies in jeder Richtung konsequent zu Ende denkt. Vor allem muß man sich darüber im klaren sein, daß es im Himmel und auf Erden nichts gibt, was nicht auch im Menschen enthalten ist. Denn es sind die himmlischen Kräfte, die sich auch im Menschen auswirken. Was im Himmel ist, ist auch im Menschen. Denn was ist der Himmel anders als der Mensch ... ? Darum muß der Arzt wohl bedenken, wie er handelt. Denn er steht dem edelsten und größten Gegenstand gegenüber. Dem edelsten und dem, an welchem am meisten gelegen ist. Wenn er nun die Welt, die Elemente, das Firmament und alles andere nicht kennt: wie sollte er dann den Menschen erkennen, der dies alles ist ... [196].?

Vollends ins Zentrum der Aktualität trifft Paracelsus schließlich mit seiner Forderung: "Wißt, daß ein Kranker seinem Arzt Tag und Nacht eingebildet sein soll', damit er ihn ständig vor Augen habe; denn er soll sein Sinnen und Trachten ganz auf die Gesundheit des Kranken ausrichten und danach handeln!" Paracelsus war sich freilich darüber im klaren, daß er mit dieser Forderung seiner Zeit ebensoweit vorauseilte wie mit seinem

---

194 Dazu *Alois Wolf, Christliche Literatur des Mittelalters*, Aschaffenburg 1958, 82 - 85; ferner *Bert Nagel, Staufische Klassik*, Heidelberg 1975.

195 Zur Mikrokosmos-Idee siehe die Ausführungen meiner Schrift "Menschsein in Anfechtung und Widerspruch", 29 - 35.

196 Nach *Störig, Kleine Weltgeschichte der Wissenschaft I*, 281 f.

Versuch, die an der Natur als Lehrmeisterin orientierte Medizin auf Erfahrung und Experimente zu begründen, und daß er deshalb nur hoffen konnte, daß das, was von ihm zum Keimen gebracht wurde, mit der Zeit zur Vollgestalt heranreifen werde. Denn noch fehlten der wissenschaftlichen Medizin die elementarsten Instrumentarien wie etwa das Mikroskop, das erst zu Beginn des 17. Jahrhunderts erfunden wurde und völlig neue, unerwartete Einblicke in die Feinstruktur der belebten Materie eröffnete [197]. Einen nicht weniger folgenreichen Durchbruch erzielte *Wilhelm Conrad Röntgen* (am 28. Dezember 1895) mit der Entdeckung der nach ihm benannten Strahlung, die in der Folge nicht nur diagnostisch, sondern auch therapeutisch, vor allem im Gebiet der Krebstherapie, eingesetzt werden konnte. Inzwischen wurde das diagnostische Instrumentarium noch erheblich erweitert, zunächst durch die Entwicklung des Elektrokardiogramms und des Elektroenzephalogramms, sodann durch die Einführung der Ultraschallmethode und neuerdings durch die Anwendung der magnetischen Kernspinresonanz [198]. An Bedeutung kann dem nur noch die Erschließung der psychischen Tiefenstruktur durch die von *Sigmund Freud* entwickelte Psychoanalyse an die Seite gestellt werden, die tief in den Entwicklungsgang der modernen Medizin, auch unter erkenntnistheoretischem Aspekt, eingreifen sollte.

Wie schon die Bindung des medizinischen Fortschritts an die Entwicklung der diagnostischen Instrumentarien erkennen läßt, nimmt die Medizin insofern eine Mittelstellung zwischen Natur- und Geisteswissenschaften ein, als sie mit jenen zwar das Interesse an einer möglichst exakten Erfassung ihres Forschungsgegenstands teilt, mit diesen dagegen in der Überzeugung einiggeht, daß in ihrem Fall die erstrebte "Vergegenständlichung", so paradox dies klingt, nur auf dem Weg einer methodischen Einbeziehung des Subjekts erreicht werden kann. Damit nahm die Medizin, wenngleich unreflektiert, das vorweg, was sich nach *Carl Friedrich von Weizsäcker* als erkenntnistheoretische Konsequenz aus der *Heisenbergschen* "Unbestimmtheitsrelation" ergibt. Danach kommt beim Eintritt in den subatomaren Bereich das beobachtende Subjekt in so hohem Grad bestimmend ins Spiel, daß in diesem Bereich die klassische Unterscheidung von Subjekt *(res cogitans)* und Objekt *(res extenso)*

---

197 *Störig,* a. a. O., 341 ff.

198 Dazu die zusammenfassende Darstellung von *Hero Silomon, Technologie in der Medizin. Folgen und Probleme*, Stuttgart 1983.

hinfällig wird [199]. Ähnliches hatte, noch im Gegensatz zu der vermeintlich objektiven Naturbetrachtung, *Rudolf Bultmann* in der Einleitung zu seinem Jesusbuch (von 1926) für die menschliche Befragung der Geschichte, insbesondere aber der geschichtlichen Lebenstat Jesu, gesagt. Sie darf, so *Bultmann,* nicht im Interesse der "Bereicherung eines zeitlosen Wissens" erfolgen, sondern muß, wenn sie sachgerecht durchgeführt wird, den Charakter einer "Begegnung mit der Geschichte" und eines "Dialogs" mit ihr annehmen [200]. Aber hatte nicht schon *Paracelsus* dasselbe für die Medizin in Anspruch genommen, wenn er vom Arzt forderte, er solle seinen Patienten in sich "einbilden", um ihn ständig vor Augen zu tragen?

Tatsächlich sprechen eine ganze Reihe von Anzeichen dafür, daß die Medizin im gegenwärtigen Stand ihrer Entwicklung im Begriff steht, von der unreflex-methodischen Einbeziehung des Subjekts in ihre "Behandlung" des leidenden Menschen zur reflexen überzugehen. Das ist vor allem von der Rückwirkung der Psychotherapie auf die Gesamtmedizin zu erwarten, weil das existentielle Engagement des Analytikers längst schon zum Grundbestand seines therapeutischen Verfahrens gehört, so daß die Psychoanalyse in dieser Entwicklung eine ausgesprochene Protagonistenrolle spielt. So entspricht es auch seit geraumer Zeit dem Stand der philosophischen Anthropologie, nachdem *Max Scheler* mit allem Nachdruck darauf abhob, daß sich der Mensch zwar die ganze Welt zum Gegenstand mache, selbst aber nicht "gegenstandsfähig" sei [201]. Das schließt in keiner Weise den Fortschritt in den "vergegenständlichenden" Strategien der medizinischen Wissenschaft aus. Vielmehr brachte es der an die Realisierung von Utopien erinnernde Gang der technischen Entwicklung mit sich, daß ihr heute diagnostische und operative Möglichkeiten zu Gebot stehen, die den Erwartungshorizont der Pioniere dieser Entwicklung weit übergreifen. Und eine nicht weniger große Erweiterung ihres Aktionsradius verdankt sie dem Fortschritt der theoretischen und angewandten Biologie, die nicht nur die Reproduktionsmechanismen der Zellvermehrung zu entschlüsseln vermochte, sondern in Gestalt der Genchirurgie auch bereits aktiv in diese Prozesse eingreifen lernte. Wenn man sich aber vor Augen führt, daß damit

199 *Weizsäcker, Atomenergie und Atomzeitalter*, Frankfurt/M. 1957, 58ff.

200 *Bultmann, Jesus*, München und Hamburg 1967, 12.

201 *Scheler, Philosophische Weltanschauung*, Bern 1954, 14.

der erste Schritt zum Eingriff des Menschen in seine eigene Evolution getan ist, wird wiederum deutlich, wie sehr die Einbeziehung des Subjekts in die Konstituierung der Gegenständlichkeit zum Formgesetz des Gestaltwandels der heutigen Medizin gehört. Daß damit auch die Gefahr der Selbstaufhebung der natur- und gottbezogenen Humanität gegeben ist, betont *Hans Schaefer* nach einem Durchblick durch die phantastischen Perspektiven, die sich durch die gentechnische Manipulation des menschlichen Erbguts eröffnen:

> Das Ganze macht den Eindruck der Utopie, ohne doch völlig utopisch zu sein. Wer diese Szenerie zu Ende denkt, bemerkt den Verfall aller bisherigen Vorstellungen von einer sinnhaften menschlichen Existenz [202].

2. Der theologische Heilsverlust

Bei jedem Differenzierungs- und Ausgliederungsprozeß ist die Ausgangsposition von der eingetretenen Differenzierung ebenso betroffen wie das aus ihr hervorgehende Phänomen. Das gilt unverkürzt auch vom Hervorgang der wissenschaftlichen Medizin aus dem ursprünglichen Einheitskonzept von Heil und Heilung. Zwar kann die Medizin, wie die für ihre jüngste Entwicklungsphase bezeichnende Einbeziehung des Therapeuten in das Heilungsgeschehen zeigt, ihre religiöse Herkunft je länger desto weniger verleugnen; dennoch ist und bleibt sie in ihrem Gesamtkonzept wissenschaftlich geprägt und dadurch strukturell von der als Gottes-Wissenschaft verstandenen Theologie abgesetzt [203]. In ihrer spezifischen Zwischenposition zwischen Natur- und Geisteswissenschaften weist sie nur deutlicher noch als jede andere aus dem Zerfall des ursprünglichen Verbunds hervorgegangene Kulturgestalt auf ihren Ursprung zurück. Auch als Wissenschaftsgebilde, das ganz vom Fortschritt und seiner technischen Anwendung lebt, behält sie einen religiösen Index, auch wenn dieser in seiner jeweiligen Erscheinungsform nicht immer mit gleicher Deutlichkeit erkennbar ist.

---

[202] *Schaefer, Medizinische Ethik*, Heidelberg 1983, 252.

[203] Daß die Einbeziehung des Subjekts als ein in letzter Hinsicht religiöses Phänomen anzusehen ist, machte vor allem die vieldiskutierte "anthropologische Wende" im Erscheinungsbild der Gegenwartstheologie deutlich; dazu *Gerhold Becker, Theologie in der Gegenwart*, Regensburg 1978, 108 - 112.

Spiegelbildlich dazu stellt sich die Rückwirkung der geschilderten Diastase auf die Theologie dar. Der emanzipierten Medizin entspricht auf der Gegenseite eine in ihrem Heilsbezug geschmälerte Theologie. Nicht als hätte sie jemals ihre Herkunft aus der göttlichen Heilszuwendung und ihre Aufgabe, diese unter den jeweiligen geschichtlichen Bedingungen zu interpretieren, aus dem Auge verloren. Was der Ausdruck "geschmälert" signalisieren will, ist vielmehr die Tatsache, daß der theoretische Aspekt ihrer Aufgabe so sehr in den Vordergrund trat, daß die praktischen Implikationen darin förmlich untergingen [204]. So entwarf die Theologie zwar eine Theorie des Heils, dies jedoch so, daß die Frage seiner konkreten Zuwendung auf den schmalen Sektor der Sakramentenlehre und Sakramentenverwaltung beschränkt blieb. Man könnte geradezu versucht sein, von einem "Imitationseffekt" zu sprechen, der die Theologie dazu brachte, die wissenschaftlich gewordene Medizin in ihrer Selbstdarstellung nachzuahmen. Tatsächlich scheint kaum etwas so sehr auf die Konstituierung der Theologie als Wissenschaft hingewirkt zu haben wie die Ausgliederung und Verselbständigung der Medizin zu einer wissenschaftlichen Disziplin.

Nichts wäre freilich unzutreffender als die Ansicht, daß diese szientifische Selbstprofilierung der Theologie von einem intellektuellen Unbehagen begleitet gewesen sei. Eher ist das Gegenteil der Fall, sofern man nur wahrzunehmen vermag, daß die Ausbildung zum System Anzeichen eines heimlichen Triumphalismus aufweist. Denn neben den demonstrativen Erscheinungsformen des theologischen Triumphalismus stehen subtilere, die aber deswegen nicht weniger ins Gewicht fallen, weil sie sich eher im Hintergrund halten. Seine subtilste Form erreicht dieser Triumphalismus aber zweifellos im theologischen System. Nicht zu Unrecht wurden die sogar von *Lessing* bewunderten Systementwürfe der Scholastik bisweilen mit Dombauten verglichen. In der konstruktivistischen Entwicklung ihrer Gedanken, in der kunstvollen Zuordnung ihrer Teile und in der vielfältigen Verzweigung ihrer Konsekutionen erinnern sie tatsächlich an die Strebepfeiler, Gurtbögen und Gewölbe mittelalterlicher Kathedralen. Bei aller Bewunderung der artifiziellen Architektur wird man aber mit *Kierkegaard* nicht übersehen können, daß in diesen gewaltigen,

---

[204] Auf den glaubens- und theologiegeschichtlichen Kontext, in den der Versuch einer Wiedergewinnung der zurückgedrängten Qualitäten hineingehört, verweist der Schlußabschnitt des Kapitels (111 f.).

kunstvoll konstruierten Räumen der in ihnen ein "Unterkommen" suchende Mensch so gut wie gar nicht vorkommt [205]. Auf die Frage nach seinem zeitlichen und ewigen Daseinssinn antwortet ihm die Theologie mit einem Ideengefüge, in dem sich zwar die Umrisse der menschlichen Gestalt, nicht jedoch sein individuelles Antlitz spiegelt. In einer modernen Ausdrucksweise könnte man auch sagen, das theologische System sei Ausdruck eines subtilen "Herrschaftswissens", aber nur in Teilbereichen auch eines "konkomitanten" Denkens, das auf die konkreten Existenzprobleme des Menschen eingeht und ihm das Gefühl eines kognitiven Anerkannt- und Angenommenseins vermittelt.

Die Anfänge dieser Entwicklung haben nur indirekt mit der Störung des Verhältnisses von Heil und Heilung zu tun. Unmittelbar betreffen sie den großen "Grabenbruch", vor den sich die Urgemeinde gestellt sah, und den sie mit dem Aufgebot ihrer ganzen kompensatorischen Kraft zu überwinden suchte. Auf der einen Seite verlor sie mit dem Tod der Altapostel die Fühlung mit der Stunde des gottgeschenkten Heils, in welcher Jesus nach dem Wort der Apostelgeschichte "Wohltaten spendend das Land durchzog" (10, 38). Auf der anderen Seite sah sie sich mit dem Ausbleiben der sehnsüchtig erwarteten Wiederkunft ihres "Herrn und Retters" (Phil 3, 20), also mit dem Erlebnis der "Parusieverzögerung", auf eine sie geradezu traumatisch berührende Weise konfrontiert. Mit einem Bildvergleich könnte man auch sagen: während bei der Ausfahrt auf das Meer der Weltgeschichte das Ufer, an dem der geschichtliche Jesus mit seinen Aposteln stand, immer weiter in die Vergangenheit zurücktrat, rückte das zunächst in greifbarer Nähe geglaubte Ziel der Wiederkunft Christi und der mit ihr erwarteten Vollendung des Gottesreichs in immer größere Ferne hinaus.

Unter dem Eindruck dieser zweifachen Frustration wurde das Stabilisierungsinteresse in einer das ganze Denken und Leben der Urgemeinde bestimmenden Weise dominant. Stimuliert vom Trauma des zweifachen "Entzugs", entwickelte sie zunächst ein festes Lebensgefüge in Gestalt der sich schon in den spätapostolischen Schriften des Neuen Testaments abzeichnenden Ämterordnung [206]. Vor allem aber verwandelte

---

[205] Dazu nochmals die Ausführungen und Stellenangaben S. 60.

[206] Dazu vor allem die Untersuchung des um die Aufklärung dieser Entwicklung verdienten Neutestamentlers *Ferdinand Hahn* zum "Problem des Frühkatholizismus", in: *Evangelische Theologie 38* (1978) 340 - 357.

sich die Verkündigung des Gottesreichs, wie sie Jesus in Wort und Tat ins Werk gesetzt hatte, durch Paulus immer mehr in eine festumschriebene, tradierbare, kerygmatisch und pädagogisch vermittelbare Lehre, deutlicher noch gesprochen: die Verkündigung wurde zur festgeschriebenen Doktrin [207]. Daß sich gerade diese Umsetzung so schnell vollzog, ist zweifellos nicht nur die Folge der ständigen Auseinandersetzung der frühen Christenheit mit konkurrierenden Heilslehren, insbesondere in Gestalt der Gnosis, sondern auch der Rückwirkung des Verschriftungsprozesses, der mit der Verwendung des Mediums des apostolischen Briefs durch Paulus einsetzte und im Verlauf von noch nicht einmal einem Jahrhundert zur Entstehung des Neuen Testaments führte [208]. Wenn man sich das Übergewicht der didaktischen und hermeneutischen "Gaben" in der Palette der paulinischen Ämterordnung vor Augen führt (1 Kor 12, 8 ff.), drängt sich überdies die - von strukturalistischen Vorstellungen genährte - Vermutung auf, daß auch zwischen dieser Ordnung und der Ausgestaltung der Lehre eine ursächliche Wechselbeziehung besteht, so daß man die Lehre als die Grammatik der Ämterordnung und diese als die praktisch-hierarchische "Verlautbarung" der Lehre bezeichnen könnte [209].

Dieser zweifache Ausgestaltungsprozeß zog zunächst eine Veränderung der Vermittlungsformen nach sich. Während die paulinische Heilsverkündigung noch alles auf den "Erweis des Geistes und der Kraft" setzte (1 Kor 2, 4), bemühte sich die Darlegung der neugeschaffenen Lehre vor allem um stichhaltige Beweise, überzeugende Ableitungen und klar umrissene Formeln. Hatte die am Modell der Sprache Jesu geschulte apostolische Predigt noch das Hauptgewicht darauf gelegt, den Hörern durch ihren Zuspruch etwas von der ihr zugrundeliegenden Heilserfahrung zu vermitteln, so konzentrierte sich jetzt das Interesse auf die Strenge der Argumentation, die nicht selten eine apologetische Spitze aufwies. In noch stärkerer Vereinfachung könnte man auch sagen: die Vermittlung geschah

---

207 Wichtige Hinweise bietet das Kapitel "Lehre und Dogma" in *Carl Schneiders "Geistesgeschichte des antiken Christentums" I*, München 1954, 289-486. Daß Paulus mit dieser Entwicklung allenfalls indirekt zu tun hat, zeigt meine Schrift *"Paulus für Christen"*, Freiburg/Br. 1985,

208 Zur Rolle des Apostels Paulus in der Geschichte der christlichen Medienverwendung siehe die Ausführungen meiner Untersuchung *"Der Zeuge. Eine Paulus-Befragung"*, Graz 1981, 203 - 227.

209 Näheres dazu in meiner Studie *"Religiöse Sprachbarrieren. Aufbau einer Logaporetik"*, München 1980, 41 f.

nicht mehr durch die Kraft des Wortes, sondern durch die Strenge des Begriffs.

Doch blieb es nicht bei diesem Wandel der Vermittlungsstrategien. Vielmehr verlagerte sich mit ihm auch unvermeidlich der inhaltliche Schwerpunkt. Unvermeidlich deshalb, weil die zur Vermittlung eingesetzten Kategorien sich gegenüber den vermittelten Inhalten keineswegs indifferent verhielten. Vielmehr prägten sie, den technischen Medien vergleichbar, den Inhalten jeweils ihre Eigenstruktur auf, so daß diese fortan in einer entsprechenden Stilisierung erschienen. Demgemäß führte das Eindringen rational-argumentativer Deutungsformen zu einer Begünstigung der mit der Heilsbotschaft durchaus gegebenen, in ihr jedoch nicht dominierenden Erkenntniswerte, während der sie verklärende Glanz zusammen mit der von ihr ausgehenden Heilkraft, wenn nicht verdeckt so doch verdunkelt wurden. Sofern sie doch noch zur Geltung kamen, geschah dies in lehrhafter Abwandlung, und das besagt: die "Herrlichkeit" wurde zum Gegenstand der Offenbarungstheorie, das "Heil" zum Thema der Soteriologie. Bezeichnend für die Verengung des Heilsverständnisses ist die Tatsache, daß die in der Frühzeit so beliebten Redewendungen "Einer ist der Arzt!" und "Hilf, Christus, du allein bist der Arzt!" rasch aus dem christlichen Sprachgebrauch verschwinden [210]. Gleichzeitig engt sich die mit" Heil" verbundene Erwartung immer mehr auf jenen inneren Bereich ein, für den sich der Ausdruck "Seelenheil" einbürgerte.

Dem entspricht - fast spiegelbildlich- eine gleichsinnige Verengung des Gegenbegriffs. "Sünde" und "Schuld", ursprünglich Begriffe, in denen sich die Erfahrung des menschlichen Heilsverlustes Ausdruck schaffte, wurden immer mehr zu Unrechtkategorien. In dieser zugespitzten Bedeutung signalisierten sie die Verletzung eines Rechtsverhältnisses, das durch Akte der Sühne und Genugtuung wiederhergestellt werden mußte. Damit aber wurden Notstände, die sich dem denkerischen Zugriff nur schwer öffneten, auf eine intellektuell befriedigende Weise faß- und denkbar, so daß ihrer spekulativen Verarbeitung nichts mehr im Wege stand. Der Aufbau der großen theologischen Systeme, an dessen Anfang die geniale Denkergestalt des *Origenes* steht, konnte - mit allen ihren konstruktiven und restriktiven Auswirkungen - beginnen.

---

[210] Dazu nochmals die Ausführungen S. 107,

3. Wunder und Kerygma

Wer den angesprochenen Umschichtungsprozeß auch nur so weit verfolgt, kann die Rückfrage nach der Urgestalt der Heilszuwendung nicht mehr umgehen. Es ist, christlich gesehen, die Frage nach dem ursprünglichen Sinn der Wunder Jesu [211]. Daß die Wunder auf den von Jesus geforderten Glauben an Gott und die Heraufkunft seines Reichs bezogen und deshalb in ihrem innersten Sinn verkannt sind, wenn sie als mirakelhafte Demonstrationen seiner göttlichen Macht verstanden werden, wurde in der neueren Jesusliteratur wiederholt unterstrichen [212]. Tatsächlich stehen die von Jesus gewirkten Wunder fast durchweg im Kontext eines Glaubensgesprächs, selbst wenn dieses, wie insbesondere im Fall der durch ihre Krankheit unansprechbar Gewordenen, stellvertretend mit Anverwandten oder Freunden, geführt werden muß. Dabei kommt alles darauf an, daß sich der von Jesus ins Gespräch Gezogene glaubend und vertrauend in den sich ihm öffnenden Bereich der göttlichen Heilsmacht hineinbegibt, so daß am Ende der Eindruck entsteht, als sei dieser durch den jeweiligen Glaubensakt aufgestoßen worden, und als ereigne sich das Wunder allein schon durch die Effizienz dieses Glaubens. Deshalb kann Jesus sagen "dein Glaube hat dich gerettet" (Mk 10,52; Mt 9,22; Lk 17,19) oder gar, wie im Grenzfall der um die Heilung ihrer Tochter bittenden Syrophönikierin: "Frau, dein Glaube ist groß; so soll geschehen, was du willst!" (Mt 15,28). In einer vergleichbaren Szene, einem ausgesprochenen Grenzfall, kommt es sogar dazu, daß sich ein Bittsteller im Bewußtsein seiner Glaubensunfähigkeit der Heilsmacht Jesu einfach anheimgibt, so daß er seinen noch unfertigen Glauben vertrauend überschreitet - "Ich glaube, hilf meinem Unglauben!" (Mk 9,24) -, oder daß Jesus zum Glauben förmlich ermutigen muß: "Keine Angst, glaube nur!" (5,3 6) [213]

---

211 Dazu *Alfred Suhl, Die Wunder Jesu. Ereignis und Überlieferung*, Gütersloh o. J.

212 So von *Günther Bornkam* , Jesus von Nazareth, Stuttgart 1956, 119 - 122 oder von *Herbert Leroy, Jesus. Überlieferung und Deutung*, Darmstadt 1978, 87 - 92.

213 *Bornkamm, Jesus von Nazareth*, 121; ferner das Kapitel "Glaube nur!" meines Jesusbuchs *"Der Helfer"*, München 1973, 178 - 183, vor allem aber der Beitrag von *Rudolf Schnackenburg* über die Wunderheilungen Jesu in dem schon eingangs angeführten Sammelband "Hilft Glaube heilen?" (45 - 63).

Wenn man sich aber vor Augen hält, daß sich der von Jesus geforderte Glaube, wie die Evangelien unzweifelhaft erkennen lassen, in erster Linie auf das von ihm verkündete und heraufgeführte Gottesreich bezieht, ist damit der volle Zusammenhang noch nicht ausgeleuchtet. Er stellt sich erst durch die Einsicht her, daß seine Wunder genauso wie seine Worte und unter ihnen in erster Linie die Sprachgestalten seiner Gleichnisse im Dienst der von ihm ins Werk gesetzten Reich-Gottes-Verkündigung stehen. In seiner Antwort auf die Anfrage des Täufers, ob er tatsächlich der Kommende sei oder doch noch ein anderer erwartet werden müsse (Lk 7,20), verweist er in einer Weise auf die durch seine Hand vollbrachten Wundertaten, daß diese in einer Linie mit der Verkündigung der Heilsbotschaft erscheinen, während sich die Heilspredigt ihrerseits wie die letzte Aufgipfelung aller Wundertaten ausnimmt:

> Geht und berichtet dem Johannes, was ihr gesehen und gehört habt: Blinde sehen, Lahme gehen, Aussätzige werden rein, Taube hören, Tote stehen auf, und den Armen wird die Heilsbotschaft verkündet (Lk 7,22) [214].

Was aus diesem Herrenwort erschlossen werden muß, spricht Jesus in der Auseinandersetzung mit Gegnern, die ihn des Teufelsbunds bezichtigen, mit aller Deutlichkeit aus, wenn er ihrer böswilligen Unterstellung die Alternative entgegenhält:

> Wenn ich aber die Dämonen durch den Finger Gottes austreibe, ist das Gottesreich schon zu euch gekommen (Lk 11,20) [215].

Klarer kann kaum noch gesagt werden, daß in der Sicht Jesu die von ihm gewirkten Wundertaten in den Zusammenhang seiner Ankündigung des Gottesreichs gehören. Als solche stehen sie ebenbürtig neben seiner Wortverkündigung. An seinen Wundertaten kann jeder, der sich gegen ihre Evidenz nicht innerlich versperrt, ersehen, daß eine neue Ordnung der Verhältnisse "im Kommen" ist, und daß sich insbesondere für die Menschen die geschichtlich einzigartige Chance bietet, sich ihrer angestammten Solidarität auf dem Nenner eines höheren Zu- und

---

[214] Für das Alter und die Ursprünglichkeit des Herrenworts spricht sich mit starken Gründen *Heinz Schürmann* aus: Das Lukasevangelium I, Freiburg/Br. 1969, 413f.

[215] Dazu *Bornkamm, Jesus von Nazareth*, 61.

Miteinanders bewußt zu werden. Denn das von ihm angesagte Gottesreich ist die "Realutopie" jener Gemeinschaft, die ihre Ermöglichung und ihr Modell in Gott selber hat. Weil das angesichts des entwicklungsgeschichtlich eingespielten "Gesellschafts-modells" kaum zu glauben und schwerer noch einzuüben ist, bedarf es zur Verifizierung dieser Chance jenes "schlagenden" Beweises, den nur das Wunder bietet. In dieser ursprünglichsten Bedeutung bezieht sich das Wunder somit nicht - oder doch nur mittelbar - auf die Person und göttliche Sendung Jesu, sondern auf den mit seiner "Fundamentalbotschaft" erhobenen Anspruch, daß er in der mit ihm anbrechenden Heilszeit jene göttliche Neuordnung heraufführen werde, von der die Lösung aller politischen und gesellschaftlichen Konflikte und, was dasselbe besagt, die Erfüllung der menschlichen Friedenssehnsucht erwartet werden darf. In dieser elementaren Funktion hat das Wunder somit einen primär "kerygmatischen" Sinn. Es ist die dem Menschen unmittelbar einleuchtende "Tatverkündigung" des Gottesreichs.

Von ihr aus erklärt sich fürs erste die dem modernen Rezipienten nicht ohne weiteres einsichtige Tatsache, daß das Evangelium neben den Heilungswundern, mit denen Jesus auf die aktuellen Nöte der an ihn herandrängenden kranken und leidenden Menschen eingeht, auch eine ganze Reihe von "Naturwundern" wie den Fischzug des Petrus (Lk 5,1 - 11), die Stillung des Seesturms (Mk 4,35 - 41) und den Gang Jesu über den See (Mk 6,45 - 52) aufführt. Sie lassen sich durch den Hinweis auf alttestamentliche Vorbildungen und hellenistische Parallelen, wie er heute üblich geworden ist, nur teilweise und, was die Überzeugungskraft dieses Konstrukts anlangt, nur bedingt erklären [216]. Ungleich einsichtiger werden sie dagegen, wenn man sich vergegenwärtigt, daß die Verwirklichung des Gottesreichs in der Sicht Jesu die Verhältnisse von ihren seinshaften Wurzeln her ergreift und demgemäß auch eine Neuordnung der Dinge nach sich zieht. Wenn Jesus auf dem Höhepunkt der Szene, in der er den tobenden See zur Ruhe bringt, den Aufruhr der Elemente mit dem Machtwort beschwichtigt: "Schweig, sei still!" (Mk 4,39), erscheint er in der Gebärde des Schöpfers, der nach alttestamentlicher Vorstellung die Weltordnung dadurch zustande bringt, daß er die Chaosmächte bändigt [217].

---

216 *Leroy, Jesus*, 88f.

217 Dazu *Gerhard von Rad, Theologie des Alten Testaments I*, München 1957, 153 ff., 179 f.; ferner *Oswald Loretz, Schöpfung und Mythos*, Stuttgart 1968, 84f. sowie die oben (75 f.) mitgeteilten Vergleichs- und Belegstellen.

Jesus im Zentrum der gottnahen Neuordnung darzustellen, scheint auch die Absicht der markinischen Versuchungsgeschichte zu sein, wenn sie von ihm sagt, daß er sich, von eben jenem Geist getrieben, der (nach Lk 5,17) auch in seinen Wundertaten wirksam ist, in die Wüste begibt, um "vom Satan versucht zu werden" (Mk 1,12f.), und wenn sie dem hinzufügt: "Er lebte unter wilden Tieren, und die Engel dienten ihm" (1,13).

Vor allem aber macht die kerygmatische Intention der Wundertaten Jesu deutlich, warum das Evangelium den für das moderne Verständnis am schwersten zugänglichen Dämonenaustreibungen einen so hohen Stellenwert zumißt. Denn die Ferne der faktischen Verhältnisse gegenüber der von ihm entworfenen Realutopie des Gottesreichs springt nirgendwo so drastisch in die Augen wie im Zustand der durch die Dämonen niedergehaltenen, übermächtigten, außer sich gebrachten und, wie es in einem Fall sogar heißt, in Fesseln geschlagenen Menschen. Das ist der Fall der von einem Rückenleiden befallenen und dadurch "verkrümmten" Frau, die nicht mehr aufrecht gehen kann und durch Jesus von ihrem Leiden erlöst wird (Lk 13,10f.). Dem empörten Einspruch des Synagogenvorstehers, der sich darüber erregt, daß das Wunder ausgerechnet im Zusammenhang mit einem Sabbatgottesdienst geschieht, hält er entgegen:

> Ihr Heuchler! Bindet nicht jeder von euch seinen Ochsen oder Esel von der Krippe los und führt ihn zur Tränke, auch wenn gerade Sabbat ist? Und diese Tochter Abrahams, die der Satan schon seit achtzehn Jahren gefesselt hielt, sollte am Sabbat nicht davon befreit werden dürfen? (Lk 13,15f.)

Es ist die Beseitigung dieses Zustands der Fesselung, der in eine durch freie Zuwendung zu Gott bestimmte Neuordnung aufgehoben werden soll, was gerade in den Dämonenaustreibungen Jesu in Erscheinung tritt. In noch genauerem Rückbezug auf die Heilungsszene könnte man auch sagen, daß er mit seinem Wunder die Korrektur jener "Verkrümmung" *(incurvatio)* betreibt, die in der Folge von *Augustinus* als der Inbegriff der "Sünde" gedeutet wurde [218].

---

[218] In De libero arbitrio (I, II, 18) bezeichnet *Augustinus* die Sünde sogar als "inordinatio atque perversitas". Den Ausdruck "sui cordis incurvatio" gebraucht er im 181. Brief.

Daraus erklärt es sich auch, daß Jesus seine Wundermacht an diejenigen weitergibt, mit denen er sich in die große Aufgabe der Reich-Gottes-Verkündigung teilt. Demgemäß berichtet Lukas von der Aussendung der mit dieser Aufgabe betrauten Jünger:

Er rief die Zwölf zusammen und gab ihnen Macht und Gewalt über alle Dämonen und zur Heilung von Krankheiten; und er sandte sie aus, das Reich Gottes zu predigen und zu heilen (9,1f.).

Dem fügt er im Kontext der zweiten Aussendung einer größeren Jüngergruppe die verdeutlichenden Herrenworte hinzu:

Geht und seht: ich sende euch wie Lämmer mitten unter Wölfe! Nehmt keinen Geldbeutel mit, keine Tasche, keine Schuhe, und grüßt niemand unterwegs! Und wenn ihr in ein Haus eintretet, sagt zuerst: Friede sei mit diesem Haus! Wenn dort ein Sohn des Friedens wohnt, wird euer Friede auf ihm ruhen; wenn nicht, wird er zu euch zurückkehren ... Und wenn ihr in eine Stadt kommt und man euch aufnimmt, so eßt, was man euch vorsetzt, heilt die Kranken, die sich dort befinden und sagt zu ihnen: Das Reich Gottes ist euch nahgekommen! (10,3 - 6.8 f.)

Stärker könnte die Einbindung der Heilungswunder, wie sie auch die Urgemeinde praktizierte, in den Verkündigungsauftrag kaum noch verdeutlicht werden. Von einer argumentativen oder gar apologetischen Auffassung der Wunder kann in dieser Konzeption noch nicht die Rede sein. Daß sie sich auch noch bis in eine Zeit durchhielt, zu der das "funktionalistische" Wunderverständnis schon längst in Gang gekommen war, bezeugt der nachgetragene Markus-Schluß, der den zum Glauben Gekommenen durch den Auferstandenen "folgende Zeichen" in Aussicht stellt:

In meinem Namen werden sie Dämonen austreiben, in neuen Sprachen reden, Schlangen aufheben, und wenn sie etwas Tödliches getrunken haben, wird es ihnen nicht schaden. Kranken werden sie die Hände auflegen, und sie werden genesen (Mk 16,17f.).

Wenn man sich vergegenwärtigt, daß sich mit dem Glauben nach urchristlichem Verständnis unabdingbar die Bekenntnispflicht verbindet, stehen auch die in diesem Herrenwort aufgeführten "Wunderzeichen" im Zusammenhang jenes "Zeugnisses", das als der Kern aller Verkündigung anzusehen ist. Um so stärker drängt sich die Frage auf, wie es zu der lehrhaft-apologetischen Umstilisierung der Wunder kam.

4. Ansätze der Umdeutung

Als eine für den kompensatorischen Prozeß, durch den die Urgemeinde ihr Doppelproblem zu bewältigen suchte, besonders aufschlußreiche Weichenstellung hat der Perspektivenwechsel zu gelten, über den der "Hirt des Hermas", eine apokalyptische Schrift von der Mitte des zweiten Jahrhunderts, Aufschluß gibt. Er fällt um so mehr ins Gewicht, als er das Kernstück des Glaubens betrifft. Von ihm, Christus, versicherte der Christushymnus des Kolosserbriefs:

> In ihm wurde alles erschaffen,
> das Himmlische wie das Irdische,
> das Sichtbare wie das Unsichtbare,
> Throne und Herrschaften, Mächte und Gewalten;
> alles ist durch ihn und für ihn geschaffen.
> Er ist vor aller Schöpfung,
> und das All hat in ihm Bestand (1, 16 f.).

Demgegenüber geht der Gedanke der Präexistenz im "Hirt des Hermas" von Christus auf die Kirche über. Sie ist jetzt das Vorzugsziel der Schöpfung und Vorsehung, der innerste Sinngrund aller Kreatur. Deshalb antwortet der Deuteengel auf die Frage des Hermas nach dem Grund ihres hohen Alters mit der Erklärung:

> Weil sie zuerst, vor allem andern, begründet wurde, ist sie so alt, um ihretwillen wurde die Welt erschaffen (Vis. 11, 4,1).

In dieser Umdeutung setzt sich das hierarchische Interesse eindeutig gegen das christologisch-charismatische durch. Was die Christenheit letztlich trägt, ist jetzt nicht mehr der lebendige "Grund", außer dem nach Paulus "kein anderer gelegt werden kann" (1 Kor 3,11), sondern die als Inbegriff der Stabilität verstandene Kirche. Gleichzeitig tritt Christus im Gleichnisteil der apokalyptischen Schrift in ein so enges Verhältnis zu dem als präexistent gedachten Gesetz, daß er geradezu als dessen geschichtlich-leibhaftige Verkörperung erscheint. Von dem großen, Ebenen und Berge überschattenden Baum, den Hermas zu Gesicht bekommt, wird ihm zur Erklärung gesagt:

Er bedeutet das Gesetz Gottes, das für die ganze Welt gegeben ist. Dies Gesetz aber ist der Sohn Gottes, der bis an die Grenzen der Erde verkündet wurde. Die Völker in seinem Schatten sind die, welche seine Botschaft hörten und an ihn glaubten (Sim. XIII, 3,2).

Wenn dieser auffällige Rollenwechsel auch kaum verursachend ins Spiel gekommen sein dürfte, ist er doch ein um so sprechenderes Symptom dafür, daß der mit dem ewigen Gottesgesetz identifizierte Christus in der Folge zum Objekt der theologischen Spekulation wurde, während seine Rolle als Subjekt der rettenden Heilszuwendung im gleichen Maß in den Hintergrund trat. Symptomatisch ist der Rollenwechsel aber nicht weniger auch für die sich gleichzeitig vollziehende Umstrukturierung des Heilsbegriffs. Was für die Boten des Evangeliums noch Inhalt ihrer wirkmächtigen Heilszusage war, wurde nun zum Gegenstand der Heils-Lehre, also der Soteriologie. Doch würde man dem Tatbestand nicht gerecht, wenn man dabei an einen plötzlichen Paradigmenwechsel denken wollte. Wie es für *Lessing* eine ausgemachte Sache war, daß der nach Paulus die apostolische Verkündigung begleitende "Erweis des Geistes und der Kraft" (1 Kor 2,4) noch bis in die Zeit des *Origenes* hinein die bedrängte Christenheit im Glauben bestärkte, lassen sich umgekehrt die ersten Anzeichen der Umschichtung bis in die neutestamentlichen Schriften zurückverfolgen [219]. Denn schon damals geriet die missionarische Verkündigung der ersten Stunde nicht nur zunehmend unter den Druck der "Spötter" aus den eigenen Reihen, die mit unverhohlener Skepsis auf die ausbleibende Wiederkunft des Herrn verwiesen (2 Petr 3,3 - 7), sondern nicht weniger auch unter den einer äußeren Anfeindung, die sich an urchristlichen Praktiken wie insbesondere an der der Sündenvergebung stieß. Nicht umsonst erhob schon der Erste Petrusbrief die grundsätzliche Forderung:

Seid jederzeit bereit, euch einem jeden gegenüber zu verantworten, der von euch Rechenschaft über eure Glaubenszuversicht verlangt (3,15).

219 Bekanntlich sprach sich *Lessing* in diesem Sinn in seiner an den hannoveranischen Lyzeumsdirektor Schumann gerichteten Denkschrift "Über den Beweis des Geistes und der Kraft" (von 1777) aus.

Dieser Herausforderung begegnete die Urgemeinde zunächst einmal dadurch, daß sie das Traditionsmaterial der Wunderberichte zu "Glaubensgeschichten" umstilisierte [220]. Dabei konnte sie sich freilich auf ein mit den Wunderhandlungen Jesu bereits gegebenes Moment stützen, da seine Heilspredigt von Anfang an mit der Glaubensforderung verknüpft war. Nur bezog sich diese im Fall der Wunder, wie *Reginald H. Fuller* zeigte, zunächst nicht auf seine Person, sondern auf die in ihm auf den Plan getretene Macht Gottes; auch konnte sie im Fall der Behinderung durch Begleitpersonen oder Anverwandte des Kranken erfüllt werden [221]. Tatsächlich läßt etwa die Geschichte von dem Blinden aus Betsaida, dessen Heilung in ihrem phasenhaften Verlauf geschildert wird (Mk 8,22 - 26), noch kaum eine Hervorhebung des Glaubensmoments erkennen. Eher noch kann man aus der starken Betonung des physischen Kontakts mit Jesus herauslesen, daß die Wiederkehr der Sehkraft auf dessen heilbringende Selbstzuwendung zurückgeht. Eine "fortgeschrittenere" Entwicklungsstufe spiegelt demgegenüber die Geschichte von der Heilung des besessenen Jungen (Mk 9,14 - 29), die sich in ihrer endgültigen Gestalt dadurch über das Niveau der volkstümlich gehaltenen Urfassung erhebt, daß ihr ein förmliches Glaubensgespräch eingefügt ist. In seiner Verzweiflung wendet sich der Vater des gequälten Jungen mit den Worten an Jesus: "Wenn du kannst, hilf uns und hab Mitleid mit uns!" Darauf Jesus: "Wenn du kannst, sagst du? Alles kann, wer glaubt!" Da bricht es förmlich aus dem Vater hervor: "Ich glaube, hilf meinem Unglauben!" (8,22f.)

Der mit diesem dramatischen Wechselgespräch gesetzte Akzent wirkt so stark, daß die von Jesus erbetene Heilung fast nur noch als Rahmen für das Geschehen dient, das sich zwischen Jesus und seinem Gesprächspartner abspielt und das seinen Höhepunkt darin erreicht, daß sich dieser mit seinem von Zweifeln erschütterten "Unglauben" in den Glauben Jesu hineinflüchtet. Zumindest gewinnt der Hörer der Episode den Eindruck, daß er einem zweifachen Heilungsgeschehen beiwohnt: einmal dem thematisch behandelten, das mit der Genesung des Jungen endet; außerdem aber auch noch jenem, in dem es um die "Heilung" eines noch unabgeschlossenen Glaubens geht, der, zusammen mit dem äußeren Vorgang, seine

---

220 Zum folgenden die instruktive Studie von *Reginald H. Fuller, Die Wunder Jesu in Exegese und Verkündigung* (Originaltitel: Interpreting the miracles), Düsseldorf 1967, 49 – 76; ferner *J. Imbach, Wunder. Eine Existentielle Auslegung*, Würzburg 1995; *K. Berger, Darf man an Wunder glauben?*, Stuttgart 1996.

221 *Fuller*, a. a. O., 49; dazu auch das oben (116f.) Gesagte.

"Vervollständigung" erfährt.

Von da aus führt schon ein kleiner Schritt zu jenen Szenen, in denen ursprünglich tendenzlos berichtete Wundergeschichten in einen apologetischen Kontext gebracht und im Sinn dieses Interesses umgestaltet werden. Mit paradigmatischer Deutlichkeit tritt dieser Transformationsprozeß an der Perikope von der Heilung des Gelähmten (Mk 2,1 - 12) zutage, die in der Verkündigung der alten Kirche eine Vorzugsposition eingenommen zu haben scheint [222]. Nach dem Ergebnis der auf diese Heilungsgeschichte angesetzten Analysen ist auch hier das in die Erzählung eingeblendete Glaubensgespräch, das in diesem Fall zu einem ausgesprochenen Streitgespräch geschärft ist, sekundär [223].Denn in ihrer ursprünglichen Fassung berichtete die Perikope, wie die Rekonstruktionsversuche mit erstaunlicher Einmütigkeit besagen, lediglich von der Heilung, mit der Jesus auf den Glauben - und die exzeptionelle Bemühung - der Begleitpersonen des Gelähmten reagiert, so daß sich in etwa folgender Wortlaut ergibt:

Es sprach sich herum, daß er im Hause war. Da strömten viele zusammen. Und sie kamen und brachten einen Gelähmten zu ihm, der von vier Mann getragen wurde. Da sie ihn wegen des Volks nicht zu ihm bringen konnten, deckten sie dort, wo er war, das Dach ab, brachen ein Loch heraus und senkten die Bahre, auf der der Gelähmte lag, hinab. Als Jesus ihren Glauben sah, sprach er zum Gelähmten: Kind, ich sage dir, steh auf, nimm deine Bahre und geh nach Haus! Und er stand auf, nahm seine Bahre und ging vor aller Augen hinaus, so daß alle außer sich gerieten, Gott priesen und sagten: So etwas haben wir noch nie gesehen! [224]

---

[222] So erscheint die Szene bereits im Wunderteil des christologischen Zyklus von Sant' Apollinare nuovo in Ravenna, der auf die Grundausstattung der Kirche durch *Theoderich* zurückgeht und eine alte Perikopenordnung widerspiegelt. Dazu *Carl-Otto Nordström, Ravennastudien. Ideengeschichtliche und ikonographische Untersuchungen über die Mosaiken von Ravenna*, Stockholm 1953, 73 - 79. Aus methodenkritischen Gründen sei dem noch hinzugefügt, daß die Geschichte von der Gelähmten-Heilung zu jenen wenigen zählt, die von den Vertretern des logischen Positivismus als religiöse Aussagen sinnvoller Art zugelassen werden, während der Rationalismus der Aufklärung, dem die heute fast uneingeschränkt dominierende historisch-kritische Methode entstammt, gerade durch sie die Unversöhnbarkeit der Religion mit seinem Weltbild dokumentiert sah; dazu die Studie von *Wolf-Dieter Just, Religiöse Sprache und analytische Philosophie*, Stuttgart 1975, 14f.

[223] Dazu außer *Fuller* (a. a. O., 57 ff.) auch die Untersuchung von *Ingrid Maisch, Die Heilung des Gelähmten. Eine exegetisch-traditionsgeschichtliche Untersuchung zu Mk 2, 1 - 12*, Stuttgart 1971, 77 - 104.

[224] Nach *Fuller,* a. a. O., 57 und *Maisch,* a. a. O., 49.

Dagegen geht das - an noch deutlich erkennbaren Bruchstellen eingefügte - Streitgespräch, mit dem Jesus die Einwände seiner Kritiker gleichzeitig provoziert und zum Schweigen bringt (Mk 2,5 - 10), auf das Konto der nachgestaltenden Gemeinde, die damit ihre Praxis der Sündenvergebung zu verteidigen suchte und dies, zur Verstärkung ihres Anspruchs dadurch, daß sie die Argumentation Jesus selbst in den Mund legte und das Heilungswunder zu deren göttlicher "Rechtfertigung" stilisierte. So wird die ursprüngliche Wundergeschichte, nach der die Heilung im Blick auf die - in diesem Fall von den Gefährten des Gelähmten erbrachte - "Vorleistung" des Glaubens geschehen und durch die Akklamation der Umstehenden bekräftigt worden war, von einer apologetischen Abzweckung überlagert und im Sinn dieser Tendenz umstrukturiert. Daraus ergibt sich dann der Wortlaut des von Markus überlieferten Textes:

> Als Jesus ihren Glauben sah, sprach er zum Gelähmten: Kind, deine Sünden sind dir vergeben! Da dachten einige Schriftgelehrte, die dort saßen bei sich: Was redet der? Er lästert! Denn wer kann Sünden vergeben außer Gott allein? Sogleich erkannte Jesus, daß sie so dachten, und sagte zu ihnen: Was denkt ihr da in eurem Herzen? Was ist leichter: zu dem Gelähmten zu sagen: Deine Sünden sind dir vergeben, oder zu sagen: Steh auf, nimm deine Bahre und geh umher? Damit ihr aber seht, daß der Menschensohn die Vollmacht hat, hier auf Erden Sünden zu vergeben - sprach er da zum Gelähmten: Ich sage dir, steh auf, nimm deine Bahre und geh nach Haus! (2,5 - 10) [225]

Wie im Rückblick auf *Rosenzweigs* Idealismuskritik anzumerken ist, beschränkt sich die Umstrukturierung aber keineswegs auf die Einfügung der durch das Streitgespräch dokumentierten apologetischen Tendenz; vielmehr betrifft sie nicht weniger auch die Tiefenstruktur des Textes und damit sein Wirklichkeitsverständnis [226]. Der apologetischen Tendenz unterworfen, hört das Wunder auch schon auf, ein "geschehendes" und als solches in die Gegenwart hineinwirkendes Ereignis zu sein, das jederzeit zu

---

225 Der auffällige Adressatenwechsel im Schlußvers des Zitats (2, 10) dürfte sich, ähnlich wie die recht künstlich wirkende Verschiebung des Fragepunkts in der Rahmenerzählung des Gleichnisses vom Barmherzigen Samariter (Lk 10, 36), am besten als Symptom der nachträglichen Einfügung erklären; dazu meine Schrift *"Die Gleichnisse Jesu"*, München 1965, 93 ff. Von einer Anspielung auf den psychosomatischen "Hintergrund" der Krankheit, wie sie etwa *Guardini* in seinem Jesusbuch *"Der Herr"* (Paderborn 1980, 141 - 149) bei seiner Ausdeutung der Szene annimmt, kann somit allenfalls in dieser sekundären Textgestalt die Rede sein.

226 Dazu nochmals die Ausführungen S. 45 - 52.

neuer Aktualität "aufgerufen" werden könnte. Statt dessen wird es durch die neue Zwecksetzung in die Vergangenheit des Gewesenen abgedrängt, weil mit Fakten ungleich besser als mit Ereignissen argumentiert werden kann. Und selbst damit ist die Tiefe der Umstrukturierung noch nicht voll ausgeleuchtet. Das gelingt vielmehr erst, wenn man hinzunimmt, daß sich die Argumentation letztlich auf ein Wirklichkeitsverständnis bezieht, für das die Gegebenheiten nicht mehr "Gaben", sondern "Daten" sind, die miteinander verrechnet und zur Erreichung der vorgebrachten Zwecke "ausgespielt" werden können. Den Hintergrund prägt somit ein Weltbild, das im Zeichen des "Gesetzes" und nicht mehr des "Logos" steht und als solches an jenen Rollentausch im "Hirt des Hermas" erinnert, durch welchen Christus, das inkarnierte Gotteswort, mit dem als präexistent gedachten "Gesetz Gottes" gleichgesetzt wurde [227].

Umgekehrt lassen sich die ersten Spuren dieses Rollentauschs bereits in der Umgestaltung der Heilungs-Geschichte ausmachen. Unter Hinweis auf das, was durch den Machterweis Jesu "geschehen" war, und als solches argumentativ ins Feld geführt werden konnte, wird die an der Gemeinde und ihrer Lebenspraxis geübte Kritik abgewehrt. Zweifellos gewann die urchristliche Heilsverkündigung damit eine für die Selbstverteidigung der Gemeinde wichtige Waffe, dies jedoch um den Preis der Dimension, die gerade durch die Wundergeschichten bezeugt und vergegenwärtigt werden sollte: der Dimension des Heiles.

5. Die Wiederentdeckung

Das Recht hat die Tendenz, immer höhere "Instanzen" zu bilden, um seine Forderungen und Direktiven von dort her zu rechtfertigen. Dem liegt die noch tiefere Tendenz zur Selbstüberschreitung zugrunde. Mit ihr hängt es zusammen, daß auf die juridische Auslegung des Christentums, wie sie, zumindest grundsätzlich, der "Hirt des Hermas" dokumentiert, im weiteren Verlauf der Christentumsgeschichte die "dogmatische" und auf sie schließlich die "moralische" folgte [228]. Wichtige Anzeichen sprechen dafür,

---

[227] Dazu nochmals der S. 121f. gegebene Hinweis.

[228] Mit größter Sensibilität, die sich letztlich nur aus der Selbstidentifikation seiner Kritik mit dem Gegner erklärt, registrierte *Nietzsche* diesen Prozeß, wenn er in seiner "Genealogie der Moral" das Christentum zunächst als "Dogma", dann als "Moral" und schließlich an der von ihm selbst entwickelten

daß das Christentum der Gegenwart nunmehr im Begriff steht, vom Stadium seiner moralischen Auslegung in das seiner "mystischen" überzugehen [229]. Anzeichen dessen ist nicht nur das neu erwachende Interesse an Spiritualität und "Innerlichkeit", sondern mehr noch die glaubensgeschichtliche Wende, die den Schwerpunkt des Glaubensbewußtseins von der durch die Kirche gebildeten "Peripherie" auf die mit Christus gegebene "Mitte" verlagerte [230].

Indessen wäre es schwerlich zu diesem Umschwung gekommen, wenn nicht *Kierkegaard* in seiner Spätschrift, "Einübung im Christentum" (von 1850) betitelt, das kategoriale Instrumentarium aufgebrochen und damit zu neuer Fühlung mit dem Grundimpuls des Evangeliums verholfen hätte [231]. In die Enge getrieben durch die von *Lessing* formulierte Aporie, wie der Bau der ewigen Seligkeit auf ein bloß historisches Bewußtsein gegründet werden könne, erhebt sich *Kierkegaard* zu der Erkenntnis, daß Jesus als der "Gott in Knechtsgestalt" zugleich jenseits dessen steht, was durch das Koordinatensystem von Raum und Zeit ausgemessen wird. Denn im Unterschied zu den übrigen Wohltätern der Menschheit gab er das, was zugleich dem innersten Bedürfnis des Menschenherzens entspricht und doch alle kategorialen Erwartungen übersteigt: sich selbst in der Identität des Helfers mit der von ihm gewährten Hilfe [232]. Durch diesen Entwurf einer "Christologie von innen", wie man den Ansatz *Kierkegaards* im Unterschied zu den gängigen Modellen nennen könnte, wird auch das "Heil" auf eine neue, im Blick auf seinen apologetisch-funktionalen Begriff "vorgängige" Weise denkbar. Nicht umsonst nahm die "Einübung im

---

"Zucht zur Wahrheit" zugrunde gehen sieht; dazu meine Schrift *"Gottsucher oder Antichrist? Nietzsches provokative Kritik des Christentums"*, Salzburg 1982, 30-42.

229 Auf geradezu apodiktische Weise brachte das *Karl Rahner* mit dem berühmten Satz zum Ausdruck "der Fromme von morgen wird ein 'Mystiker' sein, einer, der etwas erfahren hat, oder er wird nicht mehr sein ... " (*Schriften zur Theologie VII*, Einsiedeln 1966, 22).

230 Von "Peripherie" ist hier natürlich nur in einem topologischen, die größere Weltnähe bezeichnenden Sinn die Rede und nicht etwa in abstufender oder gar wertender Absicht. Näheres dazu in meinem Beitrag "Stehen wir vor einer glaubensgeschichtlichen Wende?" in: *Stimmen der Zeit 203* (1985) 327 335.

231 Kierkegaards Beitrag zur spirituellen Wende der Gegenwart signalisiert der Essay von Theodor Haecker, Sören Kierkegaard und die Philosophie der Innerlichkeit, München 1913

232 Dazu mein Jesusbuch *"Der Helfer"* (von 1973) und die nachgeschobenen Prolegomena "Der Helfer und die Hilfe. Plädoyer für eine Christologie von innen", in: *Joseph Sauer* (Hrsg.), *Wer ist Jesus Christus?,* Freiburg/Br. 1977, 177 – 200; ferner mein Jesusbuch *„Das Antlitz. Eine Christologie von innen"*, Düsseldorf 1999.

Christentum" ihren Ausgangspunkt in der von *Bertel Thorvaldsen* geschaffenen Christusstatue der Frauenkirche von Kopenhagen, an deren Sockel die Worte der Großen Einladung an die Bedrückten und Bedrängten (Mt 11,28) eingraviert waren [233]. Diese Einladung kommentiert *Kierkegaard* mit einem Wort, das gleichzeitig die ganze Engführung einer nur historisch-kritischen Sicht des Evangeliums hinter sich läßt:

> So spricht er, und die mit ihm lebten, sahen und sehen, daß es auch nicht das Mindeste in seiner Lebensweise gibt, was dem widerspräche. Mit der stillen und aufrichtigen Beredtsamkeit der Tat drückt es sein Leben aus, auch wenn er dies Wort nie gesprochen hätte: kommt her zu mir alle, die ihr mühselig und beladen seid. Er steht zu seinem Wort, oder vielmehr: er ist selber sein Wort, ist, was er spricht - auch in diesem Sinn ist er das Wort [234].

Die Differenz gegenüber einer auf kategoriale Erwartungen abgestimmten Hilfe mißt *Kierkegaard* sodann mit der Bemerkung aus:

> Es ist also nicht so wie sonst immer, daß der Helfer, der "kommt her" sagt, danach sagen muß: "Geht nun wieder", indem er jedem einzelnen erklärt, wo die von ihm benötigte Hilfe zu finden ist, wo das schmerzstillende Kraut wächst, das ihm helfen könnte, oder wo der stille Platz ist, wo er die Arbeit ruhen lassen könnte, oder wo sich jener glückliche Weltteil findet, an dem er nicht mehr beladen ist. Nein, er öffnet seine Arme und lädt alle ein - o wenn alle, alle, die bedrückt und beladen sind, zu ihm kämen; er würde sie alle in seine Arme schließen und sagen: bleibt nun bei mir, denn bei mir bleiben, ist Ruhe [235]!

Denn mit diesem einzigartigen Helfer verhält es sich so, daß seine Hilfe die Erwartungen aller erfüllt und sich bei einem jeden von ihnen doch mit dem Bewußtsein verbindet, als gebe es für den göttlichen Heilbringer jeweils nur diesen einen konkreten Empfänger seiner helfenden Zuwendung. Weil seine Hilfe im Akt seiner zuständlichen Selbstübereignung besteht, läßt sie dann auch von keinem mehr ab, der sich ihr jemals öffnete. Deshalb ist sie nicht nur Hilfe zur Selbstwerdung und

---

233 Nach *Walter Lowrie, Das Leben Sören Kierkegaards*, Düsseldorf/Köln 1955, 191.

234 Der Helfer, 160. Daran gemessen greift jede Interpretation zu kurz, die wie diejenige von *Hermann Fischer* den Ansatz Kierkegaards auf die Position der historischen Kritik zurückzuzwingen sucht: *Die Christologie des Paradoxes. Zur Herkunft und Bedeutung des Christusverständnisses Sören Kierkegaards*, Göttingen 1970, 89 - 94.

235 A. a. O., 162.

Selbsthilfe, sondern, wesentlich und ursprünglicher noch, Hilfe zum Selbstsein. Von daher erschließt sich dann auch der Sinn von "Heil", wie er von *Kierkegaard* wiederentdeckt wurde. Jenseits aller funktionalen Abzweckung gehört es zur "Urtat" Jesu, zu seiner redenden und helfenden Selbstdarstellung und, mehr noch, zu dem, was er als die lebendige Mitte des Christentums "für die vielen" ist. So gesehen ist es der Inbegriff seiner rettenden Selbstübereignung, worthafte Umschreibung des Ereignisses, durch welches Gott der Not menschlicher Hinfälligkeit ein Ende setzt, indem er die von der Todeskrankheit der Angst und Verzweiflung Befallenen an das Herz seiner ewigen Liebe zieht.

Insofern greift das von *Kierkegaard* eröffnete Heilsverständnis sogar noch über das kerygmatische hinaus, das den Evangelien zugrunde liegt. Wie kaum irgendwo sonst schlägt hier die Medienkritik zu Buch, die er in der Lessing-Nachfolge an den Evangelienschriften übt. Denn als schriftlicher Niederschlag der Urverkündigung können diese immer nur ein verkürztes Bild von dem vermitteln, was durch jenes Wort gesagt war, was Jesus in der "stillen und aufrichtigen Beredtsamkeit der Tat" vor jeder worthaften Äußerung durch sein Leben, durch seinen der Hingabe verschriebenen Existenzakt, ausdrückte. Deshalb muß der Versuch einer Wiedergewinnung hier, mit dem Vernehmen dieses "Urwortes", einsetzen. Darauf bezogen, wirken die gängigen Verfahrensweisen, die spontane Heilszuwendung, von der im Evangelium die Rede ist, für die therapeutische Bemühung um den kranken Menschen dieser Zeit zu reaktivieren, bei aller grundsätzlichen Berechtigung doch allzu kurzschlüssig. Zwar gehen sie mit Recht davon aus, daß die doktrinale Verkürzung des theologischen Heilsverständnisses aufgehoben und durch den Rückgriff auf die Urgestalt der Heilsbotschaft überwunden werden muß. Doch fehlt ihnen ebenso jedes Gespür für die "Medienschwelle", die es dabei zu überschreiten gilt, wie für die kategoriale Problematik, die sich diesem Versuch entgegenstellt. Daraus erklärt sich die auffällige Neigung dieser Initiativen, den gordischen Knoten dieser Probleme durch den Schwertstreich eines biblischen Fundamentalismus zu zerschneiden. Doch dadurch werden die Probleme nicht gelöst, sondern ausgeblendet. Die Kurzschlüssigkeit des Ansatzes schlägt sich dann unvermeidlich auf das Ergebnis nieder. Was dann als solches präsentiert wird, erweist sich nur allzu rasch als ein unerträgliches Gemisch von Wunschdenken und Leichtgläubigkeit, das lediglich dazu angetan ist, die mit unzulänglichen Mitteln betriebene Sache in Verruf zu bringen [236].

Der naheliegende Einwand, daß angesichts der gegenwärtigen Umorientierung und der offensichtlichen Krise der wissenschaftlichen Theologie keine Zeit mehr verloren werden dürfe, schlägt nicht durch. Zum einen können zeitliche Engpässe niemals davon dispensieren, den Dingen auf den Grund zu gehen. Zum andern partizipiert die Medizin wie kaum eine andere Erscheinung der gegenwärtigen Lebenswelt am utopischen Charakter der Zeit [237]. Denn wenn es zutrifft, daß sich gerade im Bereich der medizinischen Wissenschaft und Praxis uralte Menschheitsträume erfüllen, so daß das Ganze, mit *Hans Schaefer* gesprochen, geradezu "den Eindruck der Utopie" erweckt, hat sich hier auch in religiöser Sicht die Differenz von Utopie und Wirklichkeit auf signifikante Weise verringert. Dann aber legt sich heute eine Feststellung nahe, die im Grunde schon angesichts der Erfolge angebracht war, welche die moderne Medizin im Kampf gegen die Blattern, die Cholera und die Tuberkulose errang; denn angesichts dieser Siege ist es nicht zu hoch gegriffen, wenn man von wissenschaftlich vermittelten, oder kürzer ausgedrückt, von "manipulierten Wundern" spricht. Zwar wird man von den so spektakulären Errungenschaften wie der Herz-, Lungen- und Lebertransplantation nicht wie von den Wundern Jesu auf den Anbruch des Gottesreichs schließen können, sondern im Blick auf die gleichzeitig mit der Genmanipulation heraufbeschworenen Gefahren allenfalls darauf, daß sich, augustinisch ausgedrückt, Gottes- und Weltstaat und die mit ihnen gegebenen Hoffnungs- und Drohperspektiven auf eine bisher ungeahnte Weise nahgekommen sind; dennoch bleibt es dabei, daß die moderne Medizin im Begriff steht, manches von dem zur Routinetechnik zu entwickeln, was im Aktionskreis Jesu durch sein wundertätiges Eingreifen geschah und auch dann immer nur einzelnen zugute kam. Das aber schafft für die Lösung der Aufgabe, die sich im Blick auf die vom Evangelium bezeugte

---

236 Symptomatisch dafür ist die nicht ohne Problemverständnis, aber mit frappierender Kritiklosigkeit verfaßte Arbeit von *Francis Mac Nutt, Die Kraft zu heilen* (Originaltitel: Healing), Graz 1976; ähnliche Reserven sind aber auch gegenüber dem zweibändigen Werk von *Wolfhard Margies, Heilung durch sein Wort I: Seelsorge im Widerstreit zur Psychotherapie*, Urbach 1980 und II: *Syndromorientierte Seelsorgelehre*, Urbach 1983, angezeigt. Um so umsichtiger verfährt demgegenüber die vorzügliche Abhandlung von *Fritz Arnold "Der Glaube, der dich heilt." Zur therapeutischen Dimension des christlichen Glaubens*, Regensburg 1983.

237 Dazu nochmals die Ausführungen S. 68ff. und insbesondere auch das S. 111 mitgeteilte *Schaefer*-Zitat.

Heilszuwendung stellt, einen auch für die theologische Unterbauung hinreichend großen Atemraum. Nichts braucht im Sinn der kurzschlüssigen Initiativen, wie sie von *Mac Nutt* und *Margies* ergriffen wurden, übers Knie abgebrochen zu werden. Vielmehr schuf der spektakuläre Fortschritt der medizinischen Forschung und Technik so viel theoretischen "Spielraum", daß die anstehenden Probleme von ihren Wurzeln her aufgearbeitet werden können. Bevor sich daher auch nur die Frage nach möglichen religiösen Heilpraktiken stellt, gilt es dem von *Kierkegaard* angesprochenen Problem der "Heilung von Grund auf" nachzugehen [238]. Und diese Heilung muß, wie angedeutet, mit einer Korrektur des Heilsbegriffs, wie sie sich von der fundamentalen Heilsbotschaft Jesu her nahelegt, ihren Anfang nehmen. Von dort her wird sie sich durch die theologiegeschichtlichen Umgestaltungsprozesse hindurcharbeiten müssen, um sagen zu können, wie das von seinem Ursprung her verstandene Heil heute zur Geltung gebracht werden kann. Erst dann ist die Voraussetzung für die Frage nach der religiösen Heilspraxis gegeben. Doch zeigt sich wie bei jedem Versuch einer derartigen Rekonstruktion, daß der eingeschlagene Weg alles andere als ein Umweg ist. Vielmehr erschließen sich beim Rückgang in die vermeintliche "Vergangenheit" Perspektiven von geradezu verblüffender Gegenwartsnähe und Aktualität. Auch in diesem Sinn bestätigt sich dann das Herrenwort, wonach in einer letzten, im Ursprung der Dinge ansetzenden Sicht die "Ersten" vielfach die "Letzten" und diese die tatsächlich "Ersten" sind (Mk 10,31).

---

238 Nach *Hayo Gerdes,* Sören Kierkegaards "Einübung im Christentum", Darmstadt 1982, 2.

IV. Kapitel

Arzt, heile dich selbst

1. Der biblische Kontext

Es gibt, so merkwürdig dies klingen mag, Bibelworte, die sich erst den Kategorien des heutigen Denkens erschließen, die also auf die Bewußtseinslage der Gegenwart gewartet zu haben scheinen, um ihre "Botschaft" voll ausrichten zu können. So vermochte sich die bisherige Bibelwissenschaft keinen rechten Reim auf das Herrenwort zu machen, in welchem Jesus seinen offensichtlich ebenso pietätvollen wie geschichtsbewußten Zeitgenossen vorwirft:

> Weh euch! Ihr baut Denkmäler für die Propheten, die von euren Vätern umgebracht wurden. Damit verewigt und billigt ihr die Untaten eurer Väter. Sie haben die Propheten umgebracht, ihr errichtet ihnen Bauten (Lk 11, 47) [239].

Unwillkürlich möchte man die pietätvollen Epigonen einer mörderischen Vorzeit gegen den Vorwurf Jesu in Schutz nehmen, da sie doch wenigstens um eine späte Rehabilitierung derer bemüht sind, die von einer verständnislosen Umwelt wegen ihres prophetischen Zeugnisses umgebracht worden waren. Im Licht der von den Vertretern der Kritischen Theorie entwickelten "negativen Dialektik" zeigt sich jedoch, daß mit der Errichtung der Denkmäler ein erster Schritt zur Einebnung des schlechthin Unannehmbaren getan wäre, das in der Ermordung der Gottesboten bestand. Mit ihrer nachträglichen Verherrlichung geschähe ein Akt vordergründiger "Versöhnung" mit der an ihnen begangenen Untat, während die Opfer der ungerechten Gewalt damit endgültig zum Schweigen gebracht würden. Der Schlüssel zur Einordnung wäre gefunden, so daß man wieder zur Tagesordnung übergehen könnte. Wenn das nicht geschehen soll, muß die Wunde des "Nichtintegrierbaren" offengehalten, muß also den um die "Versöhnung" Bemühten die tatsächliche Pietätlosigkeit ihres Tuns vorgehalten und dadurch verhindert werden, daß dort glorifizierende

239 Zur Ratlosigkeit der exegetischen Forschung siehe den Hinweis in meiner Untersuchung "Religiöse Sprachbarrieren", 114f.

Denkmäler entstehen, wo das Blut der ermordeten Gottesboten für einen jeden, der hören kann, noch immer zum Himmel schreit.

Eine durchaus vergleichbare Aporie entsteht im Kontext der Perikope von Jesu erstem Auftreten in seiner Heimatstadt, wie sie vom Lukas-Evangelisten überliefert wird (4, 14-21) [240]. Seiner Gewohnheit entsprechend übernimmt Jesus den Sabbatgottesdienst, dem er das Prophetenwort von der Sendung des messianischen Heilbringers zugrunde legt, und den er mit der Versicherung krönt: "Heute hat sich dieses Schriftwort vor euren Ohren erfüllt!" (4,21). Kaum ist der Beifall über dieses bewegende Wort verklungen, beginnt sich auch schon verwundertes Befremden zu regen:

> Sie sagten: ist das nicht der Sohn Josefs? Da entgegnete er ihnen: Sicher werdet ihr mir jetzt das Sprichwort vorhalten: Arzt, heile dich selbst! (4, 22) [241].

Mag in diesem Fall auch die traditionelle Erklärung durchaus befriedigen, daß mit dem Selbsteinwand Jesu das gegen ihn einsetzende Ärgernis artikuliert werde - warum tut er am eigenen "Leib" der Heimatgemeinde nicht das, wovon man außerhalb soviel Aufhebens macht? - so bleibt doch auch hier ein "Überschuß", der aufgearbeitet sein will. Denn selbst wenn es sich um eine sprichwörtliche Redewendung handelt: weshalb gebraucht er gerade sie und dazu noch in Form eines Selbsteinwands, der doch das Verständnis des plötzlich einsetzenden Stimmungsumschwungs eher erschwert als erleichtert? Oder sollte die dem "Arzt" unterstellte Krankheit als verhüllter Hinweis auf eine im Sinn des Auditoriums unangemessene Zurückhaltung gemeint sein, aus der er durch einen Machterweis nach Art der "auswärts" geschehenen hervortreten möge? Nimmt also der Selbsteinwand Jesu, so gesehen, den hohnvollen Zuruf der Gaffer unter seinem Kreuz vorweg: "Wenn du der Judenkönig bist, so rette dich selbst" (Lk 23, 37)? Ist das Sprichwort somit als die Aufforderung an Jesus zu verstehen, den Stand seiner Erniedrigung mit dem seiner Verherrlichung zu vertauschen? Das aber ist bereits so sehr aus dem theologischen

---

240 *Dazu Heinz Schürmann, Das Lukas-Evangelium I*, Freiburg/Br. 1969, 221 - 234.

241 *Schürmann* liest aus dem Selbsteinwand Jesu lediglich das Ansinnen seiner Zuhörer heraus, er solle sich "mit seiner Heimatstadt identifizieren" und dort die "sagenhaften Kapharnaum-Wunder" wiederholen, um die sie vom Hörensagen wissen (236f.); demgegenüber beschränkt sich *Bultmann* sogar auf den bloßen Aufweis formaler Strukturen und überlieferungsgeschichtlicher Zusammenhänge: Die Geschichte der synoptischen Tradition, Göttingen 1957, 80; 181.

Problemverständnis *Kierkegaards* gesprochen, daß anstelle von "Erniedrigung" auch seine Redewendung von dem "Gott in Knechtsgestalt" gebraucht werden könnte [242]. Unter dieser Voraussetzung ist das vollere Verständnis, auf das der "Sinnüberschuß" ausgeht, nicht so sehr eine Frage der Denkweise als vielmehr der Rezeption. Und worauf könnte das Herrenwort sinngemäßer bezogen werden als auf den Bereich, dem es seinen Bild- und Sinngehalt entnimmt, die Medizin?

2. Das "strukturelle Leiden"

Auf den ersten Blick scheint die Frage freilich eher verneint werden zu müssen. Denn noch nie, so möchte man meinen, habe die Medizin in ihrer Geschichte so wenig Anlaß zu einer "Selbsttherapie" gehabt wie heute, in der Stunde ihrer an die Grenze des Utopischen rührenden Leistungen. Doch gerade daraus ergibt sich eine erste Annäherung. Wenn die Spitzenleistungen der heutigen Medizin tatsächlich an die Größenordnung realisierter Utopien heranreichen, steht sie in einer verblüffenden Entsprechung zur "Realutopie" des von Jesus heraufgeführten Gottesreichs. Dann könnte der sprichwörtliche Appell geradezu als Aufforderung gelesen werden, im Werk der Verwirklichung utopischer Fernziele systematisch fortzufahren, vor allem im Blick auf jene Problemfelder, die als diejenigen der noch unbewältigten Menschheitsängste und unbesiegten Notstände angesprochen wurden [243]. Hier hieße es dann in der Tat: Arzt, heile dich selbst!

In einer zweiten Annäherung stellt sich der Zusammenhang dann freilich ungleich kritischer dar. Er betrifft die bisher noch offengelassene Frage, ob der Prozeß der doktrinalen Verkürzung des Heilsbegriffs auf die Theologie beschränkt blieb, während die Praxis der therapeutischen Heilszuwendung ungeschmälert an die Medizin überging. Angesichts des traumatischen Charakters des zur Verselbständigung der Medizin führenden Differenzierungsprozesses, der ihn geradezu im Bild einer "Diastase" erscheinen läßt, ist das keineswegs anzunehmen; vielmehr spricht alles dafür, daß die Medizin von seinen negativen Rückwirkungen nicht weniger

---

242 *Kierkegaard,* Philosophische Brocken, Kap. IV (Ausgabe *Richter),* Reinbek 1964, 52f.

243 Dazu nochmals die Bemerkungen S. 71.

betroffen war als die Theologie. Von beiden gilt, nur mit unterschiedlichen Konsequenzen, daß die Wissenschaft zu ihrem Schicksal wurde.

Um vor dem Forum des, wie *Bultmann* formulierte, "unwiderruflich durch die Wissenschaft geformten" Denkens bestehen und sich als wissenschaftlich ausweisen zu können, geriet die Theologie der ausgehenden Neuzeit in eine methodenzentrierte Kopflastigkeit, die bei kritischen Beobachtern wie *Müller-Schwefe* den Eindruck aufkommen ließ, als liefe sie durch die Überbewertung der Methodenfragen Gefahr, ihren "Gegenstand" aus dem Auge zu verlieren, und als nehme sie zusehends einen im kunsttheoretischen Sinn des Ausdrucks "abstrakten" Charakter an [244]. Gleichzeitig erhob aber *Bultmann* gegen sie auch den - gegensinnigen - Vorwurf, daß sie durch ein vergegenständlichendes Reden von Gott und dem durch ihn gewährten Heil den Sinn der biblischen Zeugnisse verfehle. Denn das Heil ereigne sich seiner ganzen Zielsetzung nach in der Geschichte; geschichtliche Gegebenheiten aber könne man nur in der Weise der Begegnung und damit im Bewußtsein des Betroffenseins aufnehmen [245]. Im übrigen habe auch in der modernen Naturwissenschaft "ein analoges Verständnis des Subjekt-Objekt-Verhältnisses Platz gegriffen", sofern sie sich vor die Erkenntnis gestellt sah, "das das Beobachtete schon durch den Beobachter mitgestaltet" werde [246].

Die Querverbindung zur Medizin stellt sich unverzüglich her, wenn man an die Stelle von "Vergegenständlichung" die Vokabel "Fall" einsetzt. Denn die ihr zur Verfügung stehenden Methoden und therapeutischen Strategien sind von ihrer wissenschaftlichen Herkunft eher so geartet, daß sie den Patienten einem Prozeß der Vergegenständlichung unterwerfen und so in seiner Eigenschaft als leidende Person ignorieren. Doch gerade dadurch erlegen sie ihm ein "Leiden" zweiten Grades auf, das man in Anlehnung an die Redewendung von der "strukturellen Gewalt" als das eines "strukturellen Leidens" bezeichnen könnte, und von dem nunmehr im Zug einer dritten und letzten Annäherung an das lukanische Herrenwort die Rede sein muß. In diese Richtung weist bereits eine Reflexion des

---

244 *Bultmann,* Neues Testament und Mythologie, in: *Kerygma und Mythos I*, Hamburg 1967, 17; *Müller-Schwefe, Der Standort der Theologie in unserer Zeit*, Göttingen 1958, 30ff.; ferner die Ausführungen meiner Theologischen Sprachtheorie und Hermeneutik, München 1970, 15 - 18.

245 Dazu nochmals das S. 109f. Gesagte

246 *Bultmann,* Zum Problem der Entmythologisierung, in: *Glauben und Verstehen IV*, Tübingen 1965, 129. Damit korrigiert *Bultmann* stillschweigend die (S. 110 zitierten) Eingangsbemerkungen seines Jesusbuchs, die Geschichts- und Naturwissenschaften in dieser Frage noch auseinandergehen sah.

alttestamentlichen Buchs Kohelet, wenn sie sogar von dem Höchsten, das der Mensch erstreben kann, der Weisheitssuche, resignierend feststellt:

> Bei viel Weisheit ist viel Kummer; und wer das Wissen mehrt, mehrt auch das Leid (1, 18) [247].

Im Kontext dieser Stelle gelesen, erhält das Herrenwort, zumal in seiner Anwendung auf die moderne Medizin, einen unerwartet scharfen Akzent. Denn nunmehr gibt es nicht nur zu bedenken, ob die heutige Medizin stärker, als es von ihrer Sinnbestimmung her gerechtfertigt wäre, von den Strukturen der Wissenschaftlichkeit geformt ist; vielmehr richtet es jetzt an sie geradezu die Frage, ob sie die von ihr bekämpften Krankheiten nicht in gewissem Umfang selbst verursacht. Schafft sie nicht, so ist jetzt zu fragen, im Interesse ihrer Selbstlegitimierung und Effizienz Krankheitsbilder, die, wenn schon nicht ihren Einsatz als solchen, so doch ihre expansive Erscheinungsform bedingen? Oder einfacher gefragt: macht die moderne Medizin den Menschen nicht zuerst einmal krank, um ihn dann mit dem massierten Aufgebot ihrer diagnostischen und therapeutischen Strategien heilen zu können?

Die Frage ist weniger zynisch, als es den Anschein hat. Genaugenommen handelt es sich dabei sogar um eine versteckte Huldigung. Denn die Frage rückt die Medizin in eine zunächst ganz unvermutete Affinität zur christlichen Verkündigung und Seelsorge. Wie die kirchliche Pastoration seit alters erkennen läßt, operiert sie in der Überzeugung, daß ihre Effektivität unverzichtbar an das Sündenbewußtsein ihrer Adressaten gebunden sei. Auf den unbestreitbaren Schwund des Sündenbewußtseins, der seit der zweiten Jahrhunderthälfte eintrat, reagieren kirchliche Autoritäten deshalb bis zur Stunde fast ausschließlich mit Äußerungen, die auf die neuerliche Einschärfung der menschlichen Schuldverfallenheit, also auf die Wiedererweckung des Sündenbewußtseins, abzielen [248]. Die Frage nach der Effizienz dieser Erweckungsstrategie einmal ganz offengelassen,

---

[247] Dazu *Gerhard von Rad, Weisheit in Israel*, Neukirchen-Vluyn 1970, 295.

[248] Paradigmatisch ist dafür der Aufruf Papst *Johannes Paul II.* "Man muß den Sinn für die Sünde wiederentdecken"; dazu der gleichnamige Beitrag von *Ottmar Fuchs* zum theologischen Charakter der Sünde, in: *Stimmen der Zeit 202* (1984) 167 - 180; ferner die Gegenvorstellungen dazu in meinem Aufsatz über *"Reinhold Schneider* und die Frage der Glaubensbegründung", in: Stimmen der Zeit 202 (1984); und mein Hinweis auf die Wende von der Schuld – zur Schamkultur S. 101.

entsteht hier doch unabweislich der Eindruck, als werde das zunächst einmal suggeriert, was dann die seelsorgerliche Betreuung zu überwinden verspricht: die Sünde. Dennoch ist, zumindest aus biblischer Sicht, am Recht dieser Verfahrensweise nicht zu zweifeln. Daß es sich dabei nämlich keineswegs um eine jener wunden Stellen handelt, an denen die Systemkritik mit guten Gründen einsetzt, zeigen die fast selbstquälerischen Überlegungen, mit denen sich schon *Paulus* diesem Problem stellt. Durchdrungen von der Überzeugung, daß das alttestamentliche Gesetz "heilig, gerecht und gut" ist, kann er sich doch der Einsicht nicht entziehen, daß er von der Begierde nicht angefochten worden wäre, "wenn nicht das Gesetz gesagt hätte: Du sollst nicht begehren!" (Röm 7,7). In der Folge verschärft der Apostel diese Feststellung sogar noch durch das Bekenntnis:

> Einst lebte ich ohne Gesetz; als aber das Gebot kam, lebte die Sünde in mir auf. Ich dagegen starb und mußte erfahren, daß das Gebot, das zum Leben führen sollte, den Tod brachte (7, 9 f .).

Zweifellos reicht es nicht hin, wenn man mit *Walter Schmithals* nur annehmen wollte, daß die Sünde hier "durch das Gesetz aus ihrer Latenz" geweckt werde [249]. Denn Paulus spricht eindeutig von einer "Provokation", durch die nicht nur etwas bereits Vorhandenes "hervorgerufen", sondern ein vordem nicht gegebenes Problemfeld aufgebaut wird. Daß es dazu kommt, ist für ihn freilich nicht die Folge des Gesetzes als solchem, sondern die seines Einbruchs in das "Medium" Mensch, das nach seinem Verständnis so geartet ist, daß auch das Heiligste in ihm eine "Brechung" zum Unheil erleiden kann. Selbst auf den Anruf Gottes in Gestalt der Sendung seines Sohnes antwortet die Menschheit deshalb gleichzeitig mit Gehorsam und Aufbegehren. Das aber schaltete sich bei der Verfügung des Gesetzes in der Form voraus, daß die gleicherweise heilige und heilbringende Weisung zugleich die sündhafte Begierde provozierte. Wie Paulus freilich eine Pastoration beurteilt hätte, die auf die Wiedererweckung des Sündenbewußtseins abzielt, um das christliche Heilsangebot effektiver vermitteln zu können, steht bei diesem Verfechter eines Christentums der Freiheit (Gal 5, 1)und des Friedens (Eph 6, 15) auf einem anderen Blatt [250].

---

[249] *Schmithals, Die theologische Anthropologie des Paulus*, Stuttgart 1980, 28 ff.

[250] In diesem Zusammenhang wird man sich an die kritische These *Albert Schweitzers* erinnern müssen, daß die reformatorische Rechtfertigungslehre den zentralen Anknüpfungspunkt dadurch verfehlte, daß sie in einem "Nebenkrater" der paulinischen Heilsverkündigung angesetzt habe: *Die*

So gesehen erscheint die Medizin in einer ebenso beziehungsreichen wie folgenschweren Schicksalsgemeinschaft mit der Theologie, wenn von ihr gesagt wird, daß sie einige der von ihr bekämpften Notstände überhaupt erst herbeiführe, um ihre Kunst an ihnen demonstrieren zu können. Faßt man aber diesen Problemzusammenhang erst einmal ins Auge, so wird man nicht übersehen können, daß es ihr dabei vielfach wie *Goethes* Zauberlehrling ergeht, der bekanntlich der von ihm "aufgerufenen" Geister nicht mehr Herr zu werden vermag. Als besonders hintergründig - vor allem im Blick auf das damit tangierte Subjekt-Objekt-Verhältnis - erweist sich dabei der zwiespältige Effekt von Reihenuntersuchungen, die im Einzelfall Krankheitsbilder aufdecken, die, solange sie unerkannt blieben, von den betroffenen Patienten vermutlich länger kompensiert worden wären, als sie es mit Hilfe einer zu spät einsetzenden Behandlung noch vermögen. Vollends evident wird der Zusammenhang dann aber angesichts der "fatalen Segnungen", welche die moderne Medizin den Entwicklungsländern dadurch brachte, daß sie auf der einen Seite die Kindersterblichkeit nachhaltig herabsetzte, auf der andern Seite aber gerade dadurch eine kaum abschätzbare Menge von Menschen einem Leben unter dem Existenzminimum und fernab von einer zureichenden sozialen und medizinischen Versorgung auslieferte. Seinen Exzeß erreicht der Tatbestand dann schließlich angesichts jener "lebenden Mumien" auf Intensivstationen, denen über die natürliche Todesgrenze hinaus ein Dasein vermittelt wird, das nicht nur als "Krankheitsfall", sondern geradezu als ein "künstlich verzögertes Sterben" qualifiziert werden muß.

Indessen zeigt die verblüffende Ähnlichkeit dieser vor allem zum Erscheinungsbild von Intensivstationen gehörenden "Versorgungsfälle" mit denen an ihre "Überlebenssysteme" angeschlossenen Astronauten, daß in diesem Bereich eine wertende Grenzziehung, wenn überhaupt, dann nur sehr bedingt möglich ist. Denn offensichtlich berührt sich die Bemühung der Medizin um eine Verschiebung der Todesgrenze mit dem wachsenden Interesse der Forschung, Möglichkeiten des menschlichen Überlebens unter extremen Bedingungen, womöglich sogar auf anderen Planeten und im Weltraum, zu erkunden. Bevor dieser Zusammenhang nicht erfaßt und aufgearbeitet werden konnte, ist es demgemäß für normative Wertungen, so

---

Mystik des Apostels Paulus, Tübingen 1930, 220; dazu die Ausführungen meiner Studie *"Der Zeuge. Eine Paulus-Befragung"*, Graz 1981, 91 sowie meines Beitrags "Paulus. Zeuge Christi, Initiator und Korrektiv des Christentums", in: *Paulus - Wegbereiter des Christentums*, München 1984, 9 - 44.

wichtig sie angesichts der anstehenden Probleme sind, im Grunde noch zu früh. Wohl aber macht die Ähnlichkeit der Erscheinungsbilder deutlich, daß hier ein Besinnungsprozeß einsetzen muß, bei dem es zentral um den "Tribut" - verstanden als die "Leidvermehrung" - zu tun ist, den die moderne Medizin für ihre Qualifikation als Wissenschaft allzu unbedenklich entrichtet.

3. Grenzen der Objektivierung

Wie die Gefahr einer pathogenen Rückwirkung von Diagnosen erkennen läßt, steht das angesprochene Problemfeld in engem Zusammenhang mit der Revision des Subjekt-Objekt-Verhältnisses, vor die sich die moderne Medizin, zusammen mit der Theologie und Mikrophysik, gestellt sieht. Das neu zu bedenkende Problem ist, wie sich nunmehr zeigt, das der Vergegenständlichung, bei der im angegebenen Bereich das Subjekt ungleich mehr, als die "klassische" Konzeption der erwähnten Wissenschaften erkannte, mitgestaltend ins Spiel kommt. Die akute Problemspitze besteht nun aber darin, daß der Medizin in ihrer wissenschaftlichen Ausprägung nur Methoden zu Gebote stehen, die in ihrer Wirksamkeit an die Transformation des Patienten vom "Leidenden" zum "Fall" gebunden sind. Voraussetzung einer erfolgversprechenden "Behandlung" ist somit, daß er einem Abstraktionsverfahren unterworfen wird, der jenen Zustand in ihm herauspräpariert, auf den die dem vergegenständlichenden Denken der neuzeitlichen Wissenschaft entstammenden Diagnosen und Therapien "sachgerecht" angesetzt werden können. Vielfach ist er für den behandelnden Arzt dann nur noch als "Organträger" vorhanden, und dies mit dem bekannten Effekt, daß er in der "Fragmentierungssprache" des Krankenhauses nur noch als "Blinddarm", "Ulkus" oder gar als "Herzschrittmacher" geführt wird.

Sowenig an der Effektivität dieses Verfahrens zu zweifeln ist, dem eine unüberblickbare Menge von Erkrankten ihre Genesung oder doch ihre Lebensverlängerung verdanken, bringt es sich doch schon durch die Tatsache ins Zwielicht, daß dabei von einer möglichen Mitbeteiligung des Patienten völlig abgesehen wird. Sein Status als "Leidender" wird dabei auf jene exzessive Weise ausgelegt, als falle er für die Dauer der Behandlung als spontan reagierendes Subjekt völlig aus. Sofern er in den angesprochenen Bezeichnungsweisen nur noch als Organträger gilt, ist er faktisch in den Status eines "Präparates" verwiesen. Im beklagenswerten Fall jener Moribunden, die über die natürliche Todesgrenze hinaus im Zustand eines "künstlich verlängerten Sterbens" erhalten werden, tritt diese Denaturierung zum Präparat dann auch tatsächlich auf ebenso monströse wie schreckenerregende Weise in Erscheinung. Paradoxerweise erreicht die ihrer innersten Bestimmung nach auf die "Wiederherstellung" des Erkrankten gerichtete Therapie dadurch ihr Ziel, daß die Methode völlig über die "Sache" triumphiert, indem sie vom erkrankten Menschen nur noch ein "Objekt" zurückläßt.

Darin verfährt die moderne Medizin jedoch, wie dem unverzüglich hinzugefügt werden muß, nicht inhumaner als andere Institutionen der gegenwärtigen Lebenswelt. Vielmehr kommt in ihr und ihren Strategien nur die durchgängige Tendenz der modernen Gesellschaft, wenngleich auf besonders drastische Weise, zum Ausdruck, das Niveau des Menschlichen auf einen nur noch funktionalen Status zu senken. Gemeint ist damit jener institutionalisierte Entfremdungsprozeß, der dem Menschen im Grunde ein Überleben nur als "Funktionseinheit" oder, wie die marxistische Konzeption will, als "Gattungswesen" zugesteht [251].

Es wäre um die Gegenwartsphilosophie schlecht bestellt gewesen, wenn sie dieser Tendenz im Bewußtsein ihrer großen anthropologischen Tradition nicht widerstanden oder doch wenigstens ihre analytische Aufmerksamkeit zugewandt hätte. Das geschah vor allem in der von Erinnerungen an die christliche Spiritualität gespeisten Daseinsanalyse *Heideggers*, der die faktische Verfaßtheit des Menschen als die einer zuständlichen Verfallenheit beschreibt [252]. Anonymes Ziel dieser Verfallenheit ist in der Ausdrucksweise *Heideggers* das "Man", das sich seinerseits als die ebenso bestimmende wie unbestimmbare "Leitinstanz", man könnte auch sagen als das nirgendwo in Erscheinung tretende und doch allgegenwärtige Kollektivsubjekt der alltäglichen Lebenswelt erweist. Es belohnt die Unterwerfung unter sein Diktat mit einem konfliktfreien, und das besagt, mit den bestehenden Verhältnissen vordergründig versöhnten Dasein, dies jedoch um den Preis des personalen Eigenprofils und der selbstverantwortlichen Entscheidungsfreiheit.

Was sich der diesem Diktat unterworfene und durch seine zweifelhaften

---

[251] Dazu *Friedrich Mordstein, Ist der Marxismus ein Humanismus?*, Stuttgart 1969.

[252] *Martin Heidegger,* Sein und Zeit, Halle 1935, 126 - 130; 166 - 180.

Gewährungen beglückte Mensch einhandelt, ist, mit der gesellschaftskritischen Fortentwicklung dieses Ansatzes durch *Herbert Marcuse* gesprochen, ein Leben in der "Eindimensionalität" eines durch und durch fremdbestimmten und dadurch sich selbst und seiner innersten Bestimmung entfremdeten Daseins. *Marcuse* war es auch, der den von *Heidegger* vermiedenen Begriff der "Entfremdung", wie es sich von seiner vormarxistischen Bedeutungsgeschichte her nahelegte, unbedenklich zur Verdeutlichung seines Befundes einsetzte [253]. Damit bezeichnet er aufs genaueste jene Minderung, die der Mensch unter dem Druck einer Gesellschaft erleidet, die ihn einem kulturkritischen Wort *Max Müllers* zufolge als Person ignoriert, weil ihr im Interesse der Produktivität an ihm nur noch als "Funktion" gelegen ist [254].

Man braucht sich diese gesellschaftliche Reduktion des Menschen nur vor Augen zu halten, um darin den Grundriß der strukturellen Abläufe im "System" einer modernen Klinik zu entdecken und dieses als den ausgesprochenen Exponenten eines gesellschaftlich "verfaßten" Menschseins zu begreifen. Tatsächlich springt die Ähnlichkeit der hier wie dort auftretenden Strukturen buchstäblich in die Augen, nur mit dem Unterschied, daß es die Gesellschaft auf die Desintegration des Menschen abgesehen hat, während sie im Fall seiner medizinischen "Behandlung" nur ein Durchgangsstadium im Ganzen eines auf seine "Wiederherstellung" abzielenden Prozesses ist. Denn so notwendig seine "Vergegenständlichung" im Interesse einer durchgreifenden Diagnose oder einer störungsfrei ablaufenden Operation auch immer sein mag, kann sie seinen Status als Patient doch immer nur vorübergehend bestimmen. Denn als solcher ist er nun einmal, wie der Name sagt, ein "Leidender", der aufgrund der Tatsache, daß er von dem auf ihn angesetzten Heilungsverfahren "in Mitleidenschaft gezogen" wird, ein unabdingbares Anrecht darauf hat, in diesem seinem Betroffensein ernstgenommen und gewürdigt zu werden. Dabei kommt es zu einem "ontologischen Konflikt" mit der auf ihn angewendeten Prozedur. Während diese von ihrer Binnenstruktur her auf Vergegenständlichung drängt, bricht hier, im leidenden Betroffensein des Patienten, die Nicht-Objektivierbarkeit seines

---

253 *Herbert Marcuse, Der eindimensionale Mensch*, 80 - 86.

254 *Max Müller, Philosophische Anthropologie*, hrsg. von *Wilhelm Vossenkuhl,* Freiburg-München 1974, 161 ff. Zum angeschnittenen Problemfall insgesamt die grundlegenden Ausführungen von *Hans Schaefer und Maria Blohmke,* in: *Sozialmedizin*, Stuttgart 1972, 255 - 274.

Menschseins durch. Sie ist freilich von gänzlich anderer Art als in dem zur Verdeutlichung angesprochenen Fall der modernen Mikrophysik. Dort entzieht sich das Phänomen der vollen Vergegenständlichung, weil es durch den Beobachter mitgestaltet wird; hier handelt es sich um den entgegengesetzten Fall, da sich das Phänomen von seiner inneren Dignität her der Vergegenständlichung widersetzt und aufgrund seiner Würde in diesem Widerstand respektiert werden muß.

Im einzelnen sprechen drei Gründe dafür, daß die aus diagnostischen oder therapeutischen Rücksichten erforderliche Verfremdung des Patienten zum "Fall" auf ein zeitliches wie qualitatives Minimum beschränkt bleiben und deshalb sobald wie möglich wieder aufgehoben werden muß. Ein erster Grund ergibt sich aus der "dialektischen" Entsprechung von Medizin und Gesellschaftsstruktur. Während diese in ihrer Gesamttendenz auf die Desintegration des Menschen und seine Reduktion zur bloßen "Funktionseinheit" ausgeht, ist die medizinische Reduktion lediglich ein unumgänglicher Schritt auf dem Weg zu seiner Wiederherstellung. Insofern übernimmt die Medizin zwar ein Stück weit die desintegrativen Tendenzen der gegenwärtigen Lebensverhältnisse, dies jedoch so, daß sie von ihrer innersten Sinnbestimmung her auf deren Überwindung drängt und insofern als ein weit über ihren Eigenbereich hinauswirkendes Signal der integralen Menschlichkeit zu gelten hat. Eindrucksvoller Beleg für die praktische Umsetzung dieser "Rolle" ist die Entwicklung neuer Diagnoseverfahren, die wie die Computertomographie, die Kernspintomographie oder die fortentwickelte Ultraschalltechnik darauf abzielen, den Belastungsfaktor auf einen Minimalwert herabzusetzen und gleichzeitig exaktere Einblicke in die erkrankten Gewebe, Gelenke oder Gefäße zu gewinnen. Das kann als Indikator dafür gewertet werden, daß die Medizin heute im Begriff steht, ihrem strukturellen Trend zur "Kasuistik", verstanden als die Tendenz zur Denaturierung des Menschen zum "Fall", soweit es sich nur mit dem Interesse ihrer Effizienz vereinbaren läßt, zu widerstehen, um der Menschlichkeit des Menschen mehr als bisher gerecht zu werden.

Ein zweiter Grund ergibt sich aus dem anthropologischen Verständnis von Krankheit und Leiden. Im Hintergrund der verbreiteten Modellvorstellung, die in der klinischen Behandlung eines Menschen einen Vorgang nach Art einer "Reparatur" erblickt, steht unverkennbar ein Krankheitsverständnis, dem der "Krankheitsfall" als eine Art weniger dramatischer "Unfall" erscheint. Die Erkrankung ist in dieser Sicht ein "schicksalhafter" und in diesem Sinn letztlich unerklärbarer "Einbruch" in den Kontext einer menschlichen Lebensgeschichte. In der Konsequenz dieses Verständnisses ist die Krankheit dann nichts weiter als eine lästige Unterbrechung der aktiven Selbstdarstellung eines Menschen in beruflicher, familiärer und gesellschaftlicher Betätigung. Als "Zäsur" im Ganzen dieser Lebensleistung ist sie ohne Sinn, so daß sie nicht schnell genug überwunden und, wenn das geschah, aus der Gesamtbilanz eines Menschenlebens gestrichen werden kann. Das funktionalistische, von einem oberflächlichen Leistungsdenken eingegebene Menschenbild, auf das diese Einschätzung zurückgeht, erledigt sich durch sich selbst und ist in seiner Inhumanität höchstens von zeittypischem Belang. Zu deutlich ist es, mit *Rilke* zu reden, auf jene "letzten Planken" der heutigen Lebenswelt geschrieben, die mit den Plakaten des "Todlos" beklebt sind [255].

Vor dem heutigen, durch die Erfahrung eines "massenhaften" und schießlich sogar "organisierten" Sterbens hindurchgegangenen Bewußtsein wird demgegenüber nur eine Anthropologie bestehen können, die den Sinn des Menschseins aus dem Kontext seiner Todverfallenheit begreift und von daher auch das Phänomen der Krankheit zu verstehen sucht. In dieser Perspektive zeigt sich dann aber unverzüglich, daß der todverfallene Mensch konstitutionell auf den Krisenfall der Krankheit "angelegt" ist. Wenn man den Schlaf den Bruder des Todes nennen kann, ist die Krankheit seine Schwester. Das aber heißt dann umgekehrt, daß die Krankheit, so sehr sie den gewohnten Lebenskontext durchbricht, in einem tieferen Sinn zur Integration des Menschseins verhilft. An diesem Zusammenhang muß einer zum Vollbewußtsein ihrer therapeutischen Mission gelangten Medizin schon im Interesse ihrer eigenen Zweckbestimmung gelegen sein. Wenn es ihren Aufgabenkreis auch überschreitet, dem Patienten das lebensgeschichtliche Verständnis seiner Krankheit zu vermitteln, gehört es doch eindeutig zu ihrer Aufgabe, ihm diese Integration zu ermöglichen. Denn nur so wird er dazu gelangen, seine Krankheit nicht als lästige Unterbrechung des aktiven Lebenskontextes zu empfinden, sondern als einen, wenngleich schmerzlichen Beitrag zu seiner Selbstwerdung.

Der dritte Grund, der sich ungeachtet seiner Herkunft eng mit den beiden zuvor genannten berührt, ist religiöser Art. Sofern die Sendung Jesu, wie sein Botschafter *Paulus* mit größtem Nachdruck betonte, ins Zeichen des Kreuzes gestellt ist, treten von daher alle Zustände menschlicher Passivität

---

[255] So *Rilke* in der zehnten seiner *"Duineser Elegien"*; dazu meine Schrift *"Dasein auf Abruf. Der Tod als Schicksal, Versuchung und Aufgabe"*, Düsseldorf 1981, 60.

in eine neue Beleuchtung. Am meisten aber gilt das von der zur "Passion" des Leidens gesteigerten Passivität, von der Krankheit. Sie bringt den Patienten in eine "ontische" Affinität zu dem, "durch dessen Wunden wir geheilt sind" (Jess 53, 5). Daß dieser Affinität ein Erkenntniswert zukommt, ergibt sich im Grunde schon aus dem Satz der pseudo-dionysischen Mystik, wonach Gott mehr noch durch Erleiden als durch Lernen erkannt wird [256].

Wenn sich dieser Satz zunächst auch nur auf die Frage nach dem Zugang zum Gottesgeheimnis bezieht, läßt er in seiner Grundsätzlichkeit doch erkennen, daß sich seine Geltung auch auf den menschlichen Lebensbereich erstreckt Und in dieser allgemeineren Bedeutung genommen, bekennt er sich zu der Überzeugung, daß Leiderfahrungen - gerade auch schicksalhafter Art - sooft sie den Menschen an seinem Sinnziel verzweifeln lassen, ihn doch in Wahrheit diesem Ziel entgegenführen, und wäre es auch nur in der Form, daß sie seinen Blick für das letztlich "Lebenswichtige" freigeben. Damit führt dieser letzte Grund insofern wieder auf den ersten zurück, als sich nun nochmals die Frage nach dem Zusammenhang von Krankheit, Therapie und menschlicher Selbstverwirklichung stellt. Mit dem Hinweis auf die Entsprechung von Gesellschaftsstruktur und medizinischer "Behandlung" war offensichtlich nur ein Teilaspekt des Problemfelds angesprochen. So sehr sich hier wie dort Tendenzen abzeichnen, die auf die Reduktion des Menschen hinwirken, schließt der "Krankheitsfall" doch zugleich auch die Möglichkeit seiner personalen Integration ein. Dazu aber kann ihm nicht wirkungsvoller geholfen werden als durch eine Medizin, die gleicherweise der Folgen ihrer Strategien wie der mit ihrem Heilungsauftrag gegebenen Aufgabe bewußt wird.

Die konkrete Anwendung dieses vertieften Selbstverständnisses kann nur darin bestehen, daß die auf das "Gesamtwohl" des Patienten bedachte Medizin alles daransetzt, seine strukturelle Verfremdung zum "Fall", sobald der damit verbundene diagnostische und therapeutische Zweck erreicht ist, aufzuheben und ihm, wenn nicht schon zur inneren Annahme seiner Krankheit, so doch zum Einverständnis mit seiner passiven Situation zu verhelfen. Weit davon entfernt, ihn durch dieses Vorgehen auf seine Passivität festzulegen, wiese sie ihm damit den Weg zu deren geistiger

---

256 Stellenangabe siehe S. 60.

Verarbeitung und, wesentlicher noch, zu deren Einbeziehung in den Sinnkontext seines Lebens. Das aber käme ihrer therapeutischen Bemühung unmittelbar zugute. Denn nun käme es tatsächlich dazu, daß sich der Patient spontan am Heilungsvorgang beteiligt und damit jene inneren Kräfte mobilisiert, die, wie Krankheitsbilder immer wieder bestätigen, über seine Genesung kaum weniger entscheiden als die Kunst des Arztes und die Effizienz der auf ihn angesetzten Therapien. "Arzt, heile dich selbst!" - das besagt, in diesem Kontext gelesen, soviel wie: Medizin, werde dich der strukturellen Gewalt bewußt, die deine Methoden und Techniken ausüben, und versuche, angesichts des von dir dem Kranken zugefügten Leidens ihn im Gegenzug dazu zur Annahme seines Schicksals zu bewegen!

4. Der Rückbezug

Man bliebe auf halber Strecke stehen, wenn man die Folgen des Ablösungsprozesses zwischen Theologie und Medizin nur auf den Patienten und seine strukturelle Verfremdung beziehen würde. Denn die Medizin nimmt nun einmal im Feld der Wissenschaften eine jener Spitzenpositionen ein, in denen sich das Verhältnis von Subjekt und Objekt wie kaum irgendwo sonst in seiner vollen Tragweite darstellt. Deshalb gibt es bei ihr keine Vergegenständlichung, die ohne Beteiligung des beobachtenden und agierenden Subjekts, also des mit der Diagnose und Therapie befaßten Arztes zustande kommt und demgemäß auf ihn und seine Verhaltensweisen zurückwirkt. Das aber heißt, daß die vom Patienten erlittene "Entfremdung" unvermeidlich auch auf ihn und die von ihm angewandte "Behandlung" zurückschlägt. Um die diagnostischen und therapeutischen Verfahren möglichst effektiv einsetzen zu können, muß er sich als existentiell mitbetroffene Person soweit zurücknehmen, daß seine Betroffenheit weder seinen Blick trübt noch seine Hand erzittern läßt. Insofern zwingt ihn die Eigengesetzlichkeit der medizinischen Technik dazu, sich möglichst streng auf seine Rolle als beobachtendes und behandelndes Subjekt zurückzuziehen, weil die Effizienz seiner Bemühungen nur so gewährleistet werden kann.

Dem zum "Fall" verfremdeten Patienten entspricht so der in strenger Sachlichkeit operierende Arzt [257]. Die Eigengesetzlichkeit seiner

[257] Zum Proprium dieser Wechselbeziehung gehört es auch, daß zu ihrer Beschreibung die ihrer

diagnostischen und therapeutischen Verfahrensweisen nötigt ihn zu einem strengen Rollenverhalten, von welchem menschliches Mitgefühl und persönliche Anteilnahme möglichst ferngehalten werden müssen [258]. So aber wird er von dem "strukturellen Leiden", das er dem Patienten zufügt, unweigerlich mitbetroffen. In den, wissenschaftlich gesehen, effektivsten Phasen seines ärztlichen Dienstes kommt er gerade mit dem Wichtigsten, was er einzubringen hat, mit seinem mitfühlenden Menschsein, nicht zum Zug. Vielmehr erleidet er eine kaum weniger einschneidende Vergegenständlichung als der von ihm zum "Fall" verfremdete Patient.

In diese "Tiefenperspektive" gerückt, hat die Wechselbeziehung von Therapeut und Patient eine geradezu frappierende Ähnlichkeit mit derjenigen von Maler und Modell, wie sie etwa von *Max Beckmann* auf dem linken Flügel seines "Argonauten"-Triptychons (von 1950) gestaltet wurde [259]. Mit geradezu verbissenem Gesichtsausdruck arbeitet der Maler, der Andeutungen *Beckmanns* zufolge als Huldigung an *Vincent van Gogh* gemeint ist, an seiner Staffelei, ganz auf den Akt der Gestaltung zurückgenommen, ganz dem Werk der "Reproduktion", also der "Wiederherstellung", verschrieben, obwohl die Tonmaske, auf der sein Modell - Medea - hockt, durch ihre Porträtähnlichkeit mit dem Künstler zu verstehen gibt, daß in ihr, dem Modell, die Frage der Realität entschieden und damit seine ureigene Sache verhandelt wird [260]. Ob es jemals zu einer "Versöhnung" von Original und Reproduktion kommt, läßt dieser Bildteil völlig offen. Eine Beantwortung der Frage bringt erst das Mittelstück mit dem aus der Tiefe des Ozeans aufsteigenden "Meergreis", der mit bedeutungsvoller Geste - nach Parallelen zu schließen: mit einem Hinweis auf die Transzendenz - die Richtung angibt, in der die Lösung zu suchen ist.

Wie der Maler auf dem linken Flügel des Triptychons tritt auch der Arzt im Zug seiner therapeutischen Dienstleistung hinter dem "Werk" der Wiederherstellung und seinen Sachzwängen zurück, obwohl er nicht weniger als der Patient dem Gesetz der menschlichen Nicht-

---

Herkunft nach streng unterschiedenen Begriffe "Entfremdung" und "Verfremdung" fast unterschiedslos verwendet werden können.

258 Zum Begriff der "Rolle" siehe *Frigga Haug, Kritik der Rollentheorie und ihrer Anwendung in der bürgerlichen deutschen Soziologie*, Frankfurt/M. 1972, 17 - 73.

259 Näheres dazu in meinem Beitrag "Kunst und Realität. Bemerkungen zu Max Beckmanns Argonauten-Triptychon", in: *Kunst und Kirche* (1985) 105 - 110.

260 Dazu *Max Beckmann, Die Argonauten*, hrsg. von *Erhard Göpel*, Stuttgart 1957, 19f.; 24 - 27.

Objektivierbarkeit untersteht. Wie für diesen gilt unterschiedslos auch für ihn der von *Scheler* formulierte Grundsatz, daß sich der Mensch zwar die ganze Welt zum Gegenstand machen kann, selbst aber nicht "gegenstandsfähig" ist [261]. Damit aber gewinnt die Maxime "Arzt, heile dich selbst!" für ihn eine Bedeutung, die ebenso aktuell wie zeitlos ist, weil sie unmittelbar an ihren historischen Kontext heranreicht. Dort, im Wechselgespräch mit der sich ihm zusehends verweigernden Zuhörerschaft, ließ sich Jesus im Sinn dieses Selbsteinwands dazu auffordern, aus der "Knechtsgestalt" seiner Alltagsexistenz hervorzutreten und die ihm außerhalb seiner Heimatstadt nachgerühmte Machtfülle zu demonstrieren. Gleiches fordert diese Maxime, sofern sie nur in ihrem Aktualitätswert vernommen wird, von dem durch die medizinische Technik in den Status der Selbstentfremdung gedrängten Arzt. Auch ihm ist, korrespondierend zu der von ihm betriebenen Heilung des Patienten, ein Akt der "Selbstheilung" abverlangt. Denn er darf es bei seiner funktionalen Dienstleistung, so wichtig sie für die Ermöglichung des Genesungsprozesses ist, nicht belassen. Vielmehr muß auch er aus seiner funktionsbedingten Rolle hervortreten, um sich zur Höhe seiner vollen Menschlichkeit zu erheben. Dazu nötigt ihn gleicherweise die Würde des von ihm betreuten Kranken wie sein wohlverstandenes Eigeninteresse. Doch was muß geschehen?

Die biblische Antwort auf diese Frage lautet: ungeachtet der von seiner Dienstleistung ausgehenden Zwänge müßte sich der Arzt dessen bewußt bleiben, daß ihm, wenn irgendwo in seiner Lebenswelt, in Gestalt des von ihm betreuten Patienten der "Nächste" begegnet, und dies mit allen Konsequenzen, die sich aus dieser Wahrnehmung ergeben. Nach dem Paradigma, das Jesus im Gleichnis vom Barmherzigen Samariter (Lk 10, 30 - 35) entwarf, besagt das zunächst, daß er sich von dem vorgefundenen Notstand über die funktionale Dienstleistung hinaus zu dienender Menschlichkeit bewegen lassen muß, die sein Verhalten, jenseits aller Sachzwänge letztlich zu bestimmen hat [262]. Was von ihm gefordert wird, ist somit ein Akt menschlicher Zuwendung, die in erster Linie dem leidenden Menschen und dann erst, spiegelverkehrt zu den Normen seines beruflichen Verhaltens, dem von ihm behandelten Patienten gilt.

---

261 Stellenangabe S. 110.

262 Dazu meine Schrift "Die Gleichnisse Jesu", ferner *Günther Bornkamm, Jesus von Nazareth*, Stuttgart 1956, 101 - 105.

Doch geht das Gleichnis Jesu noch jenen Schritt weiter, der durch *Beckmanns* Gestaltung des Themas "Maler und Modell" verdeutlicht wird. Daß die Gleichniserzählung die Negativfiguren der beiden Vorübergehenden, ohne sie eines näheren Blickes zu würdigen, fast nur "wie im Vorbeigehen" erwähnt und die Handgriffe des Barmherzigen so geschehen läßt, daß sie sich regelrecht überstürzen, hängt zweifellos mit seiner exzeptionellen Logik zusammen. Sie geht davon aus, daß das Verhalten der Negativfigur nicht erklärt zu werden braucht, weil es das "allgemein menschliche" ist; und sie erreicht ihren Höhepunkt darin, daß sie den Barmherzigen in der Not des Überfallenen das Spiegelbild seiner eigenen Hilfsbedürftigkeit erkennen läßt [263]. Ihm wird spontan, in der Intuition seines ergriffenen Herzens klar, daß Menschsein soviel wie Angewiesensein bedeutet, und daß deshalb die Unterlassung der Hilfeleistung einem Abfall von seiner eigenen Menschenwürde gleichkäme.

Ins Zentrum der Aussage führt jedoch erst die Rahmenerzählung, in die der Evangelist das Gleichnis, wenn auch nicht bruchlos, eingepaßt hat (Lk 10, 25 - 29; 36f.). Denn sie gibt zu verstehen, daß der Nächste, zumindest im Sinn des Kontextes, nicht so sehr der Notleidende als vielmehr der Helfende ist [264]. Das aber heißt, daß die als "Angewiesensein" begriffene Menschlichkeit als eine Kategorie der Spontaneität verstanden sein will. Sie orientiert sich insgeheim am Modell des Menschseins Jesu, das seine Identität nicht in gesellschaftlicher Interaktion, sondern in Akten einer zuständlichen Selbstübereignung erzielt [265]. Umgekehrt besagt dies, daß die Orientierung an der Gestalt Jesu in der Einsicht erfolgt, daß die vom Arzt verlangte Durchbrechung der Objektivität letztlich nicht nur anthropologisch, sondern religiös motiviert ist. Es ist die Hinordnung des ärztlichen Dienstes und mehr noch der von diesem Dienst geprägten Persönlichkeit auf den göttlichen Heilbringer, die den Arzt immer wieder dazu aufruft, aus der unvermeidlichen Funktionalität seines Tuns hervorzutreten, um dem von ihm betreuten Patienten - der Nächste zu sein. Denn erst damit wäre dessen Verfremdung zum "Fall" endgültig aufgehoben und jenes Wechsel-

---

[263] Dazu die Ausführungen meiner Schrift *"Die Gleichnisse Jesu"*, 93ff.

[264] Das sah schon *Kierkegaard* in seinen *"Randbemerkungen zum Evangelium"*, München 1956, 75 f.

[265] Dazu außer den schon bisher gegebenen Hinweisen meine Schrift *"Der Freund. Annäherungen an Jesus"*, Düsseldorf 1989.

verhältnis hergestellt, in dem sich beide, Arzt und Patient, im Bewußtsein ihres gegenseitigem Angewiesenseins, ja ihrer, wie es *Dieter Wyss* programmatisch formulierte - "Partnerschaft" begegnen [266].

5. Der verwundete Therapeut

Indessen ist mit diesen Überlegungen das volle Niveau der christlichen Sehweise noch immer nicht erreicht. Das zeigt sich schon daran, daß der von dem Herrenwort bekundete - und von *Kierkegaard* wiederentdeckte - Gedanke von der Heilsbedürftigkeit des Heilers fast völlig in den Hintergrund trat. Im Gegenteil: auf die Gestalt des göttlichen Heilbringers zurückbezogen, schien der ärztliche Helfer für einen Augenblick geradezu in dessen Gloriole einzutauchen. Doch damit geschähe dem Appell "Arzt, heile dich selbst!" keinesfalls Genüge. Indessen ist es auch mit dem Gedanken an die Leidverursachung durch die Strukturen der modernen Medizin nicht getan. Selbst wenn das Herrenwort, darauf bezogen, in einer geradezu bestürzenden Aktualität lesbar wird, will es letztlich aus seinem ursprünglichen Textzusammenhang verstanden werden. Und der führt in einen ganz anderen Vorstellungskreis als in den von der heutigen Wissenschaftskritik ausgemessenen. Im Unterschied dazu ist er vor allem durch Gestalten wie die des "blinden Sehers", des "gefesselten Befreiers", des "verwundeten Therapeuten" und des "getöteten Siegers" bestimmt [267].

Schon im "Protoevangelium" der Bibel, in das die alttestamentliche Paradiesgeschichte ausklingt, ist bekanntlich von dem rettenden Schlangentreter die Rede, der bei seinem Kampf durch den Biß in seine Ferse selbst tödlich verwundet wird (Gen 3, 14 f.) [268]. Wie die vergleichende Mythenforschung zeigte, steht das Bild im Kontext eines

---

266 In seinem Lehrbuch der anthropologisch - integrativen Psychotherapie spricht *Dieter Wyss* geradezu von der "Reziprozität" des zwischen Therapeut und Patient waltenden Verhältnisses: *Der Kranke als Partner I*, Göttingen 1982, 25; dazu insbesondere auch die Ausführungen S. 42ff.; 62ff.; 65 82.

267 Abgesehen von der grundsätzlichen Nähe der christlichen Kategorien zur Ordnung der Paradoxe, wie sie sich vor allem in der paulinischen Denkweise bekundet, hängt das vor allem auch mit dem von *Kierkegaard* erschlossenen Komplex des "geheimen Leidens" Jesu zusammen, das sich am deutlichsten in den Worten des demütigen Aufbegehrens gegenüber den seinem Liebeswillen gezogenen Schranken (wie Mt 15,24 und Joh 2,4) bekundet. Näheres dazu in dem Abschnitt"Die drückende Fessel" meines Jesusbuchs *"Der Helfer"*, München 1973, 68 - 71.

268 Dazu *Gerhard von Rad, Das erste Buch Mose*, Göttingen 1956, 73 ff.

mythischen Archetyps, der sich ebenso in der Figur des von Zeus - wegen seiner allzu großen Heilungserfolge - getöteten Asklepios wie in der des an einer unheilbaren Pfeilwunde leidenden Zentauren Chiron wiederfindet [269]. Daraus schließt die Tiefenpsychologie überdies auf einen seelischen Archetyp, der die Wirksamkeit des psychotherapeutischen Analytikers davon abhängig macht, daß er "um seine eigenen unheilbaren Wunden" weiß und seine Therapie in diesem Bewußtsein ausübt [270].

Weit realistischer wirkt demgegenüber die Erfahrung, daß eine beträchtliche Anzahl von Ärzten ihre Berufswahl trafen, weil sie unter einer "überdurchschnittlichen Todes- und Krankheitsangst" leiden [271]. Es ist somit eine innere Anfälligkeit für das Krankheitsphänomen, die nicht selten die ärztliche Berufsentscheidung motiviert und darauf schließen läßt, daß der Arzt im Ringen mit der Krankheit des Patienten letztlich das bekämpft, worunter er insgeheim selbst leidet oder doch das für ihn entscheidende Lebensproblem erblickt. Dann aber brauchte der Appell zur Selbstheilung gar nicht erst rückbezüglich gelesen zu werden; denn im therapeutischen Akt behandelt der Arzt dann immer schon seine eigene Krankheit, nimmt er also, anders gewendet, den Kampf mit seiner eigenen Leidens- und Todverfallenheit auf.

In die religiöse Sinnmitte des Zusammenhangs führt jedoch erst das bereits erwähnte Prophetenwort: "durch seine Wunden sind wir geheilt worden". Es entstammt einem jener "Lieder", die im Ganzen der jesajanischen Heilsverkündigung um die Figur des "Gottesknechtes" kreisen und als solche zu ihren Höhepunkten zählen [272]. Dem ausgesprochenen Hoheitsbild, das die übrigen "Gottesknechtlieder" entwerfen, fügt sich diese Aussage jedoch nur schwer ein. Mit dem Ausdruck höchsten Erstaunens verzeichnet der "Seher" die von ihm mitgeteilte unerhörte Kunde. Und er wiederholt im weiteren Kontext des Liedes das Eingeständnis, daß er mit Blindheit geschlagen war, als er nicht

---

269 Näheres dazu in dem Beitrag von *C. Jess Groesbeck,* Der Archetypus des verwundeten Arztes, in: *Heilkraft des Heiligen*, Freiburg/Br. 1975, 177 -208.

270 Dazu *Karl Kerényi, Der göttliche Arzt*, Darmstadt 1956, 99.

271 *Groesbeck,* a. a. O., 188 (unter Bezugnahme auf eine 1965 veröffentlichte Untersuchung von *Herman Feifel*). Ähnliches ergibt auch die Rückfrage nach den Beweggründen für die Wahl des Theologiestudiums, für das sich eine überraschend große Anzahl von Bewerbern in der Erwartung entscheiden, dadurch zur Lösung ihrer religiösen Probleme geführt zu werden.

272 Dazu *Gerhard von Rad, Die Botschaft der Propheten*, München-Hamburg 1967, 213 -223.

begriff, daß der Gottesknecht den Leidensweg, den er, stumm wie ein Schaf, gegangen war, "für die vielen" beschritten hatte; denn in seiner Passion nahm er in Wahrheit ihre "Krankheit" auf sich, und in seiner Züchtigung trat er für die Sünden aller ein (Jes 52,13 - 53,12). Was hier in kaum voll aufzulichtendem Halbdunkel bleibt, liegt aus neutestamentlicher Sicht völlig offen. Denn für die christliche Urgemeinde stand außer Frage, daß mit dem leidenden und wegen unserer Sünden verwundeten Gottesknecht kein anderer als Jesus gemeint war. Demgemäß versichert der Erste Petrusbrief:

> Christus hat für euch gelitten und euch ein Beispiel hinterlassen, damit auch ihr in seine Fußspur tretet. "Er beging keine Sünde, und in seinem Mund war kein trügerisches Wort". Als er geschmäht wurde, schmähte er nicht; als er litt, drohte er nicht (2,21 ff.).

Und die Stelle krönt diese ohnehin schon eng an den jesajanischen Wortlaut angelehnte Darstellung der Passion Jesu mit dem Satz: "durch seine Wunden sind wir geheilt worden" (2,24). Damit aber radikalisiert sie den Gedanken von der Betroffenheit des Therapeuten durch die Krankheit auf eine geradezu bestürzende Weise. Daß Christus zum Heilbringer für die Welt werden konnte, war ihrem Verständnis zufolge an die Bedingung seiner Passion geknüpft. In seinem Leiden nahm er jene schwerste Erkrankung der Menschheit auf sich, die in ihrem Abfall von Gott, der Ursünde, bestand. Deshalb ist er das im prophetischen Lied genannte Lamm, das sich klaglos zur Schlachtbank führen läßt und dadurch stellvertretend die Sündenlast der Welt fortnimmt [273]. So sieht ihn nach der Darstellung des Johannes-Evangeliums bereits sein prophetischer Vorbote, wenn er, im Blick auf das Passionsbild des Isenheimer Altars gesprochen, mit gewaltiger Geste auf ihn hinweist und den Sinn seiner Sendung in die Worte faßt: "Seht, das Lamm Gottes, das die Sünde der Welt wegschafft!" (1,29) [274].

---

273 Wenn nach einer psychologischen Wurzel der christlichen Passionsvorstellung gesucht werden soll, müßte sie fraglos hier, in diesem alttestamentlichen Bild eines stellvertretend übernommenen Sühneleidens gesucht werden, und nicht etwa, wie bei *Sigmund Freud,* bei der letzlich dem mythologischen Motivkreis entstammenden Vorstellung von einem in rituellen Sühneakten immer neu "bewältigten" Vatermord.

274 Dazu *Rudolf Schnackenburg, Das Johannesevangelium*, Freiburg/Br. 1965, 284ff.

Diesem Passionsbild zufolge ist Christus nicht nur deshalb "der Schwachheit unterworfen" worden, um, wie von ihm im Sinn einer" konditionalen" Ableitung gesagt werden müßte, "für die Unwissenden und Irrenden Verständnis aufzubringen" (Hebr 5,2); vielmehr nimmt er in seiner Passion die Heillosigkeit der Welt in der Weise auf sich, daß er sie als der sie Erleidende überwindet. Seine Verwundung wirkt das universale Heil. In seinem Kreuz erweist er sich als der rettende Therapeut der ganzen Menschheit. Leidend "heilt" er, wie in letzter Zuspitzung zu sagen ist, die "Krankheit", der sie durch die Sünde verfiel. Damit aber tritt der lukanische Appell, der, wie erinnerlich, als Selbsteinwand Jesu formuliert wurde, nochmals in eine neue Beleuchtung. Nun richtet er sich auch in dem Sinn an Jesus, daß er dem Ansinnen, ja dem "kategorischen Imperativ" gleichkommt, seine Passion auf sich zu nehmen, um aus ihr in seiner Auferstehung als der gleicherweise selbst Geheilte und Heilbringer aller hervorzugehen. "Arzt, heile dich selbst!" - das besagt in dieser letzten und radikalsten Sicht: Laß dich verwunden, damit die Welt durch dein Leiden genese!

Damit greift der lukanische Appell ebenso weit über die Situation des menschlichen Arztes hinaus, wie die durch diesen bewirkte Heilung hinter dem von Gott gewährten Heil zurückbleibt. Und doch ist es für den menschlichen Therapeuten wichtig zu wissen, daß ihm dieses göttliche Modell als Wegweisung gegeben ist. Im Aufblick zu ihm wird er sich, sofern er nur für eine religiöse Motivation ansprechbar ist, definitiv dazu bewogen fühlen, aus der Entfremdung, in die ihn die Strukturen der wissenschaftlichen Medizin drängen, aufgrund einer immer wieder neu zu setzenden Selbstentschließung hervorzutreten, um dem Patienten als Nächster zu begegnen und ihn darin etwas von jenem Heil erfahren zu lassen, das Quellgrund und letztes Sinnziel aller menschlichen Heilung ist.

V. Kapitel

Therapeutische Impulse

1. Die Selbstkorrektur

Der mit dem Ansinnen der „Selbstheilung“ an die wissenschaftliche Medizin gerichtete Appell verbliebe in einer „irritierenden Kopflastigkeit“, wenn es nicht gelänge, ihn abschließend einem größeren Zusammenhang einzuordnen und dadurch in die Balance zu bringen. Dieser Ausgleich wäre, formal gesprochen, dann erreicht, wenn sich eine Gegenbewegung auf seiten der Theologie nachweisen ließe. Einer am Begriff des göttlichen Heils orientierten Medizin müßte dann das Konzept einer "therapeutischen Theologie" gegenübertreten. Doch lassen sich dafür heute schon Anhaltspunkte ausmachen?

Wenn die bisherige Ableitung etwas zeigte, dann das gegenseitige Abhängigkeitsverhältnis, in welchem sich die Diastase von Medizin und Theologie in der Entwicklungsgeschichte der beiden Wissenschaften vollzog. Am Ende eines langwierigen Differenzierungsprozesses standen sich eine spekulative Theologie mit ihrem soteriologisch verkürzten Heilsbegriff und eine der strukturellen Gewalt verschriebene Medizin nahezu spiegelbildlich gegenüber. Doch würde der tatsächliche Stand der Dinge tiefgreifend verfehlt, wenn dadurch das Bild einer starren Frontenbildung entstände. Zwar verbindet sich mit dem Namen *Karl Rahners* die Erinnerung an das diagnostische Wort von der "winterlichen Kirche", mit dem er in der ihm eigenen Entschiedenheit auf die Stagnation des dialogischen Disputs, die Lähmung ökumenischer Initiativen und die Erstarrung in vielen Feldern des kirchlichen Lebens hinwies [275]. Diese bewußt im Sinn einer "Oberflächendiagnose" gehaltene Bestandsaufnahme schließt indessen keineswegs aus, daß sich unter der starren Decke stagnierender Verhältnisse mächtige Bewegungsprozesse abspielen oder doch anbahnen. Wie bereits gezeigt wurde, sprechen sogar gewichtige Anzeichen dafür, daß das Christentum insgesamt vor einer der größten Wenden seiner gesamten Glaubensgeschichte steht, die nicht nur den

[275] So *Rahner* in einem Frankfurter Vortrag vom Herbst 1983.

Schwerpunkt seines Glaubensbewußtseins, sondern das Grundkonzept seiner Auslegung betrifft, so daß von einem Übergang aus seiner "moralischen" Konzeption in eine "mystische" gesprochen werden kann. Wenn aber das zutrifft, zeichnet sich bereits ein Bewegungsablauf ab, der dem durchaus korrespondiert, in dem sich eine zur "Selbstheilung" entschlossene Medizin befindet. Doch läßt sich diese Bewegung in der Tiefenschicht des christlichen Bewußtseins auch im Erscheinungsbild der Theologie nachweisen, das zweifellos von dem kritischen Rahner-Wort mitgetroffen ist? Gibt es somit ungeachtet aller Momente, die den Eindruck der Retardierung und Stagnation erwecken, im ganzen der Gegenwartstheologie auch dynamische Prozesse, selbst wenn sie schwerer als die Erstarrungen im Oberflächenbild auszumachen sind?

Auf dynamische Entwicklungen drängen die großen Spannungspotentiale hin, auf die eine theologische Bestandsaufnahme schon beim ersten Zusehen stößt. Unüberbrückt stehen sich noch immer eine vom traditionellen Dogma ausgehende "Christologie von oben" und eine beim sozialkritischen Verhalten Jesu ansetzende "Christologie von unten" gegenüber, in die sich die Theologie angesichts der seit den siebziger Jahren in Gang gekommenen Neuentdeckung Jesu entzweite [276]. Und ebensowenig kam im Bereich der wissenschaftlichen Glaubensbegründung, also der Fundamentaltheologie, ein Brückenschlag zwischen der traditionellen Apologetik und den hermeneutischen Modellentwürfen zustande, die den Glauben von seiner Dialogik her - anstatt als Gehorsamsverhalten - als einen Verstehensakt begreifen [277]. Unausgeglichen bestehen schließlich noch zwei weitere Spannungsfelder fort, die sich im Bereich der theologischen Grundkonzeption aufgebaut haben. Das eine betrifft den Gegensatz zwischen der elitären Fachtheologie traditioneller Art und der von *Adolf Exeler* konzipierten "Theologie des Volkes" [278]. Das andere drang unter dem Titel "Theologie der Befreiung" ins allgemeine Bewußtsein und bezieht sich, wie vor allem die Programmatik der "politischen Theologie" deutlich machte, auf den Gegensatz zwischen einer "privatistisch" konzipierten Theologie des

---

276 Näheres dazu in den einleitenden Ausführungen meiner Schrift *"Jesus für Christen"*, die in ihrem Hauptteil das schon von *Kierkegaard* entwickelte Vermittlungskonzept in Gestalt einer Identitätschristologie präsentiert (Freiburg/Br. 1984, 25f., 38-80).

277 Dazu *Harald Wagner, Einführung in die Fundamentaltheologie*, Darmstadt 1981, 17 - 49.

278 *Adolf Exeler/Norbert Mette* (Hrsg.), *Theologie des Volkes*, Mainz 1978.

herkömmlichen Zuschnitts und einer "gesellschaftlich" verfaßten, die im Sozialbezug des Glaubens ihren Anfang nimmt [279]. Wenn die Anzeichen nicht trügen, die auf den Übergang des Christentums von seiner theoretisch-moralischen zu einer erst in Umrissen ersichtlichen mystischen Selbstdarstellung hindeuten, ist überdies mit dem Aufbau weiterer, vermutlich noch stärker ausgeprägter Spannungsfelder zu rechnen [280].
Sieht man das Erscheinungsbild der heutigen Theologie jedoch vor dem Hintergrund der sich spätestens seit dem Mittelalter auflösenden "Einheitskultur" *(Troeltsch)*, so wird man in ihm unschwer auch gegenläufige Tendenzen entdecken, die insgesamt darauf hindeuten, daß die Theologie der Gegenwart in einem Prozeß der "Selbstkorrektur" begriffen ist [281]. Am eindrucksvollsten zeigt dies der großangelegte Wiedereinholungsversuch, den *Hans Urs von Balthasar* mit seinem monumentalen Doppelwerk, der "Herrlichkeit" (von 1961 - 1969) und der "Theodramatik" (von 1973 bis 1980) unternahm, um den in dem kulturhistorischen Differenzierungsprozeß verlorenen Bereich des Ästhetischen, vor allem in seiner dichterischen Ausgestaltung, zurückzugewinnen. Dabei erzielte dieses mit erstaunlicher Konsequenz durchgehaltene Unternehmen nicht nur eine signifikante Verbreiterung der theologischen Erfahrungsbasis, sondern, ungleich wichtiger noch, den Einstieg in eine Neustrukturierung des theologischen Gedankens, die tendenziell auf einen Kategorienwechsel hinausläuft [282]. Das aber zeigt, daß der Prozeß der Selbstkorrektur nicht nur dazu beiträgt, die von der Theologie im Lauf ihrer Geschichte erlittenen regionalen Verluste auszugleichen, sondern ihr auch in struktureller Hinsicht wieder zum Gleichgewicht zu verhelfen. Denn mit der Schmälerung ihres Gegenstandsfelds ging, wie *Hans-Rudolf Müller-Schwefe* zu verstehen gab, auch eine innere Transformation einher, durch die sie einen zunehmend "abstrakten" Charakter annahm [283]. Mit der Rückgewinnung der verlorenen Themenfelder lernt sie somit auch sich ihrem "Gegenstand", dem offenbar gewordenen Gottesgeheimnis, umfassender anzunähern, als es mit Hilfe der

---

279 Dazu *Gerhold Becker, Theologie in der Gegenwart*, 28 - 49.

280 Dazu nochmals das S. 126f. Gesagte.

281 Dazu meine Schrift *"Theologie im Stadium ihrer Selbstkorrektur"*, Salzburg 1981.

282 Dazu mein Beitrag "Theologischer Kategorienwechsel", in: *Theologische Revue 72* (1976) 441 - 450.

283 Stellenangabe S. 135.

szientifischen Kategorien, denen sie sich zunehmend verschrieben hatte, jemals möglich war.

Der Prozeß der Selbstkorrektur bliebe auf halbem Weg stecken, wenn er nicht auch den therapeutischen Bereich umgriffe. Doch nicht nur dies; nach den großen Zeitdiagnosen zu schließen, "krankt" die Gegenwart an kaum etwas so sehr wie an ihrem gestörten Verhältnis zum Heil. Fast nach Art eines Notrufs brachte dies *Heideggers* "Humanismusbrief" (von 1954) mit den Worten zum Ausdruck:

> Vielleicht besteht das Auszeichnende dieses Weltalters in der Verschlossenheit der Dimension des Heilen. Vielleicht ist dies das einzige Unheil [284].

Dieser Notstand wurde lange schon vorausgefühlt. In seiner Flugschrift "Über den Beweis des Geistes und der Kraft" (von 1777) hatte *Lessing* bereits beklagt, daß von den Heilszeichen der altchristlichen Zeit, vornehmlich in Gestalt der von Jesus und seinen Aposteln gewirkten Wunder, nur noch "menschliche Zeugnisse von Geist und Kraft" zurückgeblieben seien, daß aber bloße "Nachrichten von Wundern" diese selbst niemals ersetzen könnten. Und er steigerte, bezeichnend für den Tiefgang seiner Kritik, diesen Vorwurf schließlich zu der bewegenden Klage:

> Das, das ist der garstige breite Graben, über den ich nicht kommen kann, sooft und ernstlich ich auch den Sprung versucht habe. Kann mir jemand hinüberhelfen, der tu' es; ich bitte ihn, ich beschwöre ihn. Er verdienet ein Gotteslohn an mir [285].

Im Blick auf die Rezeptionsgeschichte dieses Notschreis wirkt das *Heidegger*-Wort wie ein Anachronismus. Denn es übersieht, daß *Kierkegaard* darauf mit seinem ganzen Ingenium, nicht nur in seinen "Philosophischen Brocken" (von 1844), sondern mehr noch in der sein religionsphilosophisches Denken krönenden "Einübung im Christentum"

---

284 *Heidegger, Platons Lehre von der Wahrheit. Mit einem Brief über den "Humanismus"*, Bern 1954, 103.

285 Dazu die Ausführungen meiner *Schrift "Glaubensverständnis. Grundriß einer hermeneutischen Fundamentaltheologie"*, Freiburg/Br. 1975, 29 f., wo auch von der Rezeption dieses Notschreis durch *Kierkegaard* die Rede ist.

(von 1850) geantwortet hatte [286]. Um so aktueller ist es jedoch als Hinweis auf das der wissenschaftlichen Theologie noch immer anhaftende Heils-Defizit. Denn von einer Rezeption der *Kierkegaard*schen Antwort kann allenfalls in Ansätzen die Rede sein. Neben inneren Gründen, zu denen hauptsächlich die schwer zu überwindenden szientifischen Strukturen zu rechnen sind, mögen dafür nicht zuletzt auch äußere, insbesondere in Gestalt der therapeutischen Praktiken, wie sie in der kirchlichen Randszene aufkamen, haftbar zu machen sein. Wenn aber die Kritik *Lessings* zutrifft, wonach die Wunder Jesu im Lauf der Christentumsgeschichte zu bloßen "Nachrichten von Wundern" herabgesunken seien, läßt sich kein noch so triftiger Grund angeben, der die Theologie von der Aufgabe der Wiedergewinnung des Heils im biblischen Vollsinn dispensieren könnte. Es ist dann freilich, wie ihr *Hans Schaefer* ins Stammbuch schrieb, mit einer bloßen Ausweitung des Begriffs "caritas" oder mit einer Rückbesinnung auf "Jesus als Heilpraktiker" nicht getan; vielmehr muß sie im Sinn dieses höchst bedenkenswerten Votums lernen, "im strengen Sinn des Begriffs 'psychosomatisch' zu denken" [287]. Das mit allen Mitteln anzusteuernde Nahziel ist somit, im Rückblick auf *Balthasar* formuliert, erst mit einem "Kategorienwechsel" erreicht.

Ein erster Schritt auf diesem Weg wäre zweifellos dann bereits getan, wenn der Glaube aus seinem intellektuellen Verständnis, in das er durch die "analysis fidei" abgedrängt und in dem er durch die neuscholastische Glaubenstheorie fixiert wurde, wieder auf seine biblische Grundkonzeption zurückgeführt und in seiner Gestalt als "Vertrauensglaube"wiederhergestellt würde [288]. Einen mächtigen Anstoß zu dieser Rückbesinnung verdankt die Theologie der Streitschrift *Martin Bubers* "Zwei Glaubensweisen" (von 1950), die ihr, wenngleich in polemischer Verzerrung, den Abfall vom Vertrauensglauben der Propheten, den in vollem Umfang auch noch Jesus geteilt habe, zum Vorwurf macht [289]. Als hilfreiche Erinnerung könnte ihr

---

[286] Dazu nochmals der Hinweis in meiner Schrift *"Jesus für Christen"*, 25 f.

[287] *Schaefer,* Dein Glaube hat dich gesund gemacht, 52; dazu auch meine Schrift *"Gott im Kosmos und im Menschen"*, Graz 2000.

[288] Für die Anfänge dieser Entwicklung siehe *Gregor von Valenzia, Analyse des katholischen Glaubens* (Analysis Fidei Catholicae), Waldsassen 1932, für die neuere Entwicklung *Uwe Gerber, Katholischer Glaubensbegriff. Die Frage nach den Glaubensbegriffen der katholischen Theologie vom I. Vatikanum bis zur Gegenwart*, Gütersloh 1966.

[289] Dazu die Stellungnahme meiner Schrift *"Glaubensverständnis"*, 72ff. Als eindruckvolles Plädoyer für eine Erneuerung dieser biblischen Glaubensform hat *Hans Küngs* Werk *"Existiert Gott?"* (München

auch das Verfahren von so kämpferisch eingestellten Kirchenschriftstellern wie *Tertullian* und *Epiphanius* dienen, die beide wichtige Teile ihres antihäretischen Schrifttums therapeutisch verstanden wissen wollten und demgemäß deklarierten, der eine in seiner "Arznei gegen den Skorpionenstich" *(Scorpiace),* der andere in seinem "Arzneikasten" *(Panarion).* In der Konsequenz dieser Besinnung läge ein Glaube, der sich nicht nur als "antwortende Rezeption" der göttlichen Heilszusage verstünde, sondern im Akt seiner Selbstbezeugung bereits darauf ausginge, den Adressaten des Zeugnisses etwas von seiner eigenen Heilserfahrung zu vermitteln.

Der entscheidende Schritt bestünde jedoch erst darin, daß das wiedergewonnene Vertrauensmoment - die von *Buber* im christlichen Glaubensbegriff vermißte *"emuna"* -, und mit ihm zusammen das als Sinnziel der göttlichen Selbstzuwendung begriffene "Heil" auf die Heilstat Christi bezogen und der Glaube demgemäß als der Eintritt in die Lebensgemeinschaft mit ihm verstanden würde. Denn "Grund" zum Vertrauen ist im Vollsinn des Wortes erst dann gegeben, wenn die Angst vor der Bodenlosigkeit des Daseins vollständig ausgeräumt ist. Das aber ist, im kritischen Blick auf *Buber* gesprochen, dann noch nicht der Fall, wenn von dem göttlichen Bezugsgrund des gläubigen Vertrauens gefürchtet werden muß, daß er in den Abgrund der Verborgenheit Gottes zurückweichen könne, daß also der sich in seiner Heilstat mitteilende Gott jederzeit die Freiheit behält, sich wieder in die Nacht seiner Ferne zu verhüllen [290]. Gerade auch in dieser alttestamentlichen Perspektive geschieht darum dem Interesse der *"emuna"* erst dann voll Genüge, wenn sich Gott in einer letzten Selbstüberschreitung seiner Liebe als der in seiner Heilszuwendung Verbleibende zu verstehen gibt, wenn er sich also nicht nur (wie nach Ex 3, 14) mit seinem Namen, sondern, wie es im Akt seiner Menschwerdung geschieht, mit seinem Herzen in die Hand des Menschen legt [291]. Das aber ist sowohl nach paulinischem (2 Kor 6, 2) wie nach johanneischem Verständnis (1 Job 4, 18) der Kern der christlichen

---

1978, 625 - 633) zu gelten.

290 Dazu *Christian Schütz, Verborgenheit Gottes. Martin Bubers Werke - Eine Gesamtdarstellung,* Einsiedeln 1975, 303 - 343.

291 Was das für die dieses Herzensgeheimnis "ertastende" Menschenhand besagt, wurde niemals bewegender als in *Gertrud von le Forts* Legendenerzählung *"Der Papst aus dem Ghetto"* (von 1930) zum Ausdruck gebracht; dazu mein Beitrag "Das ertastete Mysterium", in: *Wort und Antwort 19* (1978) 161 - 164.

Botschaft. Mit ihr gelangt der Glaube auf unverbrüchlich festen Boden, so daß er sich als vertrauende Hingabe verwirklichen und als helfende Ermutigung bezeugen kann. Je entschiedener er sich darauf konzentriert, desto bewußter lebt er aus der Erinnerung an das aus dem Ursprung der christlichen Glaubensmöglichkeit gesprochene Herrenwort: "Dein Glaube hat dich geheilt."

2. Die Kontingenzbewältigung

Wenn das Konzept einer "therapeutischen Theologie" nicht selbst wieder Theorie bleiben, sondern diesem Namen Ehre machen soll, muß nun auch von Formen der praktischen Anwendung die Rede sein. Dafür bildet der Glaube die geradezu ideale Umschlagstelle. Denn der christlich verstandene Glaube verpflichtet nicht nur (nach 2 Kor 4, 13) zum bekennenden Zeugnis und (nach 1 Ptr 3, 15) zur dialogischen Selbstrechtfertigung, sondern (nach Jak 2, 14 - 26) nicht weniger auch zur helfenden Tat. Worin diese besteht, muß aber nicht nur im thematischen Interesse genauer umschrieben werden; vielmehr nötigen dazu auch Rücksichten, die mit einer unumgänglichen Grenzziehung zu tun haben. Wie zahlreiche Erscheinungen der bisweilen wild auswuchernden therapeutischen Randszene erkennen lassen, neigt das neu erwachende Verlangen nach religiös vermittelter Heilung dazu, sich auf einen ebenso vermessenen wie aussichtslosen Konkurrenzkampf mit der wissenschaftlichen Medizin einzulassen, um dieser, nicht selten auf dem Weg bedenklicher "Kurzschlußverfahren", den Rang abzulaufen. Was in dieser "Grauzone" an fataler Grenzüberschreitung, unterlassener Hilfeleistung und offener Scharlatanerie geschieht, bedarf keines eigenen Nachweises, weil er durch die Tagespresse laufend erbracht wird.

Statt dessen muß im Interesse einer klaren Grenzziehung mit Nachdruck gesagt werden, daß es sich bei der Wiedergewinnung der therapeutischen Dimension für die Theologie keinesfalls darum handelt, der Medizin das ihr zugefallene und von ihr mit unbestreitbarem Erfolg verwaltete Terrain wieder streitig zu machen. Alle auf derartige "Rückgewinne" abzielenden Strategien verstoßen gegen die Logik des kulturgeschichtlichen Differenzierungsprozesses, der, wie bereits wiederholt angedeutet, für die Theologie nicht nur den Charakter eines gigantischen "Verlustgeschäftes" hatte, sondern ihr in der Auseinandersetzung mit den aus der ursprünglichen Einheitskultur ausgegliederten "Institutionen" auch zu einer strengeren Konzentration auf ihre ureigene Aufgabe und dadurch zu einem wesentlicheren Selbstverständnis verhalf. Insofern sprechen nicht nur "kulturpolitische", sondern auch binnentheologische Gründe gegen jeden Versuch, die zustande gekommene Entwicklung auch nur partiell wieder rückgängig zu machen. Das ginge in letzter Sicht sogar gegen die christliche Konzeption von "Einheit", von der ebenso wie von der mit ihr transzendental verklammerten "Wahrheit" gilt, daß sie, wie *Hans Urs von Balthasar* in Erinnerung an origenistisches Gedankengut betonte, "symphonisch", und das besagt, als sich aus vielfältigen Zusammenhängen aufbauend gedacht werden muß [292]. Wenn es sich aber so verhält, kann die Wiederannäherung der getrennten Bereiche nur den Charakter eines "kulturellen Ökumenismus" haben, der nicht auf die Errichtung eines monolithischen Blocks, sondern auf den Aufbau einer lebendigen Spannungseinheit abzielt.

Auf die Frage nach der praktischen Anwendung zurückbezogen, heißt das, daß die religiös vermittelte Heilung, wie sie heute gefordert ist, die Kompetenz der Medizin respektieren und sich demgemäß auf den Bereich konzentrieren muß, der von der Medizin - auch unter Einbeziehung der psychosomatischen und psychotherapeutischen Disziplinen - nur unvollkommen abgedeckt wird. Formal bezeichnet, ist das der psychophysische Bereich, dessen Mitbeteiligung selbst bei scheinbar rein organischen Erkrankungen zunehmend erkannt, wenngleich nur mehr fragmentarisch in die therapeutischen Bemühungen einbezogen wird. Daß hier der wissenschaftlichen Medizin Grenzen gezogen sind, die sie, wenn überhaupt, dann nur mit Hilfe einer kooperativ, doch gegensinnig verfahrenden Theologie überwinden kann, folgt ursächlich aus dem Zwang zur Vergegenständlichung, dem sie als Wissenschaft ebenso unterliegt, wie sie ihn auf den von ihr behandelten Patienten ausübt.

In eine noch tiefere Problemschicht führte die Erkenntnis, daß die wissenschaftlich-technische Vergegenständlichung in einem strukturellen Zusammenhang mit der Tendenz der gesellschaftlich organisierten Lebenswelt steht, den ihr unterworfenen Menschen auf eine bloße "Funktionseinheit" zu reduzieren. Insofern stellt sich das gesellschaftliche "Über-Ich" als die soziale Konsequenz der wissenschaftlich-technischen

---

292 *Balthasar, Die Wahrheit ist symphonisch, Aspekte des christlichen Pluralismus*, Einsiedeln 1972.

Weltauslegung und diese als der ideologische Überbau der modernen Gesellschaft dar. Das rückt zwar die von der Medizin ausgeübte "strukturelle Gewalt" in einen größeren, die gesamte Lebenswelt durchgreifenden Kontext; doch wird die Notlage des davon betroffenen Menschen dadurch eher verschärft als gemindert: gemindert allenfalls in dem Sinn, daß ihm bei seiner medizinischen Behandlung nichts widerfährt, was ihm nicht bereits allenthalben, in Arbeit, Beruf und Kulturkonsum, begegnet wäre.

In die volle Problemtiefe führt jedoch erst die - vor allem durch die Daseinsanalyse *Heideggers* vermittelte - Einsicht, daß im Menschen selbst eine Anfälligkeit für diesen entfremdenden "Kulturdruck" besteht. Er ist, um diesen anthropologischen Leitgedanken nochmals aufzugreifen, in seiner faktischen Verfassung nicht das, was er von seiner Möglichkeit her sein könnte und aufgrund seiner personalen Bestimmung sein müßte. Er lebt, so gesehen, in der Regel unter dem ihm zubestimmten "Seinssoll". Insofern schlägt das ihm von der medizinischen Behandlung zugefügte "strukturelle Leiden" in die Kerbe eines Defizits, an dem er immer schon selber "leidet".

Verschärft wird dieses Leiden durch die als "Selbstzerwürfnis" gekennzeichnete Krisenerfahrung, die von *Kierkegaard* und *Reinhold Schneider* erkundet und inzwischen als die spezifische Existenznot des heutigen Menschen erwiesen wurde [293]. Wer von seiner Triebstruktur her geschwächt und in seiner Vitalität "angeschlagen" ist, bringt schon von sich aus den Antrieb nicht auf, sein Dasein personal zu integrieren und damit die von *Romano Guardini* geforderte "Annahme seiner selbst" zu vollziehen. Er befindet sich, diagnostisch gesehen, in einem pathologischen Zustand. Es steht auch außer Frage, daß diese Verfassung, sofern sie nicht geradezu Krankheitsprozesse auslöst, doch deren Überwindung in Therapie und Rekonvaleszenz aufs schwerste beeinträchtigt. Sie hält den Kranken, strukturell ausgedruckt, im Stadium der Entfremdung nieder, in den ihn die Eigengesetzlichkeit der Behandlung versetzte. So verhindert sie, daß er sich aus der Verfremdung zum "Fall" erhebt, um sich, zum Subjekt seines eigenen Genesungsprozesses geworden, an diesem aktiv zu beteiligen. Die Frage ist nur, wie dieser Erkrankung des Lebenswillens beizukommen ist.

Wie so oft, führt auch hier der Lösungsweg über eine Vertiefung der Erkenntnis. Tatsächlich ist mit Ausdrücken wie "geschwächte

---

293 Dazu nochmals die Ausführungen S. 83 ff., 89 f f.

Triebstruktur" und "gebrochene Vitalität" der Problemkern noch nicht getroffen. Um so mehr erreicht ihn ein Begriff, der von der soziologisch orientierten Religionsphilosophie, wenngleich ohne Wissen um seine metaphysischen Implikationen, dadurch in die Debatte geworfen wurde, daß sie den Sinn von Religion als den der "Kontingenzbewältigung" bestimmte [294]. Tatsächlich ist dieser Begriff wie kaum ein anderer geeignet, den Problemkern der angesprochenen Existenzkrise aufzuhellen. Was der im Selbstzerwürfnis begriffene Mensch erfährt, ist, jenseits aller kulturellen und strukturellen Beeinträchtigungen, das Faktum eines Seins, das den Seinsgrund nicht in sich selbst trägt und das darum immer nur "hat", was es "ist". Zweifellos gehört das zur Grundkonstitution des Menschen. Doch gehört es ebenso sehr zu seiner faktischen Verfassung, daß ihm dieser, mit *Nietzsche* zu reden, "Grundtext" seines Daseins verborgen bleibt, überstrahlt durch die "Protuberanzen" seines Lebenswillens. Emporgetragen durch den Auftrieb seiner Vitalität, täuscht er sich über seine tatsächliche Seinsschwäche ständig hinweg. Darin brachten nun aber die von *Freud* diagnostizierte Schwächung der Triebstruktur, zusammen mit dem signifikanten Schwund an Willens- und Lebenskraft, an dem vor allem die heutige Jugend leidet, einen radikalen Wandel. Die Aura der vitalen Selbsttäuschung verfiel, so daß dem heutigen Menschen seine tatsächliche Konstitution in geradezu "skelettierter" Offenheit vor Augen liegt. Am Ende eines Zeitalters, das im Überschwang des *"Juvet vivere"* begann und in Bekundungen einer ontischen Resignation endete, sieht sich der Mensch wie kaum einmal in seiner Geschichte mit der Wahrheit seiner selbst konfrontiert. Darin besteht die Chance seiner Heilung.

Es ist, wie kaum noch gesagt zu werden braucht, die Chance seiner religiösen - nicht mehr der medizinischen - Heilung. Denn bis in die Tiefen dieser Existenznot reicht kein diagnostischer Blick und kein therapeutisches Verfahren. Wohl aber greift hier jene Hilfe ein, die nach *Kierkegaard* identisch mit dem Helfer ist, die also in seiner helfenden Selbstübereignung besteht [295]. Tatsächlich erwecken die knappen Andeutungen des Evangeliums, in denen Jesus die von ihm aufgenommene Tischgemeinschaft mit den "Zöllnern und Sündern" mit Bekundungen

---

[294] Dazu etwa *Hermann Lübbe,* Vollendung der Säkularisierung - Ende der Religion? In: *Oskar Schatz* (Hrsg.), *Was wird aus dem Menschen?,* Graz 1974, 145ff.; ferner *Niklas Luhmann, Funktion der Religion*, Frankfurt/M. 1977.

[295] Dazu die abschließenden Bemerkungen des Abschnitts über das "Selbstzerwürfnis" (S. 101 f.).

seiner Betroffenheit durch ihr Elend und, tiefer noch, mit Äußerungen aus der Tiefe seines Existenzaktes rechtfertigt, den Eindruck, als hätten sie bis auf diese Zeit "gewartet", um vor dem Hintergrund heutiger Existenzerfahrung in ihrem Vollsinn ersichtlich zu werden. Umgekehrt war es das Bild des den Bedrängten und Bedrückten zugewandten Helfers, der die Protagonisten der Neuentdeckung Jesu - *"die Jesuspeople"* der beginnenden siebziger Jahre - an ihre Bezugsgestalt verwies, so wie es über ein Jahrhundert zuvor *Kierkegaard* zu seiner letzten, auf die Gegenwart vorausgreifenden Intuition verholfen hatte [296]. Inzwischen stellte die theologische, philosophische und literarische Rezeption dieser Neuentdeckung längst außer Zweifel, daß es sich bei dieser Zuwendung um mehr als um den Auswuchs eines religiös überhitzten Starkults handelte [297]. Vielmehr ergriff hier eine in ihrer Vitalität gebrochene Jugend, dem sinkenden Petrus des Evangeliums vergleichbar (Mt 14, 22 - 33), mit instinktiver Sicherheit die Hand, in der sich ihr die einzig mögliche Rettung darbot. Um so mehr stellt sich auch hier die Frage nach der konkreten Vermittlung.

Das aber ist, gerade auch im Sinn des Evangeliums gesprochen, die Frage nach dem Gebet. Denn in seiner Urgestalt mündet das von Jesus "gelehrte" Normgebet aus in die Bitte: "Und führe uns nicht in Versuchung." (Lk 11, 4). Zweifellos geht es in dieser Bitte um Bewahrung vor der Urversuchung des Menschen, sich aufzugeben und fallenzulassen, also der von *Kierkegaard* als seine "Krankheit zum Tode" denunzierten Verzweiflung zu verfallen. Sie wehrt das Gebet in der Form ab, daß es dem Beter die Fühlung mit dem unverbrüchlichen Seinsgrund vermittelt und ihm so dazu verhilft, im Bewußtsein seiner konstitutionellen Hinfälligkeit bestehen und überleben zu können. Die praktische Handreichung, die eine therapeutische Theologie anzubieten hat, besteht somit in erster Linie in einer Anleitung zu jenem Gebet, das alle vordergründigen Heilserwartungen auf seine Grundintention hin durchstößt und sich als die durch den Glauben ermöglichte Abwehr der Verzweiflung begreift.

Daß damit das Gebet auf den Glauben zurückbezogen wird, erklärt sich aus dem Zusammenhang beider mit der Gottes- und Sinnfrage. Denn um Gott anrufen zu können, muß sich das Gebet in seinem Selbstvollzug zuerst

---

296 Dazu die instruktive Schrift von *Gerhard Adler, Die Jesus-Bewegung. Aufbruch der enttäuschten Jugend*, Düsseldorf 1972, 84ff.; ferner die oben gegebenen Hinweise.

297 Dazu nochmals die einleitenden Ausführungen meiner Schrift "Jesus für Christen".

der Existenz des von ihm Angerufenen versichern. Das aber geschieht dadurch, daß das Gebet jene Aufstiegsbewegung vollzieht, die mit der Frage nach Gott beginnt, zur Annahme seiner Existenz fortschreitet und im Vernehmen der Antwort, die er mit seinem Selbsterweis gibt, an ihr Ziel gelangt. Die nur gefühlte Antwort des Gebets verlangt aber, der Erwartung der Ausgangsfrage zufolge, nach ihrer artikulierten Vollgestalt. Und die gibt der an das Gottesgeheimnis hingegebene und von ihm durchlichtete Glaube, der sich dadurch ebenso als die Krönung des Gebets erweist, wie dieses als seine Anbahnung verständlich wird. Was aber den therapeutischen Zusammenhang betrifft, so stellt er sich spontan mit dem Begriff der "Kontingenzbewältigung" her. Wer, angeleitet durch die therapeutische Theologie, so beten lernt, daß er dadurch Fühlung mit der unverbrüchlichen Gotteswirklichkeit gewinnt und sie als die antworthafte Erfüllung seiner Sinnsuche begreift, hat die Not seiner Kontingenz auch schon mit dem Glück einer ihn zutiefst beruhigenden und stabilisierenden Geborgenheit vertauscht. Das aber genügt, um ihm zu einem affirmativen Verhältnis zu sich und seinem Dasein zu verhelfen. Wo ihn gerade noch die dunkle Woge der Verzweiflung zu überfluten drohte, gewinnt er eine ganz unverhoffte und deshalb um so beglückendere Ermutigung zum Sein. Wenn aber sie erst einmal gewonnen ist, ist auch die Voraussetzung zum aktiven Mitvollzug einer Therapie und zur Stützung des Genesungsprozesses gegeben. Zu fragen bleibt nur noch, ob sich im Zug dieser Affirmation auch das Verhältnis des Patienten zu seiner Krankheit wandelt.

3. Die Annahme des Unannehmbaren

Schon der Krankheitsfall ist für den auf ein affirmatives Verhältnis zu sich und seiner Lebenswirklichkeit eingestellten Menschen inakzeptabel. Denn sein Zug zur Selbstverwirklichung bringt ihn dazu, die Lebenswirklichkeit als das Feld anzusehen, auf dem er sich in sinnvollen, "konstruktiven" Aktivitäten bewährt. Daran gemessen kommt die Krankheit einem "Einwurf" gleich, der sich einer positiven Einordnung entzieht und von ihm deshalb als unerwarteter Rückschlag empfunden wird. Daß sich damit ein wie immer gearteter "Sinn" verbinden könne, liegt so weit außerhalb des normalen Lebensentwurfs, daß der Gedanke daran wie eine absurde Unterstellung anmutet. Die Folge ist, daß die Krankheit als eine ebenso störende wie unerwünschte Unterbrechung des sinnvollen

Lebensvollzugs erscheint, die man im Interesse des möglichst bruchlosen Wiedereinstiegs in diesen nicht rasch genug hinter sich bringen kann. Von einer Akzeptanz der Krankheit oder auch nur einer pragmatischen Nutzung der mit ihr nicht selten verbundenen Vergünstigungen kann im Rahmen dieses Vorstellungskreises nicht die Rede sein. Allenfalls meldet sich im nachhinein das unbehagliche Gefühl, aufgrund dieser Einstellung einen von der höheren Lebenslogik gegebenen Wink übersehen und dadurch eine gebotene Chance verfehlt zu haben.

Die damit angesprochene "Lebenslogik" gehört jener Schicht des Menschenwesens an, die nicht nur um seine Todesbestimmung weiß, sondern diese auch als eine unverzichtbare Komponente des menschlichen Daseinssinns begreifen lehrt. Ihr liegt der Krankheitsfall keineswegs so fern, daß sie ihn nur als Rückschlag begreifen und als eine im Grunde inakzeptable Störung des Lebenskontextes abweisen müßte. Dafür sieht sie in der Krankheit viel zu deutlich die Ankündigung des Lebensendes, den Vorboten des Todes. Dies freilich durchaus nicht in resignativer Tendenz, da es, wie schon die Rede vom Schlaf als dem Bruder des Todes suggeriert, zahllose Formen des vorweggenommenen Endes gibt. Dennoch steht diese "Lebenslogik" mit den formalen Denkgesetzen in einem so starken Spannungsverhältnis, daß sie erst in der Gegenwart, näherhin mit Hilfe der unter dem Eindruck der Schrecknisse der modernen Diktaturen und Kriege entwickelten "negativen Dialektik", denkerisch nachvollziehbar wurde. Denn dadurch wurde klar, daß "Sinn" nicht nur dort gefunden - und gestiftet - werden kann, wo sich adäquate, aber noch getrennte Elemente zu übergreifenden Einheiten zusammenfügen lassen, sondern auch dort, wo Zusammenhänge auseinanderbrechen und Sinngestalten zerschlagen wurden. Das heißt, auf den Fall der Krankheit bezogen, durchaus nicht, daß ihr nachträglich eine "Bedeutung" zugemessen werden müßte, wohl aber, daß ihr mit der Bereitschaft zur Akzeptanz zu begegnen wäre. Denn damit begänne sie sich im Anschein ihrer Sinnwidrigkeit eben doch als sinnvoll zu erweisen, und wäre es auch nur in der Form, daß sie der Sinnfrage gerade dort, wo sie sich totzulaufen schien, neuen Auftrieb gäbe.

Schon hier meldet sich leise die Erinnerung an jene Stellen des Evangeliums, die sich - wie der Wehruf Jesu über die Erbauer von Denkmälern für die ermordeten Propheten oder sein Appell "Arzt, heile dich selbst!" erst unter der Voraussetzung der negativen Dialektik voll erschließen. Bevor diesem Fingerzeig nachgegangen werden kann, gilt es jedoch erst noch jene Radikalform von Krankheit ins Auge zu fassen, die durch das Verdikt der "Unheilbarkeit" belastet ist: die chronische Erkrankung. Denn mit der normalen Krankheit verbindet sich stets die Hoffnung, sie nach kürzerer oder längerer Zeit als völlig oder doch annähernd Geheilter überstehen zu können. Insgeheim ist diese Hoffnung zugleich von der Erwartung unterbaut, daß dann auch die im Lebenskontext entstandene "Lücke" möglichst rasch geschlossen und dort, wie man sich einzureden pflegt, wieder angefangen werden könne, wo bei Eintritt der Krankheit "abgebrochen" werden mußte. Wenn an dieser Modellvorstellung auch vieles illusionär ist, verhilft sie dem Genesenen doch in erheblichem Umfang dazu, zur Normalität der Verhältnisse zurückzukehren und die Krankheit aus seiner Lebensbilanz zu streichen. In seiner lebensgeschichtlichen Erinnerung kommt sie dann nur noch als eine zwar dunkle, aber doch glücklich überstandene Episode vor.

Ganz anders der chronisch Erkrankte! Ihm bleibt, am Ziel seiner Restitution gemessen, nur die Chance, daß sich die ihm zugesprochene Unheilbarkeit bei genauerer Überprüfung als Fehldiagnose herausstellt, oder daß er im Wettlauf mit dem medizinischen Fortschritt noch den Zeitpunkt erlebt, an dem die erfolgreiche Behandlung seines "chronischen" Leidens doch noch möglich wird. Im Normalfall wird ihn dagegen die Krankheit bis an sein Lebensende begleiten, selbst wenn sie als solche nicht zu seinem Tod führt. Doch selbst in diesem milderen Fall bildet sie sein unabweisliches Schicksal, so daß sich die Frage seines Lebenssinns an der Annahme dieser "Unannehmbarkeit" entscheidet. Denn wie dem Begriff "unheilbar" ein Vorgeschmack des Todes beigemischt ist, dringt mit der Diagnose "chronisch" etwas von der Negativität des Todes in das Selbstbewußtsein des Kranken ein.

Was "Tod" besagt, läßt sich im Grunde nur dialektisch bestimmen. Denn so sehr er die unumgängliche Konsequenz der kontingenten Lebensgestalt ist, wird er doch zugleich als deren radikale Infragestellung empfunden. Alles spricht dafür, daß er hingenommen werden muß; und doch erscheint er zugleich als das absolut Inakzeptable. Deshalb muß sich die Zustimmung zum Tod durch die "Wand" der Auflehnung des innersten Lebenswillens gegen ihn hindurcharbeiten. Das bringt es mit sich, daß sie selbst schon den Charakter eines vorweggenommenen Sterbens hat. Ganz ähnlich gestaltet sich die Akzeptanz einer chronischen Erkrankung, gleichgültig, ob sie dem Bereich der Tumorkrankheiten, der Herz-Kreislauf-Erkrankungen, der rheumatischen Leiden oder der Suchtkrankheiten angehört [298]. Sie ist qualitativ anderer Art als die Verarbeitung einer Krankheit, die sich mit der Hoffnung auf Genesung und Wiederherstellung verbindet. Auch wenn dem chronisch Erkrankten ein Restbestand dieser Hoffnung in der Form bleibt, daß sich bei einer neuerlichen Diagnose die Heilbarkeit seines Leidens herausstellt, daß ein Wechsel der Therapie zu besseren Heilungserfolgen führt, oder daß er den Wettlauf mit der medizinischen Forschung in der Form gewinnt, daß aufgrund neu entwickelter Verfahren nun nicht mehr auf "chronisch krank" erkannt zu werden braucht, ist und bleibt die Bewältigung doch letztlich an seine Fähigkeit zur Akzeptanz des Unannehmbaren gebunden.

Im Blick auf das *Guardini*-Postulat, wonach die fundamentale Aufgabe des Menschen in der "Annahme seiner selbst" besteht, könnte man sagen, daß sich die Bewältigung einer chronischen Erkrankung zum Extremfall dieser "Annahme" zuspitzt. Um einen Extremfall handelt es sich hier insofern, als es sich um die Annahme eines in Teilen seiner Selbstverwirklichung zuständlich geminderten Menschseins handelt. So wird der chronisch Erkrankte sich damit abfinden müssen, je nach Krankheitsbild nie mehr die volle Berufstätigkeit ausüben, nie mehr seinem Lieblingssport nachgehen, nie mehr eine größere Reise unternehmen oder, was noch ungleich tiefer ins "Fleisch" seines Lebenskonzepts schneidet, nie mehr über seine volle Bewegungsfreiheit, Hingabefähigkeit oder geistige Kreativität verfügen zu können. Das aber heißt, daß sich die Annahme seiner selbst in seinem Fall, wiederum je nach Art und Umfänglichkeit des jeweiligen Krankheitsbilds, zur Akzeptanz eines nur noch "fragmentarischen" Menschseins steigert. Es liegt auf der Hand, daß menschlicher Zuspruch und Zuwendung bei der Lösung dieser Aufgabe immer nur einen peripheren Beistand leisten können. Und daran wird sich auch angesichts der Erwartung nichts ändern, daß neue, mediengestützte Versorgungsformen gerade solchen Kranken Sekundärerfahrungen in so reicher Fülle vermitteln können, daß ihnen der krankheitsbedingte Entzug aktiver und rezeptiver Primärerfahrungen nicht mehr als peinigende Dauerbelastung zu Bewußtsein kommt. Denn auch angesichts dieser im Augenblick noch eher utopisch wirkenden "Zukunftsmedizin" ändert sich nichts an der Tatsache, daß er bei der Bewältigung der sich ihm durch seine

---

[298] Dazu der Sammelband *"Chronisch-Kranke. Eine neue Herausforderung der Medizin"*, hrsg. von der Katholischen Ärztearbeit Deutschlands, Köln 1983.

Krankheit stellenden Aufgabe wie nur je bei einem Schicksalsschlag auf sich selbst zurückgeworfen und alleingelassen ist. Alleingelassen, wie dem unverzüglich hinzugefügt werden muß, sofern er nicht für religiöse Hilfe offen und ansprechbar ist.

Im Grunde ist damit schon gesagt, daß durch den Tatbestand chronischer Erkrankung die therapeutische Theologie auf den Plan gerufen ist. Freilich kann in diesem Fall die konkreteste Hilfe, die sie anzubieten hat, nur die allgemeinste sein. Und das besagt, daß sie ihr Bestes gerade dann tut, wenn sie den chronisch Kranken an die Mitte des Christentums zurückverweist. Dort aber steht, wie in keiner vergleichbaren Weltreligion, der Inbegriff der Negativität, das Kreuz, verstanden als der sichtbar gewordene Todesschrei Christi [299]. Indessen kann es auch das Christentum nur wagen, den Inbegriff der Negativität ins Zentrum seiner Heilsaussage zu rücken, weil es gleicherweise vom stellvertretenden Sinn des Kreuzesleidens Jesu und von seiner exemplarischen Bewältigung durchdrungen ist. In seinem Notschrei nimmt der Gekreuzigte die Stimmen aller auf, die sich jemals für und zu Gott erhoben. Das eine erkannte schon *Nikolaus von Kues,* wenn er das in die Welt hineingesprochene Gotteswort durch die "Modulationen", die es in den prophetischen Zeugnissen und nicht zuletzt in der Lebensgeschichte Jesu erfuhr, schließlich in seinen Todesschrei ausmünden läßt. Nachdem er zunächst auf die inwendige und die prophetische Bezeugung der göttlichen Selbstzusage zu sprechen kam, geht er abschließend auf ihre letzte und entscheidende Steigerung ein:

> Nachdem sich diese große Stimme jahrhundertelang ununterbrochen bis auf Johannes gesteigert hatte, die Stimme des Rufenden in der Wüste, der mit dem Finger auf den Erlöser hinwies, hat sie endlich Menschengestalt angenommen, und am Ende einer langen Reihe von Modulationen ..., die uns zeigen sollten, daß von der Liebe unter allen schrecklichen Dingen das schrecklichste gewählt werden musste, nämlich der sinnliche Tod - stieß sie einen großen Schrei aus und verschied [300].

---

[299] Dazu die Ausführungen meiner Schrift *"Der schwere Weg der Gottesfrage"*, Düsseldorf 1982, 94 - 118.

[300] *Nikolaus von Kues, Excitationes III*, nach *Henri De Lubac, Katholizismus als Gemeinschaft*, Einsiedeln/Köln 1943, 405.

Das andere betont lange zuvor schon die "älteste Passionsgeschichte", die in einem Wort des Hebräerbriefs erhalten blieb und in ihrer schwierigeren und deshalb zweifellos ursprünglichen Lesart folgenden Wortlaut hat:

In den Tagen seines Erdenlebens hat er unter Wehgeschrei und Tränen Bitten und Flehrufe an den gerichtet, der ihn vom Tod erretten konnte. Und er ist erhört und aus seiner Todesnot befreit worden (5,7) [301].

Was eine therapeutische Theologie dem chronisch Kranken im Anschluß an diese Stelle vor allen Dingen klarzumachen hätte, ist die alle Proportionen - und Erwartungen - sprengende Form der von ihr ausgesagten Erhörung. Denn am Kreuz Christi geschah nach dem übereinstimmenden Bericht der Evangelien gerade nichts von dem, was menschlicher Heilserwartung entsprochen hätte. Nicht nur, daß jede himmlische Hilfe ausblieb; nicht einmal eine Menschenhand rührte sich, um dem Gekreuzigten auch nur eine Erleichterung seiner Qualen zu verschaffen. Und doch bleibt die älteste Passionsgeschichte bei ihrer Überzeugung, daß er, der nach der Cusanus-Stelle im Namen aller nach Gott schrie, "erhört und aus seiner Todesnot befreit wurde". Das aber kann nur heißen, daß sein Notschrei eine Beantwortung jenseits aller menschlichen Sinn- und Heilserwartung erlangte, sofern Gott selbst in seiner Göttlichkeit die ihm gegebene Antwort war. Im Falle Jesu heißt diese Antwort, wie am dritten Tag nach seinem Kreuzestod "ersichtlich" wird: Auferstehung. Doch schließt dieser Inbegriff des gottgeschenkten neuen Lebens die Zuwendung innerweltlicher Tröstungen durchaus ein. Was in der Auferstehung Christi definitiv "in Erscheinung" tritt, kann in der Lebensgeschichte eines Kranken auf vielfältige Weise "vorgefühlt" werden: als Trost, als Beruhigung, als Bestätigung, vor allem aber als die Bewahrung vor der Urversuchung des kontingenten Menschseins, der Verzweiflung.

Umgekehrt konkretisiert sich damit auch schon das, was der Hebräerbrief als die Erhörung dessen zu verstehen gibt, der im Namen aller an den Rand ihrer Lebensmöglichkeit Gedrängten nach Gott schrie. Eine darauf abgestimmte "Diakonie" wird gerade den schwer und chronisch Kranken in immer neuen Sprachen klar zu machen haben, daß sie dem Herzen des

---

[301] Dazu das Kapitel "Die älteste Passionsgeschichte" meiner Schrift *"Älteste Heilsgeschichten"*, 45 - 59.

Gottes, an den sich der Notschrei des Gekreuzigten richtete, am nächsten stehen und deshalb in einem letzten Sinn nicht alleingelassen sind. Sie wird ihnen des weiteren Erfahrungen der Befestigung und der Geborgenheit in diesem Gott vermitteln müssen. Und sie wird sie vor allem dazu führen müssen, ihr Leiden als eine einzige fortwährende Anrufung dieses Gottes und Gott als die ihnen immer schon gegebene "leibhaftige" Antwort auf ihren Anruf zu begreifen. Es versteht sich von selbst, daß es sich dabei um einen langwierigen Lernprozeß handelt, der nur in wiederholten Versuchen der Annäherung und Einübung an Boden gewinnt [302]. Nicht weniger deutlich ist aber auch, daß dieser Lernprozeß entscheidend dadurch begünstigt wird, daß sich der behandelnde Arzt an ihm mitbeteiligt. Wie kaum irgendwo sonst bezeichnet die Begegnung mit dem chronisch Kranken die "Stelle", an der er aus seiner Rolle als Therapeut hervortreten und dem Patienten als "Nächster" begegnen muß. Denn der Nächste ist im Sinne des lukanischen Gleichnisses, wie erinnerlich, in erster Linie nicht derjenige, der die hilfreiche Zuwendung benötigt, sondern der Barmherzige, der sich seiner annimmt.

4. Das Pharmakon Hoffnung

Einer hoffnungsarmen Zeit rief *Ernst Bloch* ein ungemein hilfreiches Stichwort zu, als er unter dem Titel "Das Prinzip Hoffnung" Wege zu einer besseren Welt erkundete [303]. Inzwischen machte *Hans Schaefer* die therapeutische Effizienz der Hoffnung in einer Weise deutlich, daß man in Abwandlung des Bloch-Titels von dem "Pharmakon Hoffnung" sprechen könnte [304]. Doch worin besteht die schon von der Antike erkannte, wenn

---

302 Das damit angedeutete Vorgehen läßt sich kaum besser als mit dem veranschaulichen, was *Eckart Wiesenhütter* (im Anschluß an ein kryptisches Heidegger-Wort) das "umkreisende Denken" nannte: Religiöse Phänomene in psychotherapeutischen Behandlungen, in: *Arie Sborowitz* (Hrsg.), *Der leidende Mensch*, Darmstadt 1965, 295 - 309.

303 *Bloch, Das Prinzip Hoffnung*, Frankfurt/M. 1959.

304 Darin erblickte offensichtlich auch *Wolfgang Cyran* das Proprium der bereits erwähnten Schrift "Dein Glaube hat dich gesund gemacht", als er seine Würdigung mit dem Titel "Ohne Hoffnung keine Gesundheit" überschrieb. Als Hilfe zum "Grundvorgang der Zustimmung" zur konkret gegebenen Lebenswelt deutete schon *Johanna Herzog-Dürck* die Hoffnung in einem Beitrag des in Anm. [29] erwähnten Sammelbands, der auch wegen seines einleitenden Hinweises auf die suggestive Beschreibung eines depressiven, verfinsterten und sprachlos gewordenen Daseins im alttestamentlichen Weisheitsbuch (17,1 - 20) Beachtung verdient *(Sborowitz,* a. a. O., 352 - 366).

freilich zugleich radikal bezweifelte Heilkraft der Hoffnung? Die Antwort ergibt sich aus dem radikalen Wandel, den ihre Sinngeschichte zwischen Antike und Christentum durchlief. Im antiken Mythos zum "Bodensatz" aller Übel in der Büchse der Pandora erklärt, erfuhr die Hoffnung in der christlichen Verkündigung eine Aufwertung, die ihr schließlich sogar Aufnahme in das Dreigestirn der höchsten Güter verschaffte; denn das paulinische "Hohe Lied der Liebe" schließt mit den resümierenden Worten:

> Nun bleiben Glaube, Hoffnung, Liebe, diese drei: am größten unter ihnen aber ist die Liebe! (1 Kor 13, 13) [305].

Zu dieser eminenten Aufwertung kam es durch den durch Judentum und Christentum herbeigeführten Wandel im Geschichtsbewußtsein. Während die Geschichte nach antiker Vorstellung im Sinn der kosmischen Harmonien eine zyklische Bewegung durchlief, gewann sie durch den jüdisch-christlichen Gottesglauben ein Ziel, das letztlich mit dem Schöpfer und Vollender der Welt selbst gegeben war. Von dort her gewinnt das ganze Dasein, auch das des vom Schicksal geschlagenen, benachteiligten und nicht zuletzt des kranken Menschen, Raum, Zukunft und Sinn. Was er aufgrund seiner im Dunkel des Ursprungs liegenden Konstitution ist, wird ihm von dort her zugewiesen, zugemutet, zugelegt. Und in dieser dreifachen Bestimmung gewinnt die dritte das Übergewicht, weil er sich in der durch den Glauben eröffneten Sicht letztlich aus den Händen eines liebenden Gottes empfängt. "Du bist mein Gott", versichert deshalb der Beter des 31. Psalms: "in deinen Händen liegt mein Geschick" (31, 16). Und in der deuterojesajanischen Prophetie bestätigt Gott diese Zuversicht mit dem Trostwort:

> Kann denn eine Frau ihr Kind vergessen,
> eine Mutter ihren leiblichen Sohn?
> Und selbst wenn sie ihn vergessen könnte:
> ich vergesse dich nicht!
> Schau her: Ich habe dich in meine Hände eingeschrieben!
> (Jes 49, 15 f.)

---

[305] Nur im Vorbeigehen sei erwähnt, daß das Lied aus theologischen Gründen als ein von *Paulus* schon vor seiner Bekehrung geschaffener Hymnus anzusehen ist, der von ihm in redaktionell überarbeiteter Form als Argumentationshilfe in der Frage nach Sinn und Rang der Geistesgaben dem Ersten Korintherbrief eingefügt wurde. Näheres dazu in meiner Schrift *"Paulus für Christen"*, Freiburg/Br. 1985, 118 ff.; 163 - 166.

Was in der alttestamentlichen Bildsprache die "Hand Gottes" tut, vollzieht Jesus in neutestamentlicher Sicht mit der Gebärdensprache seiner ganzen Existenz. Auf der Lebensschwelle stehend, im Überstieg in seine Herrlichkeit, verschafft er mit seinem fordernden "Vater, ich will!" (Joh 17, 24) allen den rettenden Zutritt in das "Vaterhaus" der unverlierbaren Beheimatung und Geborgenheit (14, 6). Damit vollbringt er, was er ist; denn: "Christus in euch - er ist die Hoffnung auf die Herrlichkeit" (Kol 1, 27).

Damit fiel auch schon das Stichwort der Neuorientierung, ohne die es, mit dem Eingangsgedanken gesprochen, keine Heilung gibt. Das wird jetzt verständlich, sofern man nur Krankheit und Hoffnung einem Strukturvergleich unterzieht. Denn mit der Krankheit gewinnen die Daseinsgewichte, zumindest vorübergehend, die Oberhand, die den Menschen nach rückwärts, ins Gewesene und Gewesensein, ziehen [306]. Die Krankheit ist, um ein bereits verwendetes Bild nochmals aufzugreifen, die Schwester - und oft genug auch schon der Vorbote - des Todes. Wer durch eine Krankheit zu stationärer Behandlung genötigt wird, erlebt darum an sich eine "Entrückung" aus dem strömenden Lebenskontext, die sich durchaus wie ein Vorspiel der endgültigen "Ausgrenzung" ausnimmt. Das empfindet der Kranke als eine Art "Stillstand" seiner Lebensgeschichte, wenn nicht geradezu als einen lebensgeschichtlichen "Anachronismus". Dem entspricht die Psychologie des klinisch behandelten Patienten. Die ihn anfänglich bewegenden familiären und beruflichen Probleme beginnen mit dem Fortgang und der Dauer der Krankheit zu verblassen, während gleichzeitig Erinnerungsbilder aus der Vergessenheit auftauchen und schließlich in einer Weise überhandnehmen, daß sie fast seinen gesamten Bewußtseinsraum ausfüllen. Er lebt, was seine Vorstellungswelt betrifft, im Gewesenen. Darin liegen auch durchaus positive Chancen wie etwa die einer Bereinigung ungelöst anstehender Lebensprobleme, der Verarbeitung beiseite geschobener Spannungen und nicht zuletzt auch, mit *Mitscherlich* gesprochen, der Wiedergewinn der "Fähigkeit zu trauern". Insbesondere

---

[306] Erst vor diesem Hintergrund wird die von *Rosenzweig* geübte Idealismuskritik, von der im Eingangskapitel die Rede war, in ihrer ganzen Aktualität ersichtlich; von hier aus erklärt es sich dann aber wohl auch, daß diese Kritik die Frucht eines von schwerer Krankheit überschatteten Denkens war. Unter diesem Gesichtspunkt rückt die Gestalt *Rosenzweigs* in die Nähe von *Peter Wust,* der sein jahrelanges Leiden mit ähnlicher Geduld und Seelengröße ertrug.

aber bahnt sich in dieser Bewußtseinslage die Möglichkeit an, das Verhältnis zu der im Regelfall nur widerwillig hingenommenen Krankheit im Sinne jener "Zustimmung" zu revidieren, die letztlich durch die Todesbestimmung des Menschseins gefordert ist. Über dieser weite Felder der menschlichen Selbstverwirklichung umfassenden Chance darf aber die therapeutische Problematik dieser Bewußtseinslage nicht aus dem Auge verloren werden. Wer sich ihr überläßt, steht, vom Interesse seiner gesundheitlichen Wiederherstellung her gesehen, im Begriff aufzugeben. Und damit unterminiert er, soviel an ihm liegt, alle auf seine Genesung gerichteten Anstrengungen.

Wenn hier in dem Sinn Abhilfe geschaffen werden soll, daß sich der Patient "synchron" zu den auf seine Wiederherstellung ausgerichteten therapeutischen Bemühungen verhält, dann nur mit Hilfe des "Pharmakons" Hoffnung. Denn Hoffnung ist in ihrer theologischen Tiefenstruktur gesehen, die existentielle "Umkehr zur Zukunft" [307]. Der Hoffende entdeckt in sich jenen "Mehrwert" des Daseins, der ihm Grund gibt, von seiner "anachronistischen" Verfassung abzulassen, um sich auf die immer neue "Zukunft" des ihm zugesicherten Heils auszurichten. Wer hofft, weiß, daß er eben dadurch, daß er sich hoffend auf das Kommende bezieht, trivial ausgedrückt, "mehr vom Leben" hat. Und er vollzieht diese Blickwendung nach vorne überdies in der Gewißheit, dadurch keiner Fehlhaltung zu verfallen; denn:

> Die Hoffnung läßt nicht zuschanden werden; denn die Liebe Gottes ist ausgegossen in unsre Herzen durch den Heiligen Geist, der uns gegeben ist (Röm 5, 5).

Zur Hoffnung gibt es also einen zweifachen Grund. Zunächst den der mit ihr selbst gegebenen Gewißheit, die, dem Römerwort zufolge das Hoffnungsverhalten wie mit einem Schutzschild gegen alle durch die "tägliche Lebenserfahrung" genährten und eingegebenen Einwände abschirmt. Indessen veröchte sich diese "Selbstimmunisierung" der Hoffnung gegen die Erosionskräfte der Lebensskepsis auf die Dauer nicht durchzuhalten, wenn nicht der zweite und entscheidende Grund hinzukäme, den Paulus mit dem Wort von der in die Menschenherzen ausgegossenen Gottesliebe

---

307 So der Titel des Sammelbands, den *Jürgen Moltmann* auf der Basis seiner 1964 erschienenen *"Theologie der Hoffnung"* veröffentlichte (München 1970).

benennt. Das aber heißt, daß für Paulus die Sache der Hoffnung letztlich nur von der Gottesverkündigung Jesu her, so wie er sie selbst als seine definitive Lebensaufgabe begriffen und übernommen hat, zu rechtfertigen ist. Sie steht nicht auf sich selbst, sondern auf jenem Grund, außer dem nach seinem programmatischen Wort "kein anderer gelegt werden kann" (1 Kor 3, 11), und der für ihn in der Selbstoffenbarung Gottes im Wirken und Sein Jesu Christi besteht [308].

Für Paulus ist diese Abkünftigkeit der Hoffnung so dominant, daß sie in ihrer Dynamik, also in ihrer mitreißenden und perspektivenwendenden Kraft nur daraus zu erklären ist. Hoffnung ist für ihn, anders gewendet, die Einstrahlung der manifest gewordenen Gottesliebe in das der Rückschau verhaftete, resignativ gestimmte und geängstete Menschenherz. In letzter Vereinfachung besagt das: Hoffnung ist für ihn die Frucht der Liebe. In dieser Überzeugung wendet er sich an seine Gemeinden und durch sie hindurch an die Verunsicherten in aller Welt. Und sein Votum wird für heutige Rezipienten auch dadurch nicht desavouiert, daß es *Ernst Bloch* in einer gleicherweise restaurativ und reaktionär gestimmten wie von Daseinsängsten umgetriebenen Zeit unternahm, das "Prinzip Hoffnung" jenseits aller religiösen Verankerung allein aus der Kraft der dem Spiel der Möglichkeiten vertrauenden "utopischen" Vernunft neu zu konstituieren. Denn bei aller Kühnheit zeigt gerade dieser Versuch, daß die Sache der Hoffnung so auf keinen festen Boden zu bringen ist, sondern der entwerfenden Kraft des Prozeßdenkens und, wie der Schlußteil des Werkes zeigt, dem Sog mythisch-utopischer Wunschbilder überlassen bleibt [309].

Um so näher liegen die Gründe, die für die Selbstvergewisserung der Hoffnung sprechen. Buchstäblich "grundlegend" ist dafür die Einsicht, daß die Hoffnung zu jenen höchsten Gütern des Menschseins gehört, die man - wie Freiheit und Frieden - entweder mit allen zusammen oder überhaupt nicht hat. Diese Einsicht steht hinter dem Werk "Homo Viator" (von 1949), mit dem *Gabriel Marcel* dem christlich verstandenen "Prinzip Hoffnung" in den depressiven Jahren nach dem Zweiten Weltkrieg Geltung zu verschaffen suchte [310]. Deshalb fragt er vor allem nach dem Zug *(nisus)* im

---

308 Dazu die Ausführungen meines Buchs *"Der Zeuge. Eine Paulus-Befragung"*, Graz 1981, 115 - 120.

309 *Bloch,* Das Prinzip Hoffnung, 189 - 1602. Anders als das christlich fundierte Werk von *Karl Matthäus Woschitz "Elpis – Hoffnung. Geschichte, Philosophie, Exegese, Theologie eines Schlüsselbegriffes"*, Freiburg 1979.

310 *Marcel, Homo Viator. Philosophie der Hoffnung*, Düsseldorf 1949.

Erscheinungsbild der Hoffnung, durch den sie über die in Selbstreflexion verstrickte Existenz hinausgreift, um Fühlung mit andern aufzunehmen und sich diesen mitzuteilen [311]. Damit nimmt der Hoffende, selbst wenn ihm dies nicht ausdrücklich bewußt wird, den Mitmenschen in den Lichtkreis seiner Zuversicht mit hinein. So flicht die Hoffnung unablässig das "Netz" gelebter Mitmenschlichkeit, das *Peter Wust* mit seinem Wort von der "Verknüpfung der Seelen" *(nexus animarum)* meinte [312]. Für *Marcel* aber ergibt sich daraus, daß die volle Formel, mit der sich Sinn und Funktion der Hoffnung verdeutlichen lassen, nicht etwa heißt: "ich hoffe", noch nicht einmal "ich hoffe auf dich", sondern erst: "ich hoffe auf dich für uns" [313].

Die therapeutische Anwendung ergibt sich fast von selbst. Es genügt, dem inneren "Zug" der Hoffnung Folge zu leisten, damit konkret geholfen werde. Was für die Liebe eine Selbstverständlichkeit und für den Glauben eine unabdingbare Pflicht (nach 1 Petr 3, 15) ist, muß sich die Hoffnung im Interesse ihrer therapeutischen Effizienz immer neu vor Augen führen: sie darf sich nicht verschweigen oder auf eine Randposition im großen Universum der "Angstgesellschaft" zurückziehen. Vielmehr muß sie, nicht zuletzt im Interesse ihrer Identität, lernen, sich in worthaften und tätigen Selbsterweisen mitzuteilen. So gehört es nach *Marcel* zu ihrem strukturellen Selbstvollzug. "Hoffen" ist daher ein Wort, das im Grunde gar nicht indikativisch, sondern immer nur insinuativ gebraucht werden kann. Es meint eine stimulierende, den andern in die eigene Seinsbewegung hineinnehmende Form des Mensch- und Selbstseins. Nicht erst die Tat, schon die Hoffnung ist ein Prinzip der Veränderung. Im Unterschied zu der revolutionären Tat, die *Karl Marx* bei seinem Postulat in Gestalt der elften These über Feuerbach im Auge hatte, greift sie die gesellschaftlichen Verhältnisse an ihrer Wurzel, dem verunsicherten, geängsteten und deshalb aggressiv gewordenen Menschen an, der zuerst einmal gewandelt werden muß, wenn es zu dem von allen Utopien erhofften Wandel der allgemeinen Verhältnisse kommen soll. Vorzugsadressat der Hoffnung aber ist, wie nun kaum noch gesagt zu werden braucht, der kranke Mensch. Als Patient lebt er in einer geradezu zuständlichen Erwartung eines Wandels seiner Situation. Gleichzeitig schwebt er in Gefahr, daß die ihm auferlegte Krankheit im Maß ihrer Dauer das Hoffnungspotential, über das er verfügt,

---

311 *Marcel,* a. a. O., 51

312 *Wust, Dialektik des Geistes*, Augsburg 1928, 516 - 530.

313 *Marcel,* a. a. O., 76.

aufzehrt. So ist er am vordringlichsten auf Hoffnungsimpulse, vor allem in Gestalt von mitmenschlicher Anrede und Zuwendung, angewiesen. Wenn sie ausblieben, bestünde nicht nur die Gefahr, daß Genesungsprozesse nur verzögert in Gang kämen und das Genesungsziel nur bedingt erreicht würde, sondern die womöglich noch größere, daß sie mit der Anfälligkeit für Rückschläge behaftet blieben. Denn es gilt nun einmal: "Ohne Hoffnung keine Heilung."

Der wirkliche Widerpart der Hoffnung ist nicht die Verzweiflung, die eher als eine rückschlägige und gegen sich selbst gekehrte Form von Hoffnung beschrieben werden müßte, sondern die Angst. Bei ihr muß deshalb die "Überredung zur Hoffnung" einsetzen. In christlicher Sicht ist das nur im Rückgriff auf jenen letzten Grund der Hoffnung möglich, den das Wort aus dem Römerbrief des Apostels Paulus mit der Wendung von der in die Menschenherzen ausgegossenen Gottesliebe benannte. Im Hintergrund stand bei ihm, dem traumatisch von spätjüdischer Gesetzes- und Gottesfurcht Behafteten, die Erfahrung, daß mit Christus die bedingungslos-unwiderrufliche Heilszeit angebrochen sei; denn:

Jetzt ist sie da, die Zeit der Gnade; jetzt ist er da, der Tag des Heils! (2 Kor 6, 2) [314].

Während die Menschheit ihre gesamte Geschichte hindurch unter dem Gefühlszwiespalt von Gottesangst und Gottesfreude liegt, gilt nun, mit dem Ersten Johannesbrief gesprochen, die beglückende Gewißheit:

Furcht ist nicht in der Liebe; vielmehr treibt die vollkommene Liebe die Furcht aus (4, 18).

Am Grund dieser "Wende" lassen die neutestamentlichen Schriften keinen Zweifel. Sie ist die Frucht der religionsgeschichtlichen "Revolution", die Jesus - fernab von jedem revolutionären Gewaltakt - dadurch herbeiführte, daß er den Schatten des Schrecklichen aus dem Bild Gottes tilgte, um darin das Antlitz des bedingungslos liebenden Vaters zum Vorschein zu bringen. Das ist der "neue Gott", zu dem er die Seinen aufblicken, auf den er sie bedingungslos vertrauen und den er sie mit dem Urwort dieses Vertrauens "Abba, Vater!" anreden lehrt. Es lag nur in der Konsequenz dieser

---

314 Zur Bedeutung dieses Schlüsselwortes siehe *Günther Bornkamm, Paulus*, Stuttgart 1977, 166 f.

Anleitung, wenn Paulus im Eingang des Zweiten Korintherbriefs den Gott Jesu Christi den "Vater des Erbarmens und Gott allen Trostes" nennt (1, 3) und wenn das Johannes-Evangelium Jesus selbst schließlich zum Überwinder der menschlichen Lebensangst stilisiert. Dahin deutet zumindest sein Abschiedswort, das in der verdeutlichenden Luther-Übersetzung lautet:

> In der Welt habt ihr Angst; doch habt Vertrauen, ich habe die Welt überwunden! (Joh 16, 33) [315].

Sinnvoller könnte der Bericht über Jesu Offenbarertätigkeit sicher nicht beschlossen werden, da diese ihre Mitte darin hatte, den Gott der bedingungslosen Liebe zu enthüllen, der zum Beweis ihrer Grenzenlosigkeit das Opfer des eigenen Sohnes bringt (Joh 3, 16) und diesen in seiner liebenden Zuwendung zu den Seinen "bis zum äußersten" gehen läßt (13, 1). Deutlicher als mit diesem Abschiedswort könnte aber auch nicht mehr gesagt werden, daß sich hier, im Liebesgeheimnis Gottes, der innerste Grund der Angstüberwindung auftut. Es bleibt nur die Frage, wie er geltend zu machen und wie er insbesondere dem kranken und leidenden Menschen so zu vermitteln ist, daß davon heilende Wirkungen ausgehen.

5. Das heilende Wort

Das ist eine Frage der Um- und Übersetzung. Ihr Medium ist freilich nach neutestamentlicher Überzeugung zunächst nicht das Wort, sondern die "Tat" der mitmenschlichen Zuwendung. Hier muß zunächst das Wissen um den bedingungslos liebenden Gott Platz greifen und dort, wo noch Mißgunst und Haß ihr Unwesen treiben, eine radikale Änderung zum Besseren herbeiführen. Denn das "Prinzip Liebe" ist nicht weniger als das der Hoffnung unteilbar; wenn es nicht im Ganzen einer Sozietät zur Geltung gelangt, ist den Gegenkräften Tür und Tor geöffnet. Deshalb kann und darf der an dem Gott Jesu Christi orientierte Mensch keinen bewußt aus dem Umkreis seiner Liebe ausschließen. Vielmehr gilt für ihn, wie gegen alle neueren Abschreckungsversuche festzuhalten ist, daß er, im Maß

---

[315] Dazu *Rudolf Bultmann, Das Evangelium des Johannes*, Göttingen 1950, 457 f.

seiner Fühlung mit dem göttlichen Liebesgeheimnis versuchen muß, ebenso wie die Zuneigung seiner Freunde die Bosheit seiner Feinde mit Erweisen der Liebe zu beantworten. Unmißverständlich sagt das die Alternative Jesu zum Vergeltungsprinzip der "Alten", die ihre ungeheuerliche Forderung freilich dadurch verklärt, daß sich, mitten im Wortlaut des Gebots, der Gedanke an den liebenden Gott wie ein Sonnenaufgang über der von Haß und Zwietracht zerrissenen Welt erhebt:

Ich aber sage euch: Liebt eure Feinde und betet für die, die euch verfolgen, damit ihr Söhne eures himmlischen Vaters seid, der seine Sonne aufgehen läßt über Böse und Gute und regnen läßt über Gerechte und Ungerechte (Mt 5, 44f.)

Wo sich diese auf das göttliche "Prinzip Liebe" begründete Gesinnung durchsetzt, findet die Angst buchstäblich keinen Boden mehr. Denn sie ist, biblisch gesehen, dreifach motiviert: nicht nur in der Ungewißheit um Gott, sondern gleicherweise auch in der Ungewißheit, ob sich der als Gefährte und Partner gemeinte Mitmensch nicht doch als Feind und Rivale entlarve, und schließlich in der Ungewißheit des Menschen über sich selbst, die von den vielfachen Erfahrungen des eigenen Versagens genährt wird. Auch diesen Anlaß der Angst beseitigt das Liebesgebot Jesu, indem es die Forderung der Nächsten- und Feindesliebe an das Maß - und damit an die Bedingung - der Selbstliebe bindet. Wo ihm Genüge geschieht, ist die menschliche Lebensangst tatsächlich von ihren innersten Wurzeln her überwunden.

In der Frage der helfenden und heilenden Vermittlung von Hoffnungsimpulsen ist damit freilich erst das Fundament gelegt, das als solches Voraussetzung, nicht aber Inhalt der erfragten Konkretisierung ist. So sehr auch die modernen Kliniken Stätten der praktisch geübten, oft gegen die Zwänge der Routine durchgehaltenen und öfter noch der Übermüdung und Erschöpfung abgetrotzten Nächstenliebe sind, widerspräche es doch gleicherweise der Logik wie der Psychologie dieser Institutionen, wenn diese thematisch hervorgehoben würde. Noch weniger kann der Beitrag einer therapeutischen Theologie zum Genesungsprozeß im fundamentalistischen Rückgriff auf jene Stellen des Evangeliums bestehen, die im Kontext der Jüngerbelehrung und der damit verbundenen "Handlungsanweisungen" von einer Übertragung der Vollmacht zur "Krankenheilung" sprechen (Lk 9, 1). Was jedoch um so mehr in ihrer Kompetenz liegt, ist das Feld des Gesprächs und des Wortes, das freilich, um therapeutisch eingesetzt werden zu können, in seinen vollen Qualitäten von ihr erst wiederentdeckt werden müßte [316]. Dazu bietet ihr das - als Sprachdokument gelesene - Evangelium eine ganze Reihe von wichtigen Hinweisen.

Im einzelnen lassen sich vom Evangelium her, geordnet nach abfallenden Deutlichkeitsgraden, insbesondere vier Formen eines helfenden und heilenden Redens unterscheiden: eine elenchische, die auf die "Erweckung" eines verstörten oder überlagerten Bewußtseins abzielt, eine paränetische, die sich auf Zuspruch und Zusage konzentriert, eine akolytische, die sich auf eine redende Assistenz beschränkt, und eine identifizierende, die sich umgekehrt im buchstäblichen Sinn des Wortes auf die Notlage des Kranken "einläßt". Kaum braucht dem hinzugefügt zu werden, daß es sich bei dieser Ausgrenzung um idealtypische Formen handelt, die lediglich als Orientierungsmarken in einem nicht weniger lebendigen Feld zu gelten haben, als es der Mensch in der Kreativität seiner Selbstbekundung selber ist. Dazu kommt, daß sich mit ihrer Definition der Gedanke an Zwischenformen geradezu aufdrängt, da sie jeweils so beschrieben sind, daß eine jede zur andern hin offensteht.

Vom elenchischen Reden vermittelt der Erste Korintherbrief einen Begriff, wenn er im Zug seiner Vorkehrungen gegen das überbordende Charismenwesen in der Gemeinde erklärt:

> Wenn sich die ganze Gemeinde versammelt und alle in Zungen reden, und wenn dann ein Unkundiger oder Ungläubiger hinzukommt, werden sie dann nicht sagen: Ihr seid verrückt! Wenn aber alle prophetisch reden und ein Ungläubiger oder Unkundiger kommt herein, wird ihm von allen ins Gewissen geredet; er fühlt sich von allen ins Verhör genommen; was in seinem Herzen verborgen ist, wird aufgedeckt, und er wird sich niederwerfen, Gott anbeten und ausrufen: Wahrhaftig, Gott ist in eurer Mitte! (14, 23ff.) [317]

Daß sich diese Form der "dekuvrierenden" Heilszusage eng mit dem psychotherapeutischen Gespräch berührt, springt so deutlich in die Augen,

---

316 Dazu die Hinweise meiner Schrift *"Menschsein und Sprache"*, Salzburg 1984. Auf diesen Bereich müßte sich die therapeutische Theologie um so mehr konzentrieren, als es sich bei dem Prozeß, der die Heilungspraxis in die Kompetenz der wissenschaftlichen Medizin verwies, um einen seiner Natur nach unumkehrbaren Vorgang handelt, der, schon vom geschichtlichen Selbstverständnis des Christentums her, nicht in Frage gestellt werden dürfte.

317 Dazu *Ronald A. Knox, Christliches Schwärmertum.* Ein Beitrag zur Religionsgeschichte, Köln und Olten 1957, 21 - 35.

daß man sich umgekehrt fragen muß, ob die psychotherapeutische Behandlung nicht als kompensatorische Reaktion darauf anzusehen ist, daß das elenchische Reden, so sehr es zur Praxis der Urgemeinde gehörte, alsbald in Vergessenheit geriet und in der späteren Christentumsgeschichte nicht wieder reaktiviert wurde. So gesehen, käme die Wiederbelebung dieser Redeform einer Annäherung der Theologie an die Psychotherapie gleich, für welche ohnehin die Stunde gekommen zu sein scheint, nachdem *Dieter Wyss* mit seinem Postulat "Der Kranke als Partner" einen Akzent setzte, der durchaus als Signal einer Annäherung von der Gegenseite interpretiert werden kann [318]. Damit ist auch schon angedeutet, daß es im Sinn des elenchischen Sprechens liegt, den Kranken selbst zum Reden zu bringen, um ihm die Möglichkeit sprachlicher "Selbstentäußerung" und Entlastung zu eröffnen. Denn zweifellos ist in vielen Fällen schon damit wesentlich geholfen, daß sich ein Mensch in die Lage versetzt sieht, sich lange verheimlichten und aufgestauten Kummer "von der Seele zu reden". Doch so hoch dieses Entlastungs- und Befreiungserlebnis auch zu veranschlagen ist, hat diese Redeform ihren Hauptzweck doch erst dann erreicht, wenn es gelang, verschüttete Bewußtseinsgehalte freizulegen oder auch, im freien Anschluß an *Marcuse* gesprochen, zur Revision eines vordergründig mit sich versöhnten Bewußtseins zu verhelfen [319]. Daß mit dieser Freilegung für den Patienten auch die Chance entsteht, ein affirmatives Verhältnis zu seiner Krankheit zu gewinnen, bedarf kaum eines ausdrücklichen Hinweises.

Demgegenüber hat die Form des paränetischen Redens die Funktion, dem Kranken durch gutes "Zureden" zur Stabilisierung seiner Gemütslage zu verhelfen. Auch hier liegt das Modell in den neutestamentlichen Schriften, am deutlichsten in den Paulus-Briefen vor. In dem Textteil des Ersten Thessalonicherbriefs, den *Rudolf Pesch* als den ersten und ältesten Paulus-Brief zu identifizieren sucht, ist sogar zweimal von einem paränetischen Sprachverhalten, wenn freilich auch nur das zweite Mal mit ausdrücklichem Hinweis auf dessen "Sprachlichkeit", die Rede [320]. Dabei wechselt der Apostel auf eine für ihn ungemein kennzeichnende Weise übergangslos die jeweils

[318] Dazu nochmals das schon auf S. 148 erwähnte Werk von *Dieter Wyss.*

[319] Aus gesellschaftskritischer Sicht bemüht sich *Marcuse* um die Analyse dieser Bewußtseinsform in seiner Studie *"Der eindimensionale Mensch"*, 76-102.

[320] Dazu *Pesch, Die Entdeckung des ältesten Paulus-Briefes*, Freibug/Br. 1984 (Herderbücherei 1167).

eingenommene Rolle [321]. Im ersten Fall versichert er:

Obwohl wir als Apostel Christi unser Ansehen hätten geltend machen können, sind wir euch doch im Gegenteil freundlich begegnet: Wie eine Mutter für ihre Kinder sorgt, so waren wir euch zugetan und wollten euch nicht nur am Evangelium Gottes teilhaben lassen, sondern auch an unserem eigenen Leben; denn wir hatten euch sehr liebgewonnen (2, 7 f.) [322].

Daß diese Form des Zuredens väterliche Strenge keineswegs ausschließt, zeigt die zweite Stelle:

Ihr wißt doch, wie wir jeden einzelnen von euch, wie ein Vater seine Kinder, ermahnt, ermutigt und beschworen haben, so zu leben, wie es Gottes würdig ist, der euch in sein Reich und zu seiner Herrlichkeit beruft (2, 11 f.).

Schon die dreimalige Steigerung "ermahnt, ermutigt und beschworen" läßt die große Spannweite dieses Redens erkennen. Wieweit sie tatsächlich reicht, zeigt die dritte Stelle, an der Paulus förmlich gegen die Grenzen des von ihm verwendeten Mediums aufbegehrt, weil es seinem Verständnis zufolge die Möglichkeiten der mündlichen Rede nicht voll wiedergibt. Es handelt sich um jenes bewegende Wort des Galaterbriefs, in dem sich Paulus nach dem Abklingen des leidenschaftlichen Ausbruchs, zu dem er sich hatte hinreißen lassen, in den Wunsch flüchtet:

Ich wollte, ich könnte jetzt bei euch sein, um in anderer Weise zu euch zu reden; denn euretwegen bin ich ganz ratlos (4, 20) [323].

Da der Apostel unmittelbar zuvor davon spricht, daß er um seine "Kinder" von neuem Geburtswehen erleide (4, 19), kann an dem "Tonfall", in dem er zu reden wünscht, kein Zweifel bestehen. Es ist wie im ersten Zitat die "mütterliche Stimme", von der er sich die dem Brief nicht zugetraute Wirkung - in diesem Fall einen vollständigen Gesinnungswandel - verspricht. Die Anwendung auf das therapeutische Gespräch mit dem Kranken ergibt sich so gut wie von selbst. Weit häufiger als mit der

---

321 Dazu die Hinweise meines Paulusbuchs *"Der Zeuge"*, 185 f.

322 Dazu *Pesch,* a. a. O., 79 f.

323 Dazu nochmals mein Paulusbuch *"Der Zeuge"*, 160ff.

scharfen Sonde des elenchischen Redens wird ihm mit dem Balsam des paränetischen Zuspruchs geholfen sein. Denn von den drei Wirkungen, die Paulus mit den Worten "ermahnt, ermutigt und beschworen" anspricht, wird er in der überwiegenden Mehrzahl der Fälle der zweiten bedürfen. Denn der innere Feind des Genesungsprozesses ist Resignation und Entmutigung. Wer davon befallen ist, braucht mehr als jede medizinische Hilfe das ermutigende Wort. Wer es spricht, muß sich freilich vor Augen halten, daß er die Personwürde des Kranken verletzt, wenn er zu unwahren Vertröstungen seine Zuflucht nimmt. Auch wenn die bittere Wahrheit einer infausten Diagnose nur unter der Bedingung zugemutet werden darf, daß der Kranke ihr auch wirklich "gewachsen" ist, muß die Unwahrheit doch als eine noch weit größere "Zumutung" gelten. Auf keinen Fall aber darf die Wahrheit, wie hart sie auch sei, einem Verdikt gleichkommen. Gerade auch einer für ihn schmerzlichen Aufklärung gegenüber hat der Kranke ein Anrecht auf Trost und Ermutigung. Und eine Wahrheit, die auf den Grad seiner Akzeptanz abgestimmt ist und, wesentlicher noch, aus einem Impuls der Liebe hervorgeht, wird eine Sprache finden, die ermutigt und aufrichtet und insofern der Forderung des "ermutigenden Zuredens" genügt.

Indessen gibt es Krankheitsbilder, die kein eindringendes Zureden, auch nicht in noch so zurückhaltender Form, zulassen. Leiden, das unerträgliche Formen annimmt, kann verbittern und den Betroffenen in den Zustand der "Unansprechbarkeit" versetzen. Doch stößt die Sprache auch in diesem Extremfall nicht an ihre Grenze. Vielmehr ruft gerade er die Form des akolytischen Redens auf den Plan. Ihm ist es genug, wie die Bezeichnung zu verstehen gibt, den leidenden Menschen eine Strecke weit auf seinem Weg zu begleiten, um ihm durch das Erlebnis einer Sprach- und Schweigegemeinschaft - denn auch das Schweigen ist ein Modus des Redens - das Bewußtsein des Nicht-Alleingelassenseins zu vermitteln. Während die beiden ersten Formen des therapeutischen Zuspruchs auf den Notstand des Leidenden "eingehen", gibt ihm diese dritte lediglich "das Geleit". Wenn man sich aber vor Augen führt, daß zu den signifikantesten Notständen der Gegenwart die - nach *David Riesman* sogar in der Massengesellschaft erlittene - Einsamkeit ist, wird man auch dieser bescheidensten und zurückhaltendsten Form des therapeutischen Redens Aktualität und Bedeutung nicht absprechen können. Obwohl sie mit dem Bewußtsein einer unüberbrückbaren Grenze einhergeht, ist sie doch gerade durch die von ihr geübte Zurückhaltung, hinter der sich Rücksicht und, wesentlicher noch, eine den anderen in seiner Unerreichbarkeit nicht aufgebende Liebe verbergen, hochqualifiziert. Ethisch bewertet gehört sie sogar in den Umkreis jener schon von *Nietzsche* geforderten "Fernsten"-Liebe, die sich im Verfall traditioneller Wertvorstellungen neu auszubilden beginnt.

Ganz anders die Form des identifizierenden Wortes. Es geht nicht nur wie das elenchische und paränetische Reden auf die Krise des Leidenden ein, sondern macht sich seine Not in einer Weise zu eigen, daß er sich, über den "Vorwand" seiner Krankheit hinweg, schließlich in seinem Selbstsein angenommen weiß. Hier wird die Grenze zwischen "gesund" und "krank" unversehens durchlässig, womöglich sogar hinfällig. Denn was bräuchte der in die Identitätskrise geratene Mensch dieser Zeit, ob gesund oder krank, vordringlicher als diese Hilfe?

Nachwort

Mit dem durchschrittenen Gedankengang ist, wie abschließend ausdrücklich vermerkt sei, lediglich ein Teilbereich dessen ausgemessen, was der Titel "Theologie als Therapie" verspricht. Was ausgeklammert oder allenfalls bloße Andeutung blieb, ist der damit signalisierte "Rückmeldeeffekt". Denn die Theologie kann sich nicht ernsthaft auf die verlorene Dimension des Therapeutischen einlassen, ohne sich dabei wenigstens tendenziell in jene Urgestalt zurückzuverwandeln, in der sie noch in der Einheit der unverkürzten Heilsvermittlung selbst "therapeutische Theologie" war.

Indessen durfte dieser Rückbezug aus zwei Gründen außer Betracht bleiben. Einmal deshalb, weil eine Ausarbeitung das Schwergewicht auf wissenschaftstheoretische Zusammenhänge legen müßte und insofern aus dem Rahmen der hier angestrebten Wiederannäherung herausfiele. Zum andern, weil dadurch der Eindruck hätte entstehen können, als sei das Wichtigste bereits mit einer stukturellen Selbstkorrektur der Theologie getan, während es in Wahrheit doch gerade bei diesem Annäherungsversuch darauf ankommt, ihre Dienstfunktion gegenüber dem leidenden Menschen und seiner exzessiven Heilsbedürftigkeit unter Beweis zu stellen. Denn auch für die Theologie gilt, was der Sabbatspruch Jesu für jede noch so ehrwürdige und erhabene Institution sagt: sie ist für den Menschen da und nicht umgekehrt der Mensch für sie. Deshalb muß dort, wo es um die Wiedergewinnung ihres therapeutischen Auftrags zu tun ist, zunächst das damit berührte Interesse des Menschen zusammen mit dem, was er an konkreten Hilfen zu erwarten hat, aufgerufen werden, bevor dem wissenschaftlichen "Systeminteresse" Rechnung getragen werden kann.

Abschließend sei Herrn Diakon Stephan Handy aufs herzlichste für die Initiative zu diesem Nachdruck gedankt, ebenso aber auch seiner Tochter Katharina Handy, die sich trotz beruflicher Belastung der Mühe der Textgestaltung unterzog

I. Namenregister

Sachregister